Kommunale Sozialpolitik
4

Herausgegeben von
Walter H. Asam und Michael Heck, Saarbrücken

für das
Institut für Kommunale Sozialforschung
und Sozialpolitik (IKOS) gem. e.V., Saarbrücken

Die Reihe »Kommunale Sozialpolitik« dient der Analyse, Diskussion und Dokumentation aktueller und grundlegender Probleme kommunaler Politik im Sozialbereich. Sie zielt mit ihrem Verständnis als Forum ab auf den Dialog zwischen den verschiedenen sozialwissenschaftlichen Disziplinen sowie zwischen Sozialwissenschaftlern, (Sozial)Politikern und Praktikern der sozialen Arbeit in Kommunalverwaltungen, Institutionen der Sozialplanung und Sozialforschung sowie den freien Trägern der Wohlfahrtspflege.

MPM minerva publikation münchen

Frauen – Alltag – Politik

Eine Zwischenbilanz

Rita Heck
Annette Keinhorst
(Hrsg.)

MPM minerva publikation münchen

CIP-Kurztitelaufnahme der Deutschen Bibliothek

Frauen – Alltag – Politik: e. Zwischenbilanz / Rita Heck ; Annette Keinhorst (Hrsg.). – München: Minerva-Publikation, 1986.
(Kommunale Sozialpolitik ; 4)
ISBN 3-597-10578-5

NE: Heck, Rita [Hrsg.] ; GT

Druck/Binden: WS Druckerei, Mainz
Printed in the Federal Republic of Germany

INHALT

III. Institutionalisierung von Frauenpolitik vor Ort

VORWORT

Seit Beginn unserer Zusammenarbeit im Institut für kommunale Sozialforschung und Sozialpolitik (IKOS) haben wir uns - wir, das sind die beiden Herausgeberinnen und auch einige Männer des Instituts - unter anderem mit dem Themenkomplex "Frauen als sozialpolitische Akteure" auseinandergesetzt.
Sozialpolitik stellt unserer Meinung nach für Frauen auf mehreren Ebenen eine Herausforderung dar - in der Auseinandersetzung mit politischen Instanzen bietet sie die Chance, eigene Interessen unüberhörbar zu artikulieren und wird damit zum Forum für Lernprozesse, die übertragbar sind auch auf andere gesellschaftspolitische Aktionsfelder, in denen Interessen von Frauen auf dem Spiel stehen.

Wir sehen verschiedene Zugangsmöglichkeiten zu dieser Thematik. Als erstes natürlich die unmittelbare Betroffenheit, die Selbstwahrnehmung als Teil einer diskriminierten "Mehrheit", dann darauf aufbauend die Analyse (Theorie) der gesellschaftlichen Situation der Frau (geprägt durch versteckte und öffentliche Gewalt in Ausbildung, Arbeitsmarkt, Gesetzgebung, persönlichem Lebensumfeld) und schließlich die Reaktion darauf in der (politischen) Praxis. Diese kann innerhalb oder außerhalb der vorgegebenen Strukturen erfolgen: Gleichstellungsstellen wie die kürzlich in der saarländischen Staatskanzlei und auf kommunaler Ebene im Saarbrücker Rathaus eingerichteten Anlaufstellen stehen für die erstere, Frauengruppen, Frauenhäuser, Frauen-Notrufe für die letztere Form von Frauen-Politik.
Vor diesem Hintergrund entstand die Idee, Autorinnen aus diesen verschiedenen Bereichen um Beiträge zu einer Tagung "Frauen-Alltag-Politik" und einer daran anschließenden Buchveröffentlichung zu bitten, die den Charakter einer Zwischenbilanz zum Thema haben sollte. Die Vorarbeiten zu dieser Veröffentlichung haben uns, vor allem in der gemeinsamen Diskussion der Beiträge, viel Spaß gemacht, gleichzeitig aber auch unsere Vermutung bestätigt, daß es auch fünf Jahre nach dem

sogenannten "Jahr der Frau" noch sehr weit ist bis zur selbstverständlichen Akzeptanz von Frauen als Teil der Mensch-(=Mann?)heit.

Wir danken den Autorinnen für die Kooperationsbereitschaft bei der fristgerechten Ablieferung ihrer Beiträge. Und vor allem bedanken wir uns bei Madeleine Stapf, die bei der Erstellung des Typoskripts an unseren redaktionellen Korrekturen und dem Layout so mancher Tabelle schier verzweifelte, aber trotzdem immer noch Zeit für Anregungen zur Gestaltung "unseres Frauenbuchs" fand.
Dem saarländischen Kultusministerium sei für die Bezuschussung gedankt, die uns diese Veröffentlichung von der finanziellen Seite her gesehen sehr erleichtert hat.

Weibliche Kräfte

Mehr oder weniger potentielle Arbeitskräfte -
Schreibkräfte -
Kassen-, Büro-, Pflegekräfte -
Reinigungs- und Verkaufskräfte. -
Sehr viel: un- und bestenfalls angelernte Kräfte -
manche: Fachkräfte -
einige: Lehr- und wissenschaftliche Hilfskräfte
kaum: Führungskräfte -
und bei Bedarf: Hilfskräfte bei den Streitkräften
und in den Munitionsfabriken -
und, was nicht in den Stellenanzeigen steht -
oft doppelt ausgebeutete Haushaltskräfte.
Wir brauchen
den Einsatz all dieser Kräfte
dafür,
daß es keine Leichtlohnkräfte mehr gibt,
daß keine weiblichen Kräfte mehr brachliegen,
daß wir nicht länger
eine Reservearmee von Hilfskräften bleiben.
Die Kräfte all dieser Kräfte
müssen das doch erreichen.

- Susanne Büchler -

Saarbrücken, im September 1986

Rita Heck   Annette Keinhorst

EDITORIAL

Frauenpolitik ist mit Beginn der Neuen Frauenbewegung in den späten sechziger Jahren als ernstzunehmender sozialer Faktor sichtbar geworden (existiert hat sie allerdings schon sehr viel länger). Zunächst spielte sie sich jedoch "nur" (aus der Sicht der etablierten Politik-Macher) im informellen Bereich ab, in Frauenzentren, feministischen (ehrenamtlichen) Beratungsstellen, auf Demonstrationen gegen Männergewalt in den Gynäkologenpraxen, auf der Straße und in der Familie, als außerparlamentarischer Druck sozusagen. Inzwischen ist es zu einer Formalisierung auf mehreren Ebenen gekommen: Beratungszentren, Notrufe und andere Fraueninitiativen institutionalisieren sich als Vereine, Frauenhäuser geraten zunehmend in den Sog korporatistischer Strukturen der vereinnahmenden Wohlfahrtsverbände, auf kommunaler und Landesebene werden seitens der politischen Parteien Gleichstellungsstellen, zumeist mit "Richtlinienkompetenz" ausgestattet, etabliert.
Gleichzeitig konnte sich eine Forschung von und über Frauen entwickeln und qualifizieren. Damit wurde es nicht nur möglich, Forschungsdefizite über die soziale Problemlage von Frauen tendenziell zu beheben, sondern gleichzeitig auch konzeptionelle Ansätze zu deren konstruktiver Veränderung zu entwickeln.
An dieser Stelle und zu diesem Zeitpunkt erscheint uns ein Zwischenresümee und eine erneute Standortbestimmung in Frauenforschung und -alltagspraxis überfällig. Die Praxis und Forschung der Frauenpolitik muß stärker als bisher für den Alltag von Frauen nutzbar gemacht werden, Ansätze institutionalisierter Frauenpolitik wiederum sollten verstärkt wissenschaftlich reflektiert werden, um sie in ihrer Wirksamkeit besser beurteilen und unterstützen zu können.

Wir wollen deshalb in diesem Reader detaillierte Forschungsarbeiten zu strukturellen Diskriminierungen der Frau im sozialrechtlichen, wirtschafts- und gesellschaftspolitischen Bereich vorstellen, Benachteiligungen, die dazu führen, daß trotz aller Lippenbekenntnisse und Beschwörungsformeln zur Gleichberechtigung diese mittlerweile zum Teil weiter von ihrer Realisierung entfernt ist als noch vor einem

Jahrzehnt. Darüberhinaus sollen in diesem Zusammenhang bereits vorhandene Konzepte zur Frauen-Politik, vor allem unter dem Gesichtspunkt der zunehmenden Formalisierung, auf ihre Tragfähigkeit angesichts der derzeitigen politisch-moralischen (Rück-)Entwicklung überprüft werden. Dabei erscheint es uns von besonderer Dringlichkeit, hier nicht nur bei der Beschreibung des Status Quo stehen zu bleiben, sondern den Blick nach vorn richtend, Frauenpolitik vor allem als in die Zukunft gerichtete Strategie zu formulieren und zu diskutieren.

Drei übergreifende Beiträge eröffnen den Band mit einer Untersuchung der **gesellschaftlichen Situation der Frau** in ihren ökonomischen Rahmenbedingungen. **Anita PFAFF** belegt mit Zahlen die Diskriminierung von Frauen, wie sie sich in ihrer Einkommenssituation niederschlägt: eine Chancengleichheit in Bildungs- und Ausbildungsituation liegt noch in weiter Ferne, subtile Lohndiskriminierung ist weithin zu beobachten, Umstände, die besonders nichtverheiratete Frauen, deren wirtschaftliche Risiken nicht von einer (möglicherweise noch) intakten Familie aufgefangen werden, treffen. **Dorothea CREMER** geht in ihrem Beitrag auf die spezifische Einkommensituation weiblicher Jugendlicher (von 15 bis unter 25 Jahren) ein, die ebenfalls durch bedrückende Perspektiven gekennzeichnet ist. Trotz relativer Einkommensverbesserung der jungen Frauen gegenüber jungen Männern gibt es nach wie vor eklatante Benachteiligungen, die vor allem bei erwerbslosen jungen Frauen (mit steigender Tendenz) zu einer überporportionalen Verschlechterung ihrer Situation führen. **Barbara RIEDMÜLLER** schließlich beleuchtet die "sozialen Rechte der Frau" im Zusammenhang mit der Armutsdiskussion und der Familienarbeit der Frau. Dem Ansatz, die Familiensubsidiarität auszubauen und damit die Frauenarbeit in der Familie zu forcieren, hält sie entgegen, daß nur bei einem verstärkten Ausbau der subjektiven sozialen Rechte der Frau durch einen Aus- und Umbau der Sozialversicherung deren unabhängige Stellung auf dem Arbeitsmarkt erkämpft werden könne.

Der zweite Teil vereinigt vier Beiträge, die mit jeweils unterschiedlichen Schwerpunkten zum Themenkomplex **Frauenalltag-Frauenarbeit** Stellung nehmen. **Marie-Luise CONEN** beschäftigt sich in ihrem Beitrag mit

Sozialhilfeempfängerinnen und deren "psychische(r) Bewältigung der Ausgrenzung" - ein Thema, das angesichts der in erschreckendem Maße steigenden Zahlen vor allem junger Sozialhilfeempfänger(innen) zunehmend angegangen werden müßte. Frauen sind, wieder einmal, besonders betroffen: aufgrund mangelnder (Aus)Bildungsvoraussetzungen, als erwerbslose junge Frauen oder als alleinerziehende Mütter. Und die besonderen Bewältigungsstrategien dieser Personengruppe lassen sich nur unter einem frauenspezifischen Gesichtspunkt herausarbeiten. **Gertrud BACKES** zeigt differenziert auf, wie soziales Ehrenamt für Frauen eine durchaus zweischneidige Funktion hat: zum einen benutzt es das sogenannte "weibliche Arbeitsvermögen" zur Erledigung anstehender gesellschaftlicher Aufgaben - 2/3 der unbezahlten "ehren"amtlichen Leistungen werden von Frauen erbracht - zum andern bietet das Ehrenamt für Frauen immer auch begrenzte emanzipatorische Möglichkeiten: Kompetenzerweiterung, Selbstbewußtsein, evtl. späterer beruflicher Wiedereinstieg können als Folge ehrenamtlichen Engagements eintreten. **Gerlinda SMAUS** setzt sich mit der sozialen Kontrolle von Frauen durch Frauen speziell in der Sozialarbeit - die sich ja ebenfalls "weiblichen Arbeitsvermögens" bedient - auseinander. Bemerkenswert erscheint uns vor allem die Tatsache, daß Frauen ausgerechnet in einem der wenigen Felder, in dem sie sich beruflich entfalten können (soweit in der Sozialarbeit überhaupt von "Entfaltung" die Rede sein kann), zu Kontrollfunktionen und kontrollierenden Eingriffen in das Privatleben ihrer Geschlechtgenossinnen gezwungen werden. Hier schließt sich **Marie-Luise CONENs** Darstellung der Widerstandspotentiale sogenannter "devianter Mädchen" an, in deren Devianz die Autorin den Beginn eines positiven - weil nicht mehr resignativen - Lebensentwurfs sieht. Der Ausbruch aus der Mißbrauchssituation in der Familie ist ein Ausdruck von Stärke, keine Flucht vor der (Selbst)Verantwortung in weitere Abhängigkeiten.

Im dritten Teil geht es dann um die konkrete Umsetzung der gewonnenen Erkenntnisse: **"Institutionalisierung von Frauenpolitik vor Ort"** soll in ihren vielfältigen Erscheinungsformen dokumentiert werden. Der Beitrag von **Anne RÖSGEN** zur "Bildungsarbeit mit Frauen in sozialen

Brennpunkten" schildert eindringlich die inneren und vor allem auch äußeren Barrieren, die Frauen aus benachteiligten sozialen Milieus zu überwinden haben, wollen sie auch nur annähernd gleichberechtigt am gesellschaftlichen Leben teilnehmen. Der Ansatz von Forschungs- und Bildungsarbeit, den RÖSGEN dokumentiert, macht Mut, es trotzdem zu versuchen - und auf die Ergebnisse kann man/frau sehr gespannt sein. **Annette KEINHORSTs** Ansatz, autonome Frauengruppen in ihrer Bedeutung auch als Selbsthilfegruppen zu charakterisieren, verweist auf die immer noch nicht überfällige Autonomiediskussion in der Frauen(projekte-)bewegung. Die Autorin kommt zu dem Ergebnis, daß gerade in einer Zeit zunehmend institutionalisierter Frauenpolitik besonderer Wert auf die Unabhängigkeit einzelner Gruppen vor Ort und damit deren Manövrierfähigkeit im politischen Raum gelegt werden muß. Hier schließt sich der Bericht zum Aufbau und zur finanziellen Verankerung des ersten Hamburger Frauenhauses von **Barbara BRÜGGMANN und Edith HALVES** an, in dem die Autonomiediskussion ebenfalls eine wichtige Rolle spielt: nachdem das Problem "Gewalt in der Ehe" politikfähig geworden war und sich somit auch Finanzierungsmöglichkeiten eröffneten, begann die Auseinandersetzung um den Erhalt der autonomen Konzeption des Hauses bei gleichzeitiger öffentlicher Finanzierung. Zum Abschluß ein Schwenk auf die institutionalisierte kommunale Frauenpolitik, wie sie mittlerweile in vielen Groß- und Mittelstädten praktiziert wird: **Ilona CAROLI**, die die Saarbrücker Gleichstellungsstelle als "Ein-Frau-Betrieb" seit Anfang 1986 führt, dokumentiert die institutionelle Verankerung und erste Erfahrungen mit der Einrichtung und alltäglichen Ausgestaltung dieses neuen Arbeitsfeldes für "professionelle Emanzen". Aus ihrem Bericht geht klar hervor, daß die tatsächlichen Möglichkeiten, die Gleichstellung von Frauen von einer Behörde aus zu fördern, abhängig sind von den Sach-/Entscheidungskompetenzen und der jeweiligen formellen Einbindung der Stelle, die ja in den einzelnen Kommunalverwaltungen ganz unterschiedlich gehandhabt werden.

Als Herausgeberinnen wünschen wir uns, daß die potentielle Sprengkraft der Kombination von Frauenalltag und daraus abgeleiteter Frauenpolitik ihre Wirkung dahingehend entfaltet, daß die Barrieren, die die Lebensläufe vieler Frauen bestimmen, zunehmend überwunden werden können. Der Wille dazu ist unsere Kraft.

DIE EINKOMMENSSITUATION DER FRAU: VERTEILUNGSPOLITISCHE UND FAMILIENPOLITISCHE PERSPEKTIVEN

Anita Pfaff

Die Diskussion um die Einkommenssituation der Frauen wird häufig unter dem Gesichtspunkt der **Armut** und der Niedrigeinkommen geführt, denn ein ziemlich großer Anteil der Empfänger laufender Hilfe zum Lebensunterhalt ist tatsächlich weiblichen Geschlechts. Vor allem handelt es sich dabei um Rentnerinnen und alleinerziehende Mütter - im wesentlichen Gruppen, die ihren überwiegenden Lebensunterhalt aus öffentlichen und privaten Transferleistungen bestreiten müssen (vgl. DEININGER 1986, 140ff.).
Die **Lohndiskriminierung** stellt das zweite Problemfeld, das mit der Einkommenssituation der Frau verbunden wird. Der grundgesetzlich verankerte Gleichheitsgrundsatz besagt zwar auch, daß eine geschlechtsspezifische Differenzierung der Löhne und Gehälter unzulässig ist (vgl. PFARR 1981, 27ff.). Dennoch haben die formalen Ausgestaltungen der Lohndiskriminierung vorerst nur subtileren Formen Platz gemacht.

Der vorliegende Beitrag spricht konkret die folgenden Fragen an:

1. Welche inhaltliche und personelle Abgrenzung des Einkommensbegriffs ist für eine im wesentlichen verteilungsorientierte Betrachtung zu beachten?
2. Wie sind die Erwerbseinkommen von Frauen im Vergleich zu denen von Männern, wie einige der die Einkommenshöhe bestimmenden Faktoren verteilt?
3. Wie variiert die Einkommenssituation von Haushalten nach dem Haushaltstypus, besonders nach dem Geschlecht des Haushaltsvorstandes? Welchen Einfluß hat die Erwerbstätigkeit verheirateter Frauen auf die Einkommenssituation der Familie? Welche besonderen Problemgruppen sind unter den Haushalten mit weiblichem Vorstand zu finden?

4. Welche familienpolitischen und welche verteilungspolitischen Schlußfolgerungen sind aus der heutigen Situation zu ziehen?

1. Die Präzisierung des Einkommensbegriffs

Es gibt sehr verschiedene Abgrenzungen des Einkommensbegriffs, die für einen Vergleich von Einkommenssituationen herangezogen werden können und müssen. So können z.B. Arbeitseinkommen, wie auch andere Einkommen, die einer Einzelperson direkt zuzurechnen sind, wie Renten, Pensionen, Sozialhilfe, auch Kapitaleinkommen geschlechtsspezifisch verglichen werden. Damit ist jedoch noch nicht gesagt, wieviel dieser Person für ihren Lebensunterhalt zur Verfügung steht (1).
Dafür ist bestimmend, mit welchen anderen Personen sie in einer Einkommens- und Konsumgemeinschaft (meist einem Haushalt) lebt, und über welche Einkommensquellen alle Personen dieser Gemeinschaft verfügen. Was Arbeits- und Kapitaleinkommen betrifft, so hängt dies davon ab, wie die Gemeinschaft mit "Produktionsfaktoren" ausgestattet ist, wie diese entlohnt werden, und inwieweit die Personen der Gemeinschaft bereit sind, sie "anzubieten", d.h. zu arbeiten oder Kapital in ertragsbringender Form anzulegen.

Außerdem können Haushalte und Familien (STATISTISCHES BUNDESAMT 1983a,11; HEGNER 1982, 23ff.) über staatliche Umverteilung (via Sozialversicherungsbeiträge und Steuern einerseits und Transferleistungen, wie Renten, Sozialhilfe, Kindergeld und Wohngeld andererseits) sowie über private Umverteilung (vor allem Unterhaltsleistungen an den Haushalt oder vom Haushalt an andere, per Saldo begünstigt oder belastet werden. Was den Anspruch auf öffentliche Transfereinkommen betrifft, so hängt er ganz wesentlich von der früheren Erwerbstätigkeit der Haushaltsmitglieder ab. Als Ergebnis der Umverteilung verbleibt dem Haushalt das verfügbare Einkommen (2).

Die Frage nach der Einkommenssituation der Frauen kann und muß sich also an zwei Ansatzpunkten orientieren:

1. Werden Frauen für "ihre" Produktionsfaktoren - vor allem für ihre Arbeit - entsprechend entlohnt? Werden ihnen die gleichen Möglichkeiten geboten, zu arbeiten? Stehen ihnen die gleichen Möglichkeiten der (Aus)Bildung zur beruflichen Qualifizierung zur Verfügung?
2. Wie unterscheidet sich das verfügbare Einkommen der Haushalte (unter Berücksichtigung der Haushaltsgröße) nach Haushalts- oder Familientyp? Ergeben sich eindeutige Unterschiede zwischen Haushalten mit weiblichen und männlichen Haushaltsvorständen, zwischen Ehepaaren und alleinerziehenden Elternteilen, zwischen männlichen und weiblichen Einpersonenhaushalten?

2. Erwerbseinkommen der Frauen und Lohngerechtigkeit

Eigenes Erwerbseinkommen war auch früher für die meisten Frauen in irgendeiner Phase ihres Lebens von Bedeutung. Auch unter den heute schon älteren Frauen gibt es nur einen ganz geringen Teil, der nie erwerbstätig war (vgl. WIRTSCHAFT UND STATISTIK 1969, 20). Allerdings hat vor allem das Ausmaß der Erwerbsbeteiligung der verheirateten Frauen in den letzten Jahren erheblich zugenommen (STATISTISCHES BUNDESAMT 1983b, 23 und 104f). Die verheirateten Frauen und die Witwen sind sogar die wichtigsten Gruppen, deren Erwerbsbeteiligung gestiegen ist. Nach den Annahmen der gängigen Arbeitsmarktprognosen wird auch kein Rückgang erwartet, sondern eher eine Verstärkung dieser Tendenz (vgl. KLAUDER/SCHNUR/THON 1985; KLAUDER/KÜHLEWIND 1981). Dagegen sind Männer heute in etwas geringerem Umfang erwerbstätig als früher. Die Erwerbsbeteiligung der verheirateten Frauen bis zum 50. Lebensjahr liegt heute schon bei über 50%, so daß die "Hausfrauenehe" heute sicher nicht mehr als **das** allein dominante Leitbild der Familie angesehen werden kann.

Vielmehr hängt es vor allem von der Lebensphase ab, ob Frauen vorwiegend erwerbstätig sind oder nicht. Früher war es noch die Regel, daß eine Frau mit ihrer Verheiratung aus dem Erwerbsleben ausschied; ja ihre Heirat konnte vom Arbeitgeber durchaus als Kündigungsgrund angesehen werden, und auch der Ehemann hatte das Recht, das Arbeitsverhältnis seiner Frau zu kündigen. Nur die "Unterschichtfrauen" blieben meist durchgängig mindestens bis zum Alter von 50 Jahren erwerbstätig. Heute scheidet eine Frau meist allenfalls nach der Geburt ihres ersten Kindes - und da oft nur vorübergehend - aus dem Erwerbsleben aus (WIRTSCHAFT UND STATISTIK 1977, 89). Dabei hat gerade nach dem Wiedereintritt ins Erwerbsleben die Teilzeitbeschäftigung an Bedeutung gewonnen (HOFBAUER 1978, 143; HOFBAUER 1981, 109ff.). Für die häufigere Rückkehr ins Erwerbsleben ist sicher auch das Phänomen verantwortlich, daß die normale "Gebährphase" heute wesentlich kürzer ist als früher. Die meisten Frauen bringen ihre Kinder in einem Zeitraum von weniger als 10 Jahren zu Welt.

Welche Bedeutung die eigene Erwerbstätigkeit heute auch für verheiratete Frauen hat, sieht man unter anderem daran, daß mehr als die Hälfte der Frauen im erwerbstätigen Alter angibt, ihren überwiegenden Lebensunterhalt aus Erwerbstätigkeit - und nicht durch Angehörige - zu bestreiten (s. im Anhang Abb. 2.1.).

Wie gestaltet sich nun die Lohn- und Gehaltssituation von Frauen im Vergleich zu Männern?
Wenngleich sich der in Artikel 3 (2,3) des Grundgesetzes festgelegte Gleichheitsgrundsatz auch auf die Lohngleichheit bezieht, so bestehen geschlechtsspezifische Diskriminierungspraktiken in der Arbeitswelt weitgehend fort: "Die Benachteiligung von Frauen im Erwerbsleben hat Tradition, wenn sich auch die Schwerpunkte der diskriminierenden Praxis verschoben haben. ... - die Direktheit und Plumpheit von Diskriminierungen hat sich im Zeitablauf verändert, nicht jedoch die diskriminierende Praxis generell." (vgl.PFARR/BERTELSMANN 1985, 14).

Die unmittelbare Lohndiskriminierung hat abgenommen, bzw. wurde sie besser "verpackt". So sind zwar formal Frauenabschläge längst nicht mehr zulässig; man tarnt sie jedoch als "Leichtlohngruppen", Einstufungspraktiken und ähnliches. Neben unmittelbaren bestehen jedoch auch mittelbare Praktiken der Lohndiskriminierung, die allerdings in der Regel sehr viel schwieriger zu belegen sind (PFARR/BERTELSMANN 1985, 91ff.).

Rein rechtlich sind die Voraussetzungen zur Gleichbehandlung durchaus vorhanden, obschon nach wie vor fast regelmäßig gegen sie verstoßen wird, bzw. sie unterlaufen werden. Zwar wurde 1980 - wenn auch verspätet - den EG-Richtlinien zur Lohngleichheit und Gleichbehandlung folgend das BGB in den §§ 611a, 611b, 612(3) und 612a geändert (Gleichbehandlungsgesetz), jedoch ist die Zulänglichkeit dieser Regelungen sehr umstritten (PFARR/BERTELSMANN 1985, 31ff.).

Manche Form der Diskriminierung hat sicher rein wirtschaftliche Motivation. Ein Lehrherr mag einen weiblichen Lehrling in traditionellen Männerberufen nicht aufnehmen, weil seine Betriebsstätte den dafür erforderlichen Anforderungen nicht genügt. Vieles wurzelt jedoch in alteingefahrenen Vorurteilen ebenso wie in einem breiten Spektrum gesellschaftlicher Praktiken, die gewisse Risiken, die für einen Arbeitgeber kostenträchtig sein können, nach wie vor einseitig Frauen auferlegen.
Dies gilt insbesondere für die Übernahme aller familiären Aufgaben. Gleichermaßen wird auch erwartet, daß sich die Frau gegebenenfalls an die Erfordernisse des Arbeitsplatzes des Mannes anpaßt, z.B. ihren Arbeitsplatz aufgibt, falls der Mann anderswo einen Arbeitsplatz annehmen will oder muß, ggf. bei konfligierenden Betriebsferien zusätzlich unbezahlten Urlaub nimmt. Wenn Urlaub zur Betreuung eines kranken Kindes in Anspruch genommen wird, so geht man in der Regel davon aus, daß dies die Mutter und nicht der Vater tut. Wenn ein Elternteil z.B.

im öffentlichen Dienst wegen Kinderbetreuung nur teilzeitig arbeiten will, wird dies einer Mutter meist ohne Probleme gewährt, einem Vater gesteht man es jedoch oft nicht oder nur zögernd zu, wenn gleich ihm rechtlich diese Möglichkeit ebenfalls offen steht.

Es darf nicht verwundern, daß angesichts der so verteilten Risiken der Arbeitgeber entweder die Beschäftigung eines Mannes vorzieht bzw. - angesichts des geringen erwarteten Gegenwertes der Arbeit der Frau in Anbetracht der geringen erwarteten Verläßlichkeit und Kalkulierbarkeit - eine Frau nur zu einem geringeren Entgelt beschäftigt. Andererseits kann auch nicht von der Hand gewiesen werden, daß die geringe Anerkennung der beruflichen Arbeit der Frau bei ihr auch demotivierend wirken und zu einem verminderten Leistungseinsatz führen kann.

Im übrigen begünstigen sich auch die überkommene Vorstellung der Einverdienerehe als Leitbild der Familie, die traditionelle geschlechtsspezifische Aufgabenteilung und die Lohndiskriminierung gegenseitig. Denn geht man von einer lohnkostenneutralen Betrachtung aus, so bedeutet die negative Diskriminierung der Frauenlöhne zugleich, daß die Männerlöhne ohne Diskriminierung der Frauen niedriger ausfallen müßten. Sobald eine Ehefrau in geringerem Umfang erwerbstätig ist als ihr Mann, oder sie weniger qualifiziert ist als er, wird die Familie in aller Regel von der Lohndiskriminierung wirtschaftlich profitieren. Oder anders ausgedrückt: Die Lohndiskriminierung stellt eine Form familialer Förderung vor allem für die Einverdienerehe dar. Dies bietet allerdings einen sehr geringen Trost für nicht verheiratete Frauen und alleinerziehende Mütter.

Es stellt, vor allem für die Zukunft gesehen, eine sehr ineffiziente, einseitige Form der Familienförderung dar:

- Sie ist erstens keineswegs neutral bezüglich ihrer Auswirkungen auf Ein- und Zweiverdiener;
- zweitens verlagert eine solche Ausgestaltung der indirekten Familienförderung die wirtschaftlichen Risiken einseitig auf die Frauen, die z.B. nach einer Trennung allenfalls - und oft das nicht - auf privatrechtlichem Wege Unterhaltsansprüche geltend machen können. Einen Ausgleich für Lohndiskriminierung, von der sie nunmehr als

Alleinstehende nicht mehr profitieren, wird ihnen allerdings kein Richter zusprechen. Angesichts der heute erheblichen Scheidungswahrscheinlichkeit (vgl. BRAUN 1986, 186ff.) scheint eine solche Regelung jedoch zunehmend auch gegen die Interessen der nachwachsenden Generation gerichtet zu sein, es sei denn, man wolle die Kinder in vollständigen Ehen wirtschaftlich mehr fördern als die in Einelternhaushalten;

- drittens muß ein weiterer verteilungspolitischer Aspekt in diesem Zusammenhang berücksichtigt werden: Die sozialen Schichten unterscheiden sich nicht unerheblich hinsichtlich der Erwerbsbeteiligung verheirateter Frauen. In den untersten sozialen Schichten, die auch durch sehr niedrige Einkommen gekennzeichnet sind, war die Ehefrau in aller Regel auch früher voll erwerbstätig. Es war eher das "Facharbeiterprivileg" oder "Mittelstandsprivileg", sich eine nicht erwerbstätige Ehefrau "leisten" zu können. Somit führt aber die Lohndiskriminierung tendenziell auch zu einer stärkeren Benachteiligung der sozial und wirtschaftlich Schwächsten bzw. zu einer relativen Begünstigung der besser Situierten.

Ein Vergleich von Löhnen und Gehältern ist allerdings nicht unproblematisch, da sicher verschiedene Faktoren, die auf Männer und Frauen heute nicht gleich verteilt sind, die Lohnhöhe mitbestimmen. Dazu gehören - um nur die wichtigsten zu nennen -

- formale (Aus)Bildung,
- Berufserfahrung,
- Alter bzw. Seniorität,
- durchschnittliche Arbeitszeit (Teilzeitarbeit).

Die Grenzen zwischen mittelbarer Lohndiskriminierung und legitimen Lohnunterschieden sind deshalb keineswegs scharf und eindeutig zu ziehen.

Aber auch die Bestimmungsfaktoren der Löhne sind geschlechtsspezifisch nicht gleich verteilt: Die (Aus)Bildung der Frauen hat sich - nicht zuletzt im Zuge der Bildungsexpansion - erheblich verbessert. So verfügten im Jahr 1982 von den 20-40jährigen Frauen etwa 56% über eine Lehr- oder Anlernausbildung; dieser Anteil ist fast so hoch wie bei

den Männern. Dagegen sinkt der Anteil derer mit Ausbildung bereits bei den 40-45jährigen Frauen unter 50% und liegt bei den Älteren noch erheblich niedriger (vgl. STATISTISCHES BUNDESAMT 1983c, 22f).
Einen Realschulabschluß weisen mehr Frauen als Männer auf, wenn man die unter 45jährigen vergleicht. Allerdings kommt nur in der Altersgruppe der 20 bis 25jährigen die Zahl der weiblichen Abiturientinnen an die der männlichen heran. In dieser Altersgruppe verfügen auch mehr Frauen als Männer über einen Fachhochschul- oder Hochschulabschluß (vgl. STATISTISCHES BUNDESAMT 1983c, 22ff.). (Allerdings täuscht diese Zahl insofern, als Frauen meist zügiger das Gymnasium und eventuell auch ihr Studium abschließen, und die Männer zudem im Studienabschluß auch durch Wehr- oder Zivildienst Verzögerungen erfahren).
In der beruflichen Ausbildung bleiben allerdings, trotz dieser Fortschritte, die Chancen der Frauen nach wie vor schlechter. So werden nur etwa 25% der Ausbildungsplätze für Männer **und** Frauen angeboten, etwa die Hälfte steht nur für Männer, 25% nur für Frauen zur Verfügung (vgl. BUNDESMINISTER FÜR BILDUNG UND WISSENSCHAFT 1983, 5). Dies läßt erwarten, daß zu einem erheblichen Teil die Ungleichverteilung von Männern und Frauen auf Berufsgruppen erhalten bleiben wird. Umso bedenklicher stimmt dies, wenn man berücksichtigt, daß die typischen Frauenberufe sich häufig nicht unter den zukunftsträchtigen, attraktiven befinden (vgl. BEHNE 1984, 65ff.).

Lange Berufserfahrung und Seniorität gehen nicht nur mit dem Alter einher, sondern sind auch von einer durchgängigen Erwerbstätigkeit abhängig. Auch die Bereitschaft, vollzeitig zu arbeiten, beeinflußt diese Faktoren. Im Durchschnitt weisen deshalb Frauen wegen ihrer oft längeren Berufsunterbrechung im Vergleich zu gleichaltrigen Männern geringere Berufserfahrung und Seniorität auf. Außerdem ist die Wahl einer Teilzeitbeschäftigung nach der Wiederaufnahme der Erwerbstätigkeit mitunter mit einem (dequalifizierenden) Berufswechsel verbunden.

Die durchschnittliche Arbeitszeit der vollzeitig beschäftigten Arbeitnehmer liegt bei Frauen etwas niedriger als bei Männern, hauptsächlich deshalb, weil sie weniger Überstunden leisten.
Die durchschnittliche Arbeitszeit von Frauen liegt allerdings wegen der fast ausschließlich bei ihnen auftretenden Teilzeitbeschäftigung wesentlich niedriger.
So wiesen 1982 30,7% der weiblichen Erwerbstätigen eine normalerweise geleistete Wochenarbeitszeit von weniger als 36 Stunden auf, während dies nur für 2% der männlichen Erwerbstätigen der Fall war (vgl. STATISTISCHES BUNDESAMT 1983c, 71). Aber gerade die Teilzeitbeschäftigung hat zugenommen, während die Vollzeitarbeitsplätze von Frauen etwa konstant blieben. Während 1972 noch 2,9 Mio. Frauen einer Teilzeitbeschäftigung nachgingen, waren es 1982 bereits 3,2 Mio (vgl. STATISTISCHES BUNDESAMT 1983a, 162).

Betrachtet man die Erwerbseinkommen nach Nettoeinkommensklassen geschlechtsspezifisch (vgl. STATISTISCHES BUNDESAMT 1983a, 72f.), so zeigt sich, daß 1982 fast die Hälfte der männlichen Erwerbstätigen ein monatliches Nettoerwerbseinkommen zwischen DM 1.400 und DM 2.200 hatte, etwa ein Viertel meldet Einkommen darunter, ein Viertel Einkommen darüber. Bei den Frauen sind die unteren Einkommensklassen weit stärker besetzt. Vor allem mehr als die Hälfte der Arbeiterinnen erhielt weniger als DM 1.000 pro Monat.

In der Beurteilung der Nettoeinkommenssituation deuten sich dabei verschiedene weitere Tendenzen an. Zum einen fallen die Nettoerwerbseinkommen der Frauen gering aus, weil viele verheiratete Frauen nur einer Teilzeitbeschäftigung nachgehen oder oft nur geringfügig beschäftigt sind. Zum anderen führt die Wahl der Lohnsteuerklasse V bei vielen verheirateten Frauen dazu, daß die Nettoeinkommen desweiteren im Vergleich zu den Bruttoeinkommen besonders niedrig ausfallen. Aber andererseits reflektieren diese Daten auch den Umstand, daß insbesondere bei den älteren Arbeitnehmerinnen weitgehend ein sehr geringes Qualifikationsniveau vorliegt, bzw. manche auch Arbeiten verrichten, die unter ihrem formalen Qualifikationsniveau liegen.

Ein Vergleich der Bruttoentgelte der sozialversicherungspflichtig Beschäftigten, der sich auf die Jahresentgelte ganzjährig Beschäftigter bezieht (s. Abb. 2.2.) zeigt die Unterschiede sehr deutlich (vgl. BECKER 1985, 938f.). Während die ganzjährig vollzeitig beschäftigten Männer nur zu einem sehr geringen Teil Bruttoeinkommen bis zu DM 28.800 beziehen, fällt etwa die Hälfte der weiblichen Beschäftigten in diese Einkommensklassen. Vor allem die Arbeiterinnen erhalten kaum höhere Einkommen. Die Teilzeitbeschäftigten, bei denen es sich ja in der Mehrzahl auch um Frauen handelt, sind, wie zu erwarten, in noch niedrigeren Einkommensgruppen zu finden als die vollzeitbeschäftigten Frauen.

In der Regel moderiert zwar die Steuerprogression die Einkommensunterschiede. Allerdings trifft dies beim Vergleich von Männern und Frauen nicht unbedingt zu. Denn die Männer werden häufig, auch wenn ihre Frauen ebenfalls erwerbstätig sind, nach Lohnsteuerklasse III, die am Splittingtarif orientiert ist, besteuert. Ihre erwerbstätigen Frauen werden dann nach Lohnsteuerklasse V entsprechend hoch besteuert. Für die Familie insgesamt ergibt dies zwar in der Regel einen günstigeren Nettoeinkommensbetrag, in der Einkommensverteilung bringt die Besteuerung jedoch somit geschlechtsspezifisch keinen nivellierenden Effekt, so daß die oben aufgezeigten Muster der Nettoeinkommensverteilung durchaus plausibel sind.

Aus der Verteilung der Netto- oder Bruttoeinkommen alleine läßt sich noch nicht unbedingt eine diskriminierende Praxis ableiten, da die legitimen einkommensbestimmenden Faktoren ja zwischen den Geschlechtern nicht gleich verteilt sind. Eine detaillierte Analyse der Diskriminierung würde den Rahmen dieses Beitrags sprengen (vgl. LANGKAU 1979). Jedoch können die laufenden Veröffentlichungen der Lohn- und Gehaltsstatistiken, die für vollzeitig Beschäftigte Arbeitszeit und Lohn nach Leistungsgruppen differenziert ausweisen, als grober Indikator herangezogen werden. Denn sie bereinigen automatisch um einige relevante Unterschiede, wenn auch nicht um alle.

Vergleicht man bei den Arbeitern die durchschnittliche Arbeitszeit sowie die durchschnittlichen Stunden- und Wochenlöhne der vollzeitig beschäftigten Personen differenziert nach Leistungsgruppen, so zeigt sich, daß Frauen systematisch niedrigere Löhne beziehen, wenngleich es sich jeweils um vollzeitig beschäftigte Arbeiter(innen) handelt (s. Abb. 2.3.).
Bei Angestellten tritt ein ganz ähnliches Bild zutage, wenngleich die Unterschiede geringer sind (s. Abb. 2.4.). Diese Abstände bleiben auch zäh über die Zeit erhalten, wie die Entwicklung der letzten Jahre zeigt (vgl. BUNDESMINISTER FÜR ARBEIT UND SOZIALORDNUNG 1985, 94). Bedenkt man, daß diese Art des Vergleichs noch die mittelbare Diskriminierung via Einstufungspraktiken außer acht läßt, liegt die Vermutung nahe, daß dies nur eine sehr konservative Schätzung der Diskriminierung darstellt. Tatsächlich ist die Lage im Einzelfall sehr schwer zu beurteilen. Zudem spiegeln auch Lohnvergleiche die qualitativen Unterschiede der Arbeitsverhältnisse, die oft dazukommen, nicht wieder.

Zusammenfassend kann gesagt werden,daß zwar für mehr und mehr Frauen ihr Erwerbseinkommen die wichtigste Quelle des Lebensunterhalts darstellt, eine volle Angleichung an die Erwerbseinkommen der Männer jedoch weder in den Voraussetzungen zur Einkommenserzielung noch in der Entlohnungsstruktur erreicht ist.

3. Die Einkommenssituation der Haushalte

Am besten kann die Einkommenssituation einer Person als Indikator ihres Lebensstandards durch das gewichtete (erwachsenenäquivalente) Pro-Kopf-Einkommen wiedergegeben werden; dieses berücksichtigt am ehesten, daß die Kosten des Haushalts mit der Haushaltsgröße, wenn auch unterproportional, steigen. In veröffentlichter Form liegen keine regelmäßigen Angaben zu solchen gewichteten Pro-Kopf-Einkommen vor, nicht zuletzt, weil über die Wahl der Gewichte keine einhellige Meinung besteht. Im weiteren wird deshalb auf die Nettoeinkommensposition der Haushalte (3) - so weit wie möglich differenziert nach der Haushaltsgröße - abgestellt. (Es sei jedoch darauf verwiesen, daß die Einkommensangaben im Mikrozensus, auf die wegen der Breite der Datenbasis und der relativ hohen Aktualität rekurriert wird, wegen der verwendeten Methode der Selbsteinstufung ungenau sind. Die Besetzungszahlen in den niedrigeren Einkommensgruppen werden überschätzt. Die allgemeinen Tendenzen dürften jedoch Gültigkeit besitzen.)

Die Verteilung der Haushalte auf verschiedene Nettoeinkommensklassen unterscheidet sich ganz wesentlich je nach dem, welchen Haushaltstyp und welche Haushaltsgröße man betrachtet.
Im Jahr 1982 wiesen nur 7,1 Mio. von 25,3 Mio. Haushalten einen weiblichen Haushaltsvorstand auf (vgl. STATISTISCHES BUNDESAMT 1983a, 34ff.). Fast die Hälfte dieser Haushalte (3,2 Mio) waren alleinlebende Witwen, in der Regel ältere Frauen, die vor allem von Renteneinkommen leben. Mehr als die Hälfte dieser Witwen gibt an, ein monatliches Nettoeinkommen zwischen DM 800 und DM 1.400 zu beziehen, ein Sechstel der Frauen verfügt über weniger. Vergleicht man die Gruppe alleinlebender Frauen mit den alleinlebenden Männern, so fällt zunächst auf, daß es sich bei diesen zumeist nicht um Witwer, sondern um Ledige handelt und überdies mehr als die Hälfte der alleinstehenden Männer jüngere Personen sind, während die meisten alleinlebenden Frauen bereits ein höheres Alter haben. Auch bei den Männern findet man etwa ein Sechstel mit Einkommen unter DM 800. Allerdings verfügt die "mittlere" Gruppe der nächsten 50% über Einkommen zwischen DM 800 und DM 1.800, was andeutet, daß vor allem die Einkommen zwischen DM 800 und DM 1.400, die bei Frauen sehr häufig anzutreffen sind, bei Männern weniger vertreten sind. Bei Männern treten eher höhere Einkommen auf. Der allgemeine Unterschied in dieser Einkommensverteilung liegt also nicht bei den niedrigsten Einkommen, sondern bei den mittleren und höheren. Außerdem muß man aber beim Vergleich dieser Gruppen die Altersstruktur im Auge behalten: Die alleinlebenden Männer mit niedri-

gen Einkommen sind häufig jung und können im Lebenszyklus noch eine Verbesserung ihrer Einkommenssituation erwarten. Für die Mehrzahl der alten Frauen in dieser Gruppe eröffnen sich solche Perspektiven nicht. Sie können zudem oft nur noch auf ein Leben mit durchwegs niedrigem Einkommen zurückblicken (vgl. STATISTISCHES BUNDESAMT 1983a, 34f.).

Unter den 17,4 Mio Mehrpersonenhaushalten finden sich nur 1,7 Mio. mit weiblichem Haushaltsvorstand. Bei etwa 1,4 Mio. handelt es sich dabei um Mütter mit Kindern, allerdings nur bei 0,8 Mio. um Familien mit Kindern unter 18 Jahren (vgl. STATISTISCHES BUNDESAMT 1983a, 73). Die große Zahl der Mehrpersonenhaushalte mit männlichem Vorstand sind Ehepaare mit oder ohne Kinder. Allerdings muß dabei im Auge behalten werden, daß die 5,9 Mio. "kinderlosen" Ehepaare nur statistisch kinderlos sind. Die meisten dieser Ehepaare sind bereits in einem Alter, in dem ihre Kinder aus dem elterlichen Haushalt fortgezogen sind und somit im Haushalt der Eltern statistisch nicht miterfaßt werden.

Die Einkommenssituation variiert nicht unwesentlich mit der Haushaltsgröße. Deswegen werden, soweit wie möglich, auch bei den Mehrpersonenhaushalten solche gleicher Größe verglichen. Bei den 7,3 Mio. Zweipersonenhaushalten handelt es sich ganz überwiegend um Ehepaare. Unter den Mehrpersonenhaushalten mit weiblichem Vorstand fallen zwei Drittel in die Gruppe der Zweipersonenhaushalte. Fast die Hälfte davon sind Witwen, je ein Viertel ledige und geschiedene Frauen; die meisten leben mit einem Kind gemeinsam im Haushalt. Die Einkommensverteilung der Zweipersonenhaushalte unterscheidet sich vor allem in den niedrigeren Einkommensgruppen: Während ein Sechstel aller Haushalte mit weiblichem Vorstand nur Einkommen unter DM 1.200 pro Monat aufweist, trifft dies nur für ein Zwölftel der Haushalte mit männlichem Vorstand zu. Die Witwen sind in der Tendenz eher in höheren Einkommensgruppen zu finden als die geschiedenen Frauen.

Die Mehrpersonenhaushalte mit mehr als 2 Personen machen die Mehrzahl der Haushalte mit männlichem Vorstand aus. Bei den Haushalten mit weiblichem Vorstand findet sich nur ein Drittel der Mehrpersonenhaushalte in dieser Gruppe. In der Tendenz haben die größeren Haushalte, egal welchen Geschlechts der Vorstand ist, höhere Einkommen als kleinere Haushalte. Allerdings fallen die Haushalte mit männlichem Vorstand auch hier häufiger in die oberen Einkommensgruppen: Etwa zwei Drittel verfügt über mehr als DM 2.500 monatlich, während dies nur für etwa ein Drittel der Haushalte mit weiblichem Vorstand zutrifft. Witwen sind tendenziell auch in dieser Gruppe wirtschaftlich besser gestellt als geschiedene Frauen.

Sowohl in Haushalten mit männlichem wie auch in solchen mit weiblichem Haushaltsvorstand spielt allerdings die Zahl der Einkommensbezieher eine sehr gewichtige Rolle für das Einkommensniveau. In fast zwei Drittel der Haushalte mit einem männlichen Vorstand gibt es zwei Einkommensbezieher (meist handelt es sich dabei um Ehepaare mit oder ohne Kinder).

Wie bereits ausgeführt, spielt das "zweite" Einkommen eine wichtige Rolle für den Haushalt. Um diese Bedeutung - etwa im Vergleich zu Transfereinkommen im Rahmen des Familienlastenausgleichs - zu demonstrieren, sei auf die Querverteilung der Einkommen der Ehegatten hingewiesen (s. Abb. 4.1.). Ein eigenes Einkommen weisen mehr als die Hälfte aller Ehefrauen auf (vgl. STATISTISCHES BUNDESAMT 1983a, 85). Allerdings variiert der Anteil nicht unwesentlich mit dem Einkommen des Mannes. In den Einkommensgruppen mit höheren Einkommen des Ehemannes finden sich tendenziell weniger Frauen mit eigenem Einkommen. Bei Einkommen des Mannes unter DM 1.800 hat jedoch mehr als die Hälfte der Frauen eigenes Einkommen. Eine gewisse Korrelation zwischen den Einkommen der Ehepartner ist insofern zu beobachten, als niedrige Fraueneinkommen relativ häufiger auftreten, wenn auch der Mann wenig Einkommen hat, und eher höhere Fraueneinkommen auftreten, wenn auch der Mann höheres Einkommen bezieht. Dessen ungeachtet aber finden sich die meisten Einkommen der Ehefrauen auf einem Niveau zwischen DM 600 und DM 1.200 oder darunter. Mehr als die Hälfte der Frauen mit eigenem Einkommen fällt in diese Einkommensgruppen. Auch das geringfügige Einkommen spielt hier eine nicht unwesentliche Rolle.

Während sich heute also durchaus andeutet, daß für mittlere Einkommensgruppen ein zweites Einkommen, meist das der Ehefrau, nicht ohne Bedeutung ist, so stellt es für das Familienbudget in Ehen doch oft eher ein Zubrot dar. Die Frau deckt etwa ihren eigenen Lebensunterhalt überwiegend, aber oft nicht ausschließlich. Langfristig deutet sich aber auch an, daß mit einer steigenden Erwerbsbeteiligung der Frauen angesichts der Korrelation der Einkommen der Ehepartner - und auch oft der beruflichen Qualifikation der Ehepartner - eine Zunahme der Ungleichheit der Einkommensverteilung zu erwarten ist (4).

Bei einer Betrachtung der gesamten Einkommensverteilung geht oft der Extrembereich der sehr hohen und der sehr niedrigen Einkommen unter, da diese Gruppen vergleichsweise klein sind. Was die niedrigen Einkommen betrifft, so liefert die Sozialhilfestatistik mindestens insoweit Anhaltspunkte, als Personen Sozialhilfe beantragen. Allerdings wird geschätzt, daß nur die Hälfte der Personen, die Anspruch auf Sozialhilfe haben, diese auch beantragen (vgl. HARTMANN 1980). Trotzdem werden gewisse Strukturen auch aus der Sozialhilfestatistik deutlich: Bei einem wesentlichen Teil der Empfänger laufender Hilfe zum Lebensunterhalt handelt es sich gerade um Frauen bzw. Haushalte mit weiblichem Vorstand. Insbesondere Rentnerinnen und alleinerziehende Mütter sind in dieser Gruppe häufig anzutreffen. Bezeichnenderweise sind es gerade diese Gruppen, die nur einen sehr eingeschränkten Zugang zum Arbeitsmarkt haben.

4. Familienpolitische und verteilungspolitische Folgerungen

Die aufgezeigten empirischen Muster haben sowohl verteilungspolitische wie auch familienpolitische Implikationen. So wurde deutlich, daß im Durchschnitt Frauen, soweit sie darauf angewiesen sind, für ihren Unterhalt alleine aufzukommen, schlechter gestellt sind als Männer. Ursache hierfür ist zum einen, daß nach wie vor die Voraussetzungen im Arbeitsmarkt für Männer und Frauen ungleich sind. Wenngleich die Bildungs- und Ausbildungssituation von Frauen heute schon wesentlich besser ist als früher, so ist auch heute eine Chancengleichheit nicht realisiert. Auch Lohndiskriminierung hält sich ziemlich zäh, wenn auch in etwas subtileren Formen als früher.

Zweifelsohne war in den letzten Jahren ein sehr drastischer Anstieg der Erwerbsbeteiligung der Frauen zu beobachten, so daß heute schon mehr als die Hälfte der verheirateten Frauen angibt, ihren überwiegenden Lebensunterhalt aus Erwerbstätigkeit und nicht von Angehörigen zu bestreiten. Trotzdem nehmen sich die Einkommen der Frauen im Vergleich zu ihren Ehemännern eher bescheiden aus. Teilzeitarbeit, mittelbare - und oft auch noch unmittelbare - Lohndiskriminierung und die nach wie vor recht einseitige Verteilung familiärer Aufgaben zeichnen hierfür primär verantwortlich.

Bei intakter Ehe mag diese Situation sich für manche Familien sogar vorteilhaft auf die Einkommen auswirken. Dennoch verlagert diese Situation die wirtschaftlichen Risiken einseitig auf Frauen. Zum einen ist davon auszugehen, daß auch nicht verheiratete Frauen - vor allem alleinerziehende Mütter - von Diskriminierung betroffen sind, die darüberhinaus auch in anderer Form von familienpolitischen Leistungen oft weniger begünstigt werden.

Wirtschaftlich bleibt der Ausgleich innerhalb der Familie erforderlich, der in manchen Leistungen auch nach wie vor gilt, obgleich - geht man vom Leitbild der Ehe gemäß des neuen Eherechts aus - in vielen Bereichen Frauen und Männer ungleich behandelt werden und diese

Ungleichheit in den seltensten Fällen zu einer tatsächlichen Begünstigung der Frauen führt. Oft zahlen die Erwerbstätigen unter den Frauen mit doppelter Belastung bei relativ schlechter Bezahlung für ihre partielle wirtschaftliche Unabhängigkeit und die Nichterwerbstätigen mit wirtschaftlicher Abhängigkeit und wirtschaftlichen Risiken im Falle einer Scheidung.

Zweifelsohne hat sich in den letzten Dekaden allmählich einiges gebessert. Zur wirtschaftlichen Gleichstellung ist jedoch noch ein weiter Weg, den die Mütter heute für ihre Töchter morgen mitbereiten müssen.

Abbildung 2.1.: Wohnbevölkerung im April 1982 (1)
Nach überwiegendem Lebensunterhalt und Altersgruppen

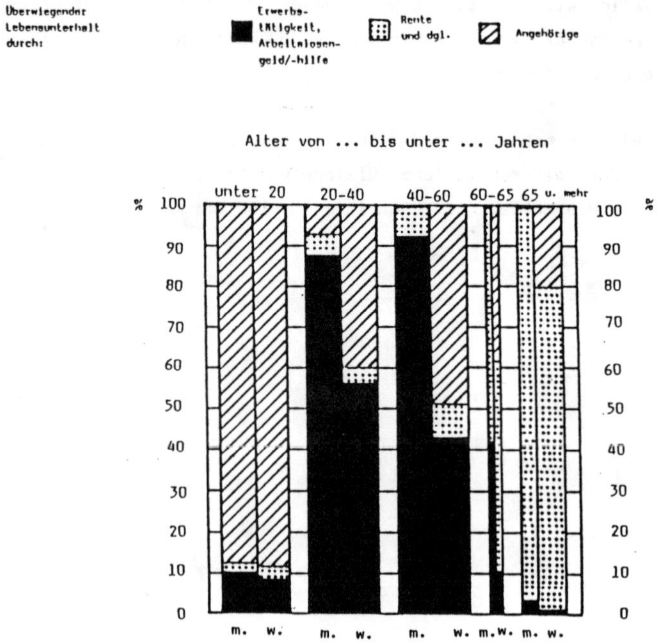

Die Breite einer Säule entspricht dem Anteil je Altersgruppe und Geschlecht an der Wohnbevölkerung insgesamt

(1) Ergebnis des Mikrozensus

Quelle: Statistisches Bundesamt (Hrsg.) 1983: Fachserie 1, Reihe 4.1.1., Stand und Entwicklung der Erwerbstätigkeit 1982, Wiesbaden, 30

Abbildung 2.2.: Ganzjährig Vollzeitbeschäftigte Personen 1982, nach Stellung im Beruf und Höhe des Sozialversicherungspflichtigen Bruttoarbeitsentgelts

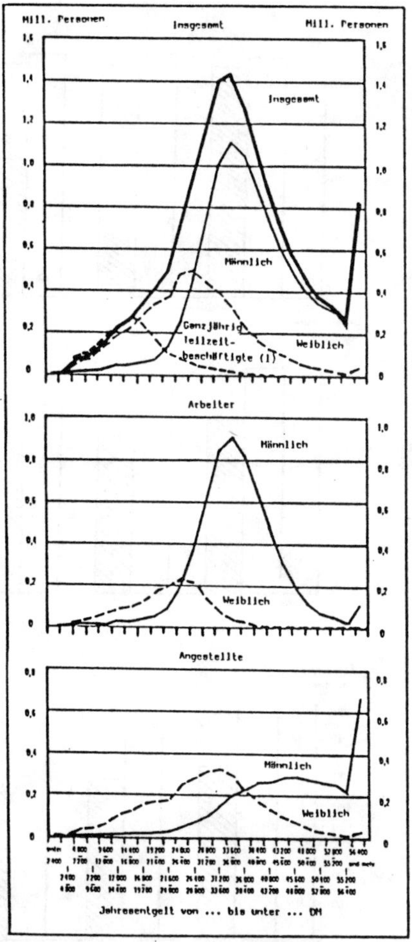

(1) Ohne Personen ohne Entgelt und ohne Beschäftigte in beruflicher Ausbildung

Quelle: Becker, B., 1985: Sozialversicherungspflichtig Beschäftigte nach Beschäftigungsdauer und Bruttoarbeitsentgelt, Ergebnisse der Beschäftigungsstatistik 1982, in: Wirtschaft und Statistik, 12, 939

Abbildung 2.3.: Arbeitszeit und Bruttoverdienste nach Leistungsgruppen und Geschlecht 1984

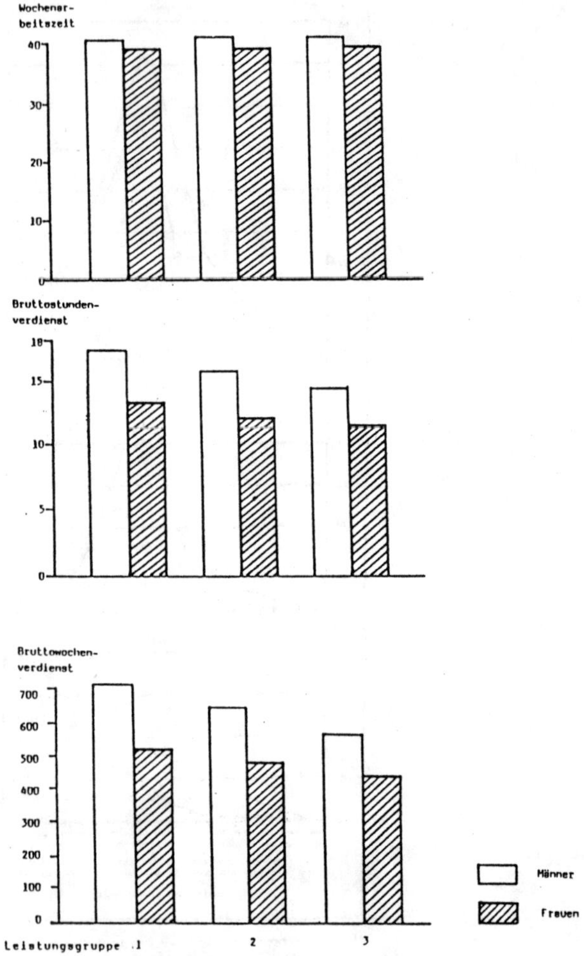

Quelle: Eigene Darstellung nach: Der Bundesminister für Arbeit und Sozialordnung (Hrsg.), 1985: Arbeits- und Sozialstatistik Hauptergebnisse 1985, Bonn, 91.

Abbildung 2.4.: Bruttoverdienste nach Leistungsgruppen und Geschlecht, 1984

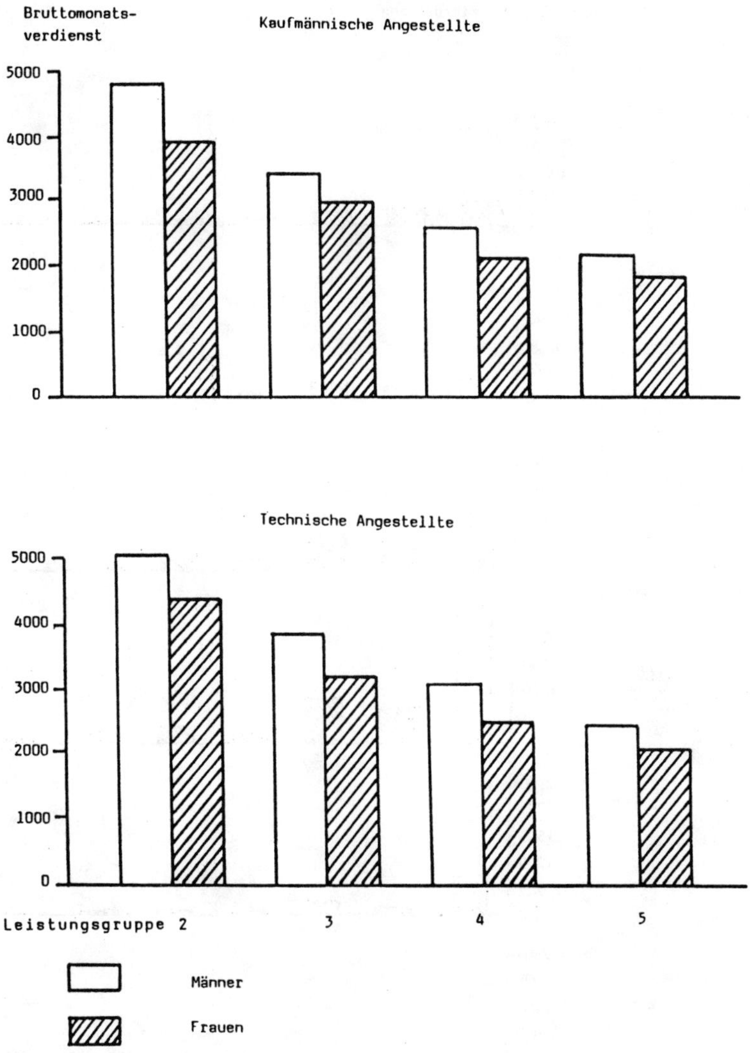

Quelle: Eigene Darstellung nach: Der Bundesminister für Arbeit und Sozialordnung (Hrsg.), 1985: Arbeits- und Sozialstatistik Hauptergebnisse 1985, Bonn, 91.

Abbildung 3.1.: Häufigkeitsverteilung der Nettoeinkommen der Ehefrauen nach Nettoeinkommensklassen der Ehemänner, 1982 (Ergebnisse des Mikrozensus 1982)

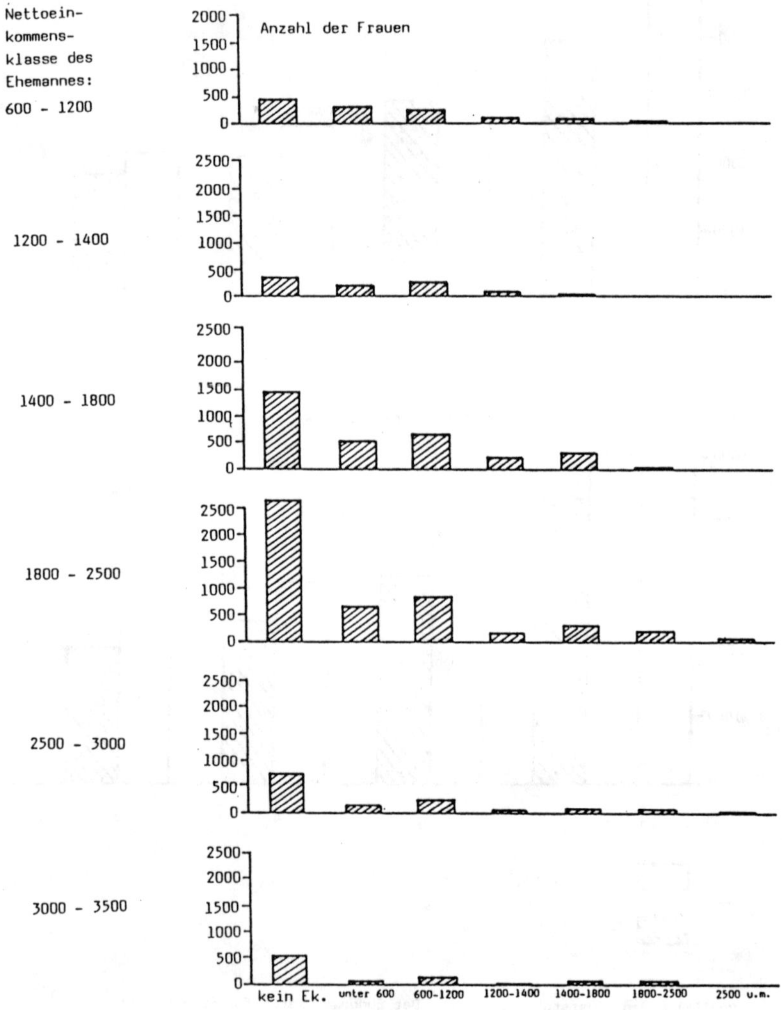

Anmerkungen

(1) Hier handelt es sich um die Unterscheidung von primärer und sekundärer Einkommensverteilung.

(2) Streng genommen umfaßt das verfügbare Einkommen das Einkommen nach staatlicher Umverteilung; die private Umverteilung wird in diesem Prozeß häufig ignoriert bzw. den Ausgaben des leistenden Haushalts zugerechnet. Allerdings spielt die private Umverteilung in Form von Unterhaltszahlungen gerade für Haushalte mit weiblichem Vorstand eine wichtige Rolle.

(3) Unter Nettoeinkommen ist hier das verfügbare Einkommen zu verstehen.

(4) vgl. Koreferat von Danziger, S. zu Helberger, Chr., Female Activity Rates and the Distribution of Family Income, Beitrag beim Internationalen Symposium "Distributing the Awards of Economic Activity", Augsburg, September 1985, erscheinen im Tagungsband.

Literatur

ASPEKTE der Erwerbstätigkeit von Frauen. Ergebnisse der Mikrozensuserhebung Juli 1974, 1977, in: Wirtschaft und Statistik, 89.

AUFNAHME und Unterbrechung der Erwerbstätigkeit der Frauen, 1969, in: Wirtschaft und Statistik, 20.

BECKER, B., 1985: Sozialversicherungspflichtig Beschäftigte nach Beschäftigungsdauer und Bruttoarbeitsentgelt, Ergebnisse der Beschäftigtenstatistik 1982, in: Wirtschaft und Statistik, 938f.

BEHNE, B., 1984: Women at Work in the Federal Republic of Germany, in: DAVIDSON, M.J./COOPER, C.L.: Women at Work , New York.

BRAUN, W., 1986: Ehescheidungen, in: Wirtschaft und Statistik, 186ff.

BUNDESMINISTER FÜR ARBEIT UND SOZIALORDNUNG (Hrsg.), 1985: Arbeits- und Sozialstatistik, Hauptergebnisse 1985, Bonn.

BUNDESMINISTER FÜR BILDUNG UND WISSENSCHAFT (Hrsg.), 1983, Bonn.

DANZINGER, S., 1985: Koreferat zu Helberger, Chr.: Female Activity Rates and the Distribution of Familiy Income, Beitrag beim Internationalen Symposium "Distributing the Awards of Economic Activity, Augsburg.

HARTMANN, H., 1980: Sozialhilfebedürftigkeit und Dunkelziffer der Armut. Bericht über das Forschungsprojekt zur Lage potentieller Sozialhilfeberechtigter, Stuttgart.

HEGNER, F., 1982: Haushaltsfamilie und Familienhaushalt: Vorüberlegungen zu einer Typologie der Verknüpfung familialer und ökonomischer Aktivitäten, in: KAUFMANN, F.-X. (Hrsg.): Staatliche Sozialpolitik und Familie, München, Wien, 23ff.

HOFBAUER, H., 1978: Die Untersuchung des IAB über Berufsverläufe bei Frauen, Bericht über Methoden und erste Ergebnisse, in: MittAB, 143.

HOFBAUER, H., 1981: Zur Struktur der Teilzeitarbeit bei Frauen, in: KLAUDER, W./KÜHLEWIND, G.(Hrsg.): Probleme der Messung und Vorausschätzung des Frauenerwerbspotentials, Nürnberg, 109ff.

KLAUDER, W./SCHNUR, P./THON, M., 1985: Arbeitsmarktperspektiven der 80er und 90er Jahre. Neue Modellrechnungen für Potential und Bedarf an Arbeitskräften, in: MittAB, 43ff.

KLAUDER, W./KÜHLEWIND, G.(Hrsg.), 1981: Probleme der Messung und Vorausschätzung des Frauenerwerbspotentials, BeitrAB 56, 8, Nürnberg.

LANGKAU, J.,1979: Lohn- und Gehaltsdiskriminierung von Arbeitnehmerinnen in der Bundesrepublik Deutschland, Bonn.

PFARR, H.M., 1981: Lohngleichheit, Schriftenreihe des Bundesministers für Jugend, Familie und Gesundheit, Bd. 100, Bonn

STATISTISCHES BUNDESAMT (Hrsg.), 1983a: Haushalte und Familien 1982, Fachserie 1, Reihe 3, Stuttgart, Mainz.

STATISTISCHES BUNDESAMT (Hrsg.), 1983b: Stand und Entwicklung der Erwerbstätigkeit 1982, Fachserie 1, Reihe 4.1.1., Stuttgart, Mainz.

STATISTISCHES BUNDESAMT (Hrsg.), 1983c: Beruf, Ausbildung und Arbeitsbedingungen der Erwerbstätigen 1982, Fachserie 1, Reihe 4.1.2., Stuttgart, Mainz.

ZUR EINKOMMENSSITUATION WEIBLICHER JUGENDLICHER

Dorothea Cremer

Der 6. Jugendbericht und eine Reihe weiterer in den letzten Jahren erschienener Publikationen zum Thema "Mädchen und junge Frauen" haben durch eine umfassende Darstellung fast aller Lebensbereiche Licht in eine lange Zeit unbehelligt gebliebene Situation gebracht. Die Lage der jungen Frauen (1) kennzeichnet sich durch eine Fülle von Nachteilen. Die vielzitierte Chancengleichheit, der insbesondere durch ein verbessertes Bildungsniveau Tür und Tor geöffnet stehen sollten, ist bisher ausgeblieben (LANGER 1986, 115). Die für die jungen Frauen seit Mitte der 70er Jahre verstärkt auftretenden Probleme, eine Berufsausbildung zu absolvieren bzw. eine Erwerbstätigkeit auszuüben, lassen vermuten, daß mit Hilfe familienpolitischer Anreize (Erziehungsgeld), bildungspolitischer Verschärfungen (BAFöG-Kürzungen), fehlender effektiver arbeitsmarktpolitischer Programme (junge) Frauen wieder als Mittel zur Beseitigung der Arbeitslosenproblematik eingesetzt werden. Im Erwerbsleben stehen junge Frauen einem geringeren Angebot an Ausbildungsplätzen gegenüber, sie haben weniger Chancen bei der Einstellung trotz intensiverer Bemühungen bei der Bewerbung (ENGELBRECH/KRAFT 1983, 39), sie wählen häufiger eine Ausbildung mit einer kürzeren Ausbildungsdauer, sie stehen verstärkt in Berufsfeldern mit höherer Rationalisierungsgefahr und haben größere Schwierigkeiten beim Übergang von der beruflichen Ausbildung in den Erwerbsprozeß als junge Männer (SCHOBER 1985, 247). Diese Diskriminierung äußert sich letztlich in überproportional hoher Erwerbslosigkeit.

Ungeachtet dessen hat das Interesse der jungen Frauen am Aufbau einer eigenen Erwerbs- und Versicherungsbiographie (an eigenem Erwerbseinkommen) noch zugenommen. Die Erwerbsbeteiligung der 15- bis unter 20jährigen Frauen hat zwar seit 1974 von 53% auf 41% (STATISTISCHES BUNDESAMT, Fs. 1, R.4.1.1.) zugunsten höherer schulischer Ausbildungsgänge abgenommen, die Altersgruppe der 20- bis unter 25jährigen

Frauen hat hingegen ihre Erwerbsbeteiligung im gleichen Zeitraum um 3,3% Punkte auf 71,3% gesteigert (STATISTISCHES BUNDESAMT, Fs. 1, R.4.1.1.). Gleichzeitig konnte ein Anstieg der Studentinnenquote beobachtet werden; gemessen an der 19-26jährigen weiblichen Bevölkerung stieg sie von 9,6% in 1975 auf 14% in 1984 (2). Gegenüber früheren Geburtskohorten treten die heutigen jungen Frauen später in das Erwerbsleben ein; die längere Ausbildung und höhere Qualifikation verdeutlichen aber auch den Wunsch nach einer Teilhabe an den höheren Erwerbseinkommen.

Daß die Frauen geringer entlohnt werden als die Männer, ist hinlänglich bekannt. Welche Einkommensrelationen sich speziell für die jungen Frauen und Männer stellen, ist bisher nur wenig untersucht worden und soll in den nachfolgenden Ausführungen aufgezeigt werden. Die ungünstige Arbeitsmarktlage läßt auf eine anhaltende geschlechtsspezifische Einkommensdiskriminierung schließen. Es ist aber auch zu vermuten, daß sich die geschlechtsspezifischen Verdienstrelationen zwischen jungen Frauen und Männern verringert haben, da die Verteilung der erwerbstätigen jungen Frauen auf die einzelnen Wirtschaftsbereiche und -abteilungen Veränderungen erfahren hat und den jungen Frauen über eine veränderte Bildungsstruktur der Zutritt zu höheren Einkommen ermöglicht wurde.

Ziel der vorliegenden Arbeit ist es, die Veränderungen der geschlechtsspezifischen Einkommenssituation der jungen Frauen aufzuzeigen. Aus diesem Grunde wird die Einkommenslage der jungen Frauen in Relation zur Einkommenslage junger Männer nachgezeichnet. Die in diesem Zusammenhang aufgeführten Gründe der Veränderung einkommensdiskriminierender Faktoren erheben keinerlei Anspruch auf Vollständigkeit (3).

Die in drei Abschnitte gegliederte Arbeit zeigt im ersten Teil die Entwicklung der Einkommensschichtung der erwerbstätigen jungen Frauen anhand der Mikrozensusangaben von 1976-1982 auf. Eine tiefergehende Einkommensdifferenzierung ist aufgrund des zur Verfügung stehenden amtlichen Datenmaterials nicht möglich. Danach folgt eine Betrachtung der Entwicklung der Ausbildungsvergütungen von 1978 bis 1984. In der Mikrozensuserhebung sind die Ausbildungsvergütungen bereits als Einkommen berücksichtigt, doch erfolgt wegen der geringen Differenzierungsmöglichkeit des Mikrozensus nach Wirtschafts- und Ausbildungsbereichen und des hohen Anteils junger Frauen, die im Alter von 15 bis 25 Jahren eine Berufsausbildung absolvieren, eine gesonderte Darstellung dieses Bereichs.

Zugrundegelegt werden nicht die tatsächlich gezahlten, sondern die laut Tarifvertrag mindestens zu zahlenden Ausbildungsvergütungen. Im letzten Teil erfolgt eine Betrachtung der Einkommenssituation der erwerbslosen jungen Frauen. Fehlendes Datenmaterial über die Höhe und Dauer der Lohnersatzleistungen ermöglicht nur eine Bestandsaufnahme der Thematik. Aufgrund der Entwicklungen auf dem Arbeits- und Ausbildungsmarkt kann jedoch die Einkommenslage der erwerbslosen Frauen nicht mehr länger als vernachlässigbare Größe behandelt werden.

1. Einkommensrelationen erwerbstätiger junger Frauen und Männer

Die Entwicklung der monatlichen Nettoeinkommen (4) erwerbstätiger Frauen und Männer zwischen 15- bis unter 25 Jahren von 1976 bis 1982 wird anhand der Einkommensverteilung auf bestimmte Einkommensgrößenklassen nach Mikrozensusergebnissen in den Tabellen I und II dargestellt (5). Die Tabellen lassen erkennen, daß hinsichtlich des Einkommensniveaus (6) die Nettoeinkommen der jungen Frauen deutliche Defizite aufweisen.
Von den erwerbstätigen jungen Frauen hatten 1976 90,8% ein monatliches Nettoeinkommen unter DM 1.200. Die jungen Männer waren in diesem aggregierten Einkommensbereich mit 79,9% vertreten. Bis 1982 ist eine kontinuierliche Steigerung des Durchschnittseinkommens zu beobachten. Dies führte zu einer Verlagerung der Einkommensverteilung von den untersten drei Einkommensbereichen in die höheren Einkommensbereiche. Junge Frauen erzielen nunmehr zu 67,4% und junge Männer zu 54,6% ein

monatliches Nettoeinkommen von weniger als DM 1.200. Für die jungen Frauen beträgt die Einkommensverbesserung 23,4% Punkte, für die jungen Männer hingegen 25,3% Punkte. Trotz der erheblichen Verbesserung in der Einkommenklasse DM 600-1.000, bleibt die nachgeordnete Position der jungen Frauen in der gesamten Einkommensspanne bestehen.

Während bei den jungen Frauen eine breitere Streuung in der untersten Einkommensspanne zu verzeichnen ist (in 1982 bis DM 600: 28,6%, DM 600 - 1.000: 21,5%, DM 1.000 - 1.200: 17,3%), sind die jungen Männer überwiegend im untersten Einkommensbereich vertreten (in 1982 bis DM 600: 36,9%, DM 600 - 1.000: 8,9%, DM 1.000 - 1.200: 8,8%). Die starke Repräsentanz der jungen Männer im untersten Einkommensbereich liegt an der höheren Anzahl männlicher Auszubildender. Die Höhe der Ausbildungsvergütungen liegt hauptsächlich innerhalb dieses Einkommensbereichs. Junge Frauen absolvieren häufiger eine kürzere Ausbildung oder treten direkt nach der Schule ohne Ausbildung in die Erwerbstätigkeit (7). Ihre monatlichen Nettoeinkommen sind stärker im Einkommensbereich DM 600 bis DM 1.000 angesiedelt (8). Während noch 1976 44,2% aller jungen Frauen in diesem Bereich vertreten waren, reduzierte sich ihr Anteil in dieser Einkommensklasse bis 1982 auf 21,5%. Diese Einkommensklasse weist somit auch nicht mehr die häufigste Verteilung auf, sondern steht an zweiter Stelle. Die höchste Konzentration tritt 1982 in der untersten Einkommensklasse (bis DM 600) auf.

In den mittleren Einkommensbereichen von DM 1.200 bis DM 1.800 waren die jungen Frauen 1976 mit 8,6% vertreten; dieser Anteil konnte bis 1982 auf 29,7% gesteigert werden. In Relation zu den jungen Männern sind die Zuwächse der jungen Frauen stärker ausgefallen, ihr Anteil liegt jedoch mit 6,6% Punkten noch unterhalb des Anteils der jungen Männer von 36,3% (1976: 18,7%).

Ein monatliches Nettoeinkommen von DM 1.800 bis DM 4.000 erhalten gegenüber 1978 (9) mit 0,8% im Jahre 1982 2,8% aller erwerbstätigen jungen Frauen, die gleichaltrigen Männer konnten ihre Beteiligung in diesen drei höheren Einkommensbereichen von 2,7% auf 9,0% steigern.

Die Benachteiligung der Frauen setzt sich folglich in dieser Einkommensspanne unverändert fort.

Gegenüber der in 1976 zu verzeichnenden Polarisierung in der untersten Einkommensspanne bis DM 1.200 zeichnet sich die Einkommensituation junger Frauen 1982 durch eine breitere Streuung aus. Die materielle Situation weist bei ungefähr einem Drittel der erwerbstätigen jungen Frauen und Männer keine Unterschiede auf (bis DM 600).

Weiterhin große Differenzen zeigen sich in den Einkommensbereichen DM 600 bis DM 1.200. Die jungen Frauen haben noch weitaus häufiger ein niedrigeres Einkommen als die jungen Männer. Die umgekehrte Situation zeigt sich in den höheren Einkommensbereichen. Die jungen Männer haben hier weitaus höhere Anteile als die jungen Frauen, die weiterhin in diesen Einkommensbereichen stark unterrepräsentiert sind. In den mittleren Einkommensbereichen befindet sich nun ein beachtlich größerer Teil junger Frauen in einer den jungen Männern vergleichbaren Einkommensposition. Die Mehrzahl der jungen Frauen verfügt jedoch weiterhin über ein im Durchschnitt geringeres Einkommen.

Es spricht eine Vielzahl von Indizien dafür, daß die Verbesserung des Einkommensniveaus erwerbstätiger junger Frauen mit einer Wochenarbeitszeit von 40 und mehr Stunden auf die stark gestiegene Beteiligung junger weiblicher Erwerbspersonen im Öffentlichen Dienst zurückzuführen ist. Die in diesem Bereich in den 70er Jahren zu konstatierenden höheren Steigerungen tariflicher Löhne und Gehälter in Relation zur Privatwirtschaft, haben somit überproportionale Erhöhungen zugunsten der durchschnittlichen Entgelte der jungen Frauen bewirkt (BLOSSFELD 1984, 308). Positiv bewertet werden kann ferner die im staatlichen Sektor übliche stärkere Orientierung am Qualifikationsniveau bei der Höhe der Entgeltbestimmung (10). Eine weitere Verringerung des durchschnittlichen Einkommensabstandes zwischen jungen Frauen und Männern hat die inzwischen höhere Anzahl weiblicher Erwerbstätiger mit abgeschlossener Berufsausbildung, Fachhochschul- oder Hochschulstudium bewirkt (11).

Aus einer Untersuchung von BLOSSFELD (1984) geht hervor, daß auch das Einkommen der jungen Frauen mit zunehmender Bildung steigt und die weiblichen Berufsanfänger mit einer höheren Qualifikation demzufolge mit einem höheren Entgelt am Beginn des Erwerbslebens rechnen können als geringer qualifizierte Frauen. Die schulische Qualifikation gilt als ein wesentliches Kriterium zur Einkommensbemessung in den ersten Berufsjahren. Gemessen am Durchschnittseinkommen zeigt sich aber deutlich, daß die jungen Frauen bei gleicher Qualifikation über alle Bildungsniveaus hinweg eine geringere Entlohnung erhalten als die jungen Männer. Die relativen geschlechtsspezifischen Einkommensunterschiede verringern sich mit zunehmendem Bildungsniveau, doch große absolute Einkommensabstände sind auch bei den Hochschulabsolventen zu verzeichnen. 1982 erhalten weibliche Hochschulabsolventen im Durchschnitt DM 475 pro Monat weniger als männliche (12).

2. Ausbildungsvergütungen weiblicher und männlicher Auszubildender

1984 befanden sich 718.877 junge Frauen in betrieblicher Berufsausbildung (junge Männer: 1.081.264). Gegenüber 1975 hat sich der Anteil der weiblichen Auszubildenden von 35,4% auf 39,9% gesteigert (STATISTISCHES BUNDESAMT, Fs. 11, R.3.). Gemäß einer Untersuchung des BUNDESINSTITUTS FÜR BERUFSBILDUNG (BIBB) betrug die durchscnnittliche Ausbildungsvergütung in 1978 für weibliche Auszubildende in den 25 am häufigsten mit Mädchen und jungen Frauen besetzten Ausbildungsberufen DM 443 (13). Die durchschnittliche Ausbildungsvergütung der jungen Männer in den 25 am häufigsten besetzten Ausbildungsberufen betrug DM 481 und lag somit um 8,6% höher als die der jungen Frauen. In Anlehnung an diese Studie sind die Vergütungsrelationen für 1984 errechnet worden.

Ein Vergleich mit der Vergütungssituation der Auszubildenden in 1984 (s. Tab. III und IV) zeigt, daß sich die Vergütungsdifferenz zwischen den Geschlechtern auf 2,9% verringert hat. Die durchschnittliche Ausbildungsvergütung in den 25 am häufigsten von jungen Frauen besetzten Berufen beträgt jetzt DM 579, die entsprechende Vergütung der Männer DM 596. In diesen 25 meistbesetzten Frauenberufen sind sowohl Berufe enthalten, die fast ausschließlich von jungen Frauen ausgeübt werden (Friseuse, Zahnarzthelferin, Bürogehilfin etc.) als auch Berufe, die von beiden Geschlechtern erlernt werden (Einzelhandelskaufmann, Bankkaufmann, Bauzeichner etc.).

An der Spitze der 25 meistbesetzten Frauenberufe steht 1978 der Beruf der Verkäuferin. 12% aller weiblichen Auszubildenden entschieden sich für diesen Beruf im Bereich Industrie und Handel mit einer zweijährigen Ausbildungsdauer. An zweiter Stelle steht die Friseuse mit einem Anteil von 11,5%, danach folgen: die Verkäuferin im Nahrungsmittelhandwerk (6,5%), die Bürokauffrau (6,3%) und die Industriekauffrau (5,7%). Auf die 25 meistbesetzten weiblichen Ausbildungsberufe konzentrierten sich 1978 85,1% aller in Ausbildung stehenden jungen Frauen (männliche Auszubildende: 65,4%). Diese Konzentration hat sich bis 1984 nur geringfügig verändert (1984: 81,5%), der Rückgang erfolgte mit Ausnahme der Verkäuferin im Nahrungsmittelhandwerk jedoch hauptsächlich innerhalb der Rangpositionen 1 bis 5 der 25 hauptsächlich mit jungen Frauen besetzten Ausbildungsberufe. Die Rangfolge in 1984 weicht nicht wesentlich von der Rangfolge in 1978 ab.
Auf dem ersten Platz steht nunmehr die Friseuse mit einem Anteil von 9,1% aller weiblichen Auszubildenden. In die Gruppe der 25 meistbesetzten Frauenberufe sind neu hinzugetreten die Ausbildungsberufe Hotelfachfrau (14) mit einem zweiprozentigen Anteil an allen weiblichen Auszubildenden, Gärtnerin (Anteil: 1,1%) und Köchin (Anteil 0,9%); nicht mehr vertreten sind die Berufe Hotel- und Gaststättengehilfin (15), Hauswirtschafterin im städtischen Bereich und Damenschneiderin.

Eine Betrachtung der Vergütungsstruktur zeigt, daß, obwohl sich die Einkommensdifferenz zwischen der durchschnittlichen Höhe der Ausbildungsvergütung für junge Frauen und Männer verringert hat, die Unterschiede zwischen den einzelnen Vergütungsniveaus z.T. größer geworden sind. Die höchste Differenz zwischen den Ausbildungsvergütungen betrug 1978 DM 538 und ist bis 1984 auf DM 747 angestiegen. Die niedrigste Ausbildungsvergütung ist 1984 im Damenschneiderhandwerk, einem frauenintensiven Ausbildungsberuf, mit DM 196 im Monat (1978: DM 172) festgestellt worden. Die höchste Vergütung konnte im Ausbildungsberuf Binnenschiffer, einem männerdominierten Beruf, mit DM 943 im Monat (1978: DM 710) ermittelt werden (16).

Aufschluß über die Vergütungsrelationen der jeweils 25 meistbesetzten Frauen- bzw. Männerberufe untergliedert nach Ausbildungsbereichen gibt Tabelle V. Im Bereich Industrie und Handel zeigen sich sowohl für 1978 als auch für 1984 keine wesentlichen Unterschiede zwischen den Ausbildungsvergütungen. Die Differenz von 3% zugunsten der jungen Männer ist geringfügig gesunken. In der Landwirtschaft hat sich die Situation zum Vorteil der jungen Frauen gewendet, ihre durchschnittliche Vergütung liegt um 2,3% höher als die der jungen Männer. Im Handwerk zeigen sich auch 1984 noch gravierende geschlechtsspezifische Unterschiede. Die durchschnittliche Vergütung für die jungen Frauen beträgt DM 422 und DM 546 für die jungen Männer. Innerhalb der 25 Frauenberufe absolvieren 21,6% eine Ausbildung im Handwerksbereich. Demzufolge beträgt die monatliche Ausbildungsvergütung für fast 5o% der im Handwerk in Ausbildung stehenden jungen Frauen DM 333. Die Ausbildungsvergütungen im Öffentlichen Dienst zeigen aufgrund einheitlicher Vergütungsvereinbarungen keine Differenzen (BIBB 1979, 63).

Eine Vielzahl dieser 25 meistbesetzten Frauenberufe klassifiziert sich als sogenannte Frauenberufe (17), d.h. in diesen Ausbildungsberufen sind mehr als 90% der Auszubildenden weiblichen Geschlechts. Eine Einschränkung des Vergleichs der Ausbildungsvergütungen innerhalb der 25 Frauen- bzw. Männerberufe auf diejenigen Ausbildungsberufe mit einem Frauen- bzw. Männeranteil von mehr als 90% zeigt größere Vergütungsdifferenzen. Die durchschnittliche Vergütung für die jungen Frauen betrug 1978 DM 380, die entsprechende Vergütung der jungen Männer DM 475 (18). Dieser Vergleich der frauen- bzw. männerintensiven Ausbildungsvergütungen zeigt auch in 1984 noch wesentlich höhere Unterschiede mit 20% auf. Das durchschnittliche Vergütungsniveau der frauenintensiven Ausbildungsberufe beträgt in 1984 DM 503, das der jungen Männer DM 602 (19).

Die Ausführungen haben gezeigt, daß der größte Rückgang der geschlechtsspezifischen Vergütungsrelationen dann zu beobachten ist, wenn die untersuchten Ausbildungsberufe sich sowohl aus frauen- bzw. männerintensiven Berufen als auch aus Berufen mit relativ gleichen Anteilen an weiblichen und männlichen Auszubildenden zusammensetzen. Innerhalb der frauen- bzw. männerintensiven Ausbildungsberufe sind noch größere durchschnittliche Vergütungsunterschiede festzustellen. Für den größten Teil der weiblichen Jugendlichen stellen sich deshalb weiterhin finanzielle Nachteile während der Ausbildung.

Die Reduzierung der geschlechtsspezifischen Vergütungsunterschiede ist sowohl auf eine Abnahme der Konzentration der jungen Frauen auf eine nur geringe Anzahl von Ausbildungsberufen, als auch auf eine Veränderung der Ausbildungsstruktur zurückzuführen. Hauptsächlich aber liegt die Verringerung der Vergütungsunterschiede in der Verteilung der weiblichen und männlichen Jugendlichen auf die einzelnen Ausbildungsbereiche begründet. Weibliche Jugendliche sind stärker in den Bereichen Industrie und Handel sowie Freie Berufe vertreten und konnten aus diesem Grunde an den in den letzten Jahren stärker stattgefundenen Entgeltssteigerungen dieser Bereiche teilhaben. Die Vergütungssteigerungen im Handwerksbereich, der den größten Teil der männlichen Auszubildenden auf sich vereinigt, fielen in Relation zu den Ausbildungsbereichen Industrie und Handel und Freie Berufe niedriger aus. Auch der Bereich Landwirtschaft erzielte höhere Steigerungsraten als der Bereich Handwerk (20).

3. Erwerbslosigkeit und Lohnersatzeinkommen

Unter der gegenwärtigen Arbeitsmarktlage mit ihrer hohen Arbeitslosigkeit und der insbesondere seit Beginn der 80er Jahre vorherrschenden Politik, "soziale Risiken und soziale Bedarfe verstärkt durch individuelle Vorsorge abdecken zu lassen " (WELZMÜLLER 1984, 420), liefert eine Betrachtung der Primäreinkommenssituation der erwerbstätigen jungen Frauen nur ein einseitiges und unvollständiges Bild der jungen weiblichen Erwerbspersonen.

Die Erwerbslosenquote der 15- bis unter 20jährigen Frauen ist zwischen 1975 und 1984 von 7,3% auf 17,8% angestiegen (Männer: 7,1%, 11,5%) (STATISTISCHES BUNDESAMT Fs. 1, R.4.1.1.). Der Anstieg verlief kontinuierlich, mit Ausnahme der Jahre der Krisenberuhigung zwischen 1978 und 1980, als sich ein Rückgang der Erwerbslosenzahlen abzeichnete. Die Erwerbslosenquote der 20- bis 25jährigen Frauen hatte einen ähnlichen Verlauf. Sie stieg von 4,4% auf 11,7% (Männer: 5,2% auf 9,6%) (STATISTISCHES BUNDESAMT Fs. 1, R.4.1.1) in der gleichen Zeit. Neben höherer Erwerbslosigkeit sind die jungen Frauen auch häufiger von Langzeitarbeitslosigkeit betroffen als die jungen Männer (ANBA 3/86, 348). Aufgrund der geringeren durchschnittlichen Entlohnung, die der Frau zuteil wird, steht ihr im Falle von Arbeitslosigkeit folglich nur ein geringeres Lohnersatzeinkommen zu. Die Kürzungen der Sozialleistungen nach dem Arbeitsförderungsgesetz treffen junge Frauen im Falle von Arbeitslosigkeit besonders hart.
Seit 1984 erhalten Jugendliche, die nach Abschluß der beruflichen Ausbildung arbeitslos werden, nur noch Arbeitslosengeld bzw. -hilfe in Höhe von 31,5% bzw. 28% gemessen am Entgelt eines erwerbstätigen Facharbeiters (21). Neben der Reduzierung der Leistungen sind die Anspruchsvoraussetzungen zum Bezug von Leistungen nach dem Arbeitsförderungsgesetz erschwert worden (22).

Nach Angaben der Bundesanstalt für Arbeit erhielten 1975 37,5% der 15- bis 20jährigen erwerbslosen Frauen eine Unterstützung nach dem Arbeitsförderungsgesetz in Form von Arbeitslosengeld/-hilfe.

Bis 1985 sank die Leistungsempfängerquote auf 22,1%. Für die Altersgruppe der 20- bis 25-jährigen Frauen reduzierte sich die Leistungsempfängerquote von 56,5% auf 40,2% zwischen 1975 und 1985 (BAA, Sonderuntersuchung). Die Zahl der Arbeitslosenhilfeempfänger ist bei den jungen Frauen und Männern in beiden Altersgruppen angestiegen. Die Leistungsempfängerquote für Arbeitslosengeld/-hilfe der jungen Männer ist in beiden Altersgruppen durchweg niedriger, mit Ausnahme der Altersgruppe der 15- bis unter 20jährigen jungen Männer seit 1982. Beim Bezug von Arbeitslosenhilfe ist die Leistungsempfängerquote der jungen Männer jedoch in beiden Altersgruppen fast immer höher. Eine Ausnahme bildet hier die Altersgruppe der 15- bis unter 20jährigen Männer in 1979 und 1980. Eine Zusammenfassung der Unterstützungsleistungen Arbeitslosengeld und -hilfe zeigt jedoch, daß ab 1982 die jungen Frauen in beiden Altersgruppen schlechter abgesichert sind als die jungen Männer (BAA, Sonderuntersuchung, vgl. Tab. VI).

Die Arbeitslosenversicherung, die bereits in ihrer bisherigen Konzeption nicht auf die besonderen Bedürfnisse junger Erwerbspersonen ausgerichtet war, hat sich mit Hilfe der Haushaltsbegleitgesetze 1983, 1984 und des Arbeitsförderungskonsolidierungsgesetzes (AFKG) 1982 immer mehr der Risikohaftung für junge Menschen entzogen. Indizien bilden zum einen die steigende Anzahl junger Frauen, die von der Versicherungsleistung des Arbeitsförderungsgesetzes ausgegrenzt sind und zum anderen der höhere Anteil junger Frauen, die Hilfe beim Sozialamt suchen (23).

1975 erhielten von allen 15- bis unter 20jährigen jungen erwerbslosen Frauen 29,9% keine Förderung nach dem Arbeitsförderungsgesetz, 1985 waren es 59,9% (Männer: 25,6%, 51,7%) (BAA, Sonderuntersuchung). Für die 20- bis unter 25jährigen Frauen zeigt sich ebenfalls eine gravierende Verschlechterung. Zwischen 1975 und 1985 stieg die Anzahl der Nichtunterstützten von 10,5% auf 29,7% (Männer 8,8% auf 20,0%) (BAA, Sonderuntersuchung).

Das Problem der Verarmung, bisher ein Tatbestand, der vorwiegend alte Frauen konfrontierte, trifft nunmehr auch junge Frauen. Seit 1975 ist die Anzahl der jungen Frauen, die Sozialhilfe beanspruchen, kontinuierlich gewachsen. Laufende Hilfe zum Lebensunterhalt (außerhalb von Einrichtungen) nahmen 1984 53.851 Frauen zwischen 15- bis unter 18 Jahren (1975: 40.422), 59.671 Frauen zwischen 18- bis unter 21 Jahren (1975: 13.755) und 82.019 Frauen zwischen 21- bis unter 25 Jahren (1975: 24.199) in Anspruch. Die absolute Zahl der jungen Frauen, die Sozialhilfe benötigen, ist größer als die der jungen Männer; die entsprechenden Anteile betragen 1984 für die jungen Frauen 50,5% (15-18 J.), 56,8% (18-21 J.) und 59,1% (21-25 J.) (24).

Die Situation der erwerbslosen jungen Frauen hat sich im Beobachtungszeitraum verschlechtert. Die jungen Frauen sind überproportional hoch von Arbeitslosigkeit betroffen. Ihre Lohnersatzleistungen sind im Durchschnitt geringer als die junger Männer. Die jungen Frauen erfüllen in einer geringeren Zahl von Fällen die Berechtigungskriterien zum Bezug von Arbeitslosenunterstützung und ihre Anteile am Sozialhilfebezug sind höher als die junger Männer.

4. Zusammenfassung und Schlußfolgerung

Resümierend läßt sich feststellen:

- die Einkommenssituation der erwerbstätigen jungen Frauen hat sich in Relation zum Einkommen der jungen Männer verbessert. Die Einkommensverbesserungen sind hauptsächlich in dem Einkommensbereich DM 600 bis DM 1.000 durch starke Abnahme und in den Einkommensklassen DM 1.200 bis DM 1.800 durch starke Zunahme der jeweiligen Häufigkeitsverteilung der Einkommen erwerbstätiger junger Frauen zu beobachten;
- die gesonderte Betrachtung der weiblichen Ausbildungsvergütungen zeigt eine Verringerung der geschlechtsspezifischen Vergütungsdifferenzen;
- die Situation der erwerbslosen jungen Frauen hat sich ver-

schlechtert. Aufgrund der gestiegenen Erwerbslosigkeit sind immer mehr junge Frauen auf kompensatorische Einkommensleistungen angewiesen. Neben der überproportional hohen Erwerbslosigkeit stellt sich für die jungen Frauen ferner beim Bezug von Leistungen nach dem Arbeitsförderungsgesetz (seit 1982) eine besondere Benachteiligung. Der Anteil der nichtunterstützten jungen Frauen liegt höher als der der jungen Männer; mehr junge Frauen müssen auf die Hilfe des Sozialamtes zurückgreifen bzw. sind auf die Unterstützungsbereitschaft durch Angehörige angewiesen.

Trotz der relativen Einkommensverbesserung für die erwerbstätigen jungen Frauen zeigt eine gesamte Betrachtung der Einkommenssituation (erwerbstätige und erwerbslose Frauen) erhebliche Benachteiligungen im Vergleich zu jungen Männern. Es muß angenommen werden, daß sich eine größere Einkommensgleichheit, aufgrund der Probleme auf dem Arbeitsmarkt, aber auch aufgrund der weiterhin starken Repräsentanz der jungen Frauen in Niedriglohnberufen (BLOSSFELD 1984, 314) und der Erkenntnis, daß die Erhöhung des Bildungsniveaus als ein notwendiger Schritt in die richtige Richtung, aber noch nicht als hinreichende Bedingung zur Realisierung gleicher Entlohnung gesehen werden kann, vorerst auch nicht einstellen wird. Frühestens in den 90er Jahren kann mit einem sinkenden Erwerbspersonenpotential gerechnet werden (SCHOBER 1985, 248).

Auch unter der Annahme einer sich in der nächsten Dekade einstellenden Verbesserung der Situation der (jungen) Frauen, werden jedoch die Konsequenzen, die den heutigen jungen Frauen bereits durch Erwerbslosigkeit und diskontinuierliche Berufstätigkeit für das weitere Berufsleben bis in das Rentenalter hineinwirkend entstanden sind, kaum korrigiert werden können. Denn, "eine Behinderung, die eine Kohorte beim Eintritt in das Erwerbsleben hinnehmen muß, kann später kaum ausgeglichen werden, ein Vorsprung, den eine Kohorte in dieser Phase erreicht, bleibt auf die Dauer bestehen. Auf der Grundlage dieser

Ergebnisse wird die Befürchtung geäußert, daß die gegenwärtigen Arbeitsmarktprobleme der Berufsanfänger nicht nur kurzfristige Deprivationen, sondern eine Benachteiligung auf Dauer sein können." (BLOSSFELD 1985, 177)

Inzwischen sind, um einen Rentenanspruch in Höhe des Sozialhilfesatzes (plus Mietzuschuß) zu begründen, bereits 26 Versicherungsjahre eines Durchschnittsverdieners notwendig. Einkommensbezieher, deren Einkommen unterhalb des Durchschnittsverdienstes liegt, können diesen Anspruch auch durch eine höhere Zahl von Versicherungsjahren erwerben. 40 Versicherungsjahre sind demzufolge nötig, bei einem "individuellen lebensdurchschnittlichen Arbeitsentgelt, das lediglich rund 65% des Durchschnittsentgelts erreicht." (25)

Die jetzige Einkommens- und Arbeitsmarktsituation der jungen Frauen legt die Vermutung nahe, daß einem Teil der jungen Frauen Probleme auch bei der Realisierung dieses Rentenanspruch entstehen können. Vor diesem Hintergrund taucht die Fage auf, ob nicht die Einführung eines Mindesteinkommens und einer Mindestrente diese (jungen) Frauen vor Armut und Stigmatisierung bewahren könnte (MATZNER 1982).

Anhang

Tabelle 1: Erwerbstätige jeweils im April/Mai eines Jahres nach 40 Stunden und mehr geleisteter Wochenarbeitszeit und monatlichem Nettoeinkommen

Junge Frauen im Alter von 15 bis 25 Jahren (in Tausend)

Jahr	1976	1977	1978	1979	1980	1981	1982
Gesamtheit	2090	2076	2130	2224	2257	2270	2211
Mit Angabe des Einkommens	1997	1993	2041	2146	2187	2195	2144
unter 600	606	585	576	622	621	624	614
600 - 1000	882	805	729	660	602	540	462
1000 - 1200	326	377	403	411	419	410	370
1200 - 1400	120	149	222	282	320	351	355
1400 - 1800	51	65	93	147	190	233	281
1800 - 2200	-	-	16	19	29	31	49
2200 - 3000	-	-	0	0	6	0	11
3000 - 4000	-	-	0	0	0	0	0

Junge Frauen im Alter von 15 bis 25 Jahren (in %)

Jahr	1976	1977	1978	1979	1980	1981	1982
Gesamtheit mit Angabe des Einkommens	%	%	%	%	%	%	%
unter 600	30,3	29,4	28,2	29,0	28,4	28,4	28,6
600 - 1000	44,2	40,4	35,7	30,8	27,5	24,6	21,5
1000 - 1200	16,3	18,9	19,7	19,2	19,2	18,7	17,3
1200 - 1400	6,0	7,5	10,9	13,1	14,6	16,0	16,6
1400 - 1800	2,6	3,3	4.6	6,8	8,7	10,6	13,1
1800 - 2200	0,0	0,0	0,8	0,9	1,3	1,4	2,3
2200 - 3000	0,0	0,0	0,0	0,0	0,3	0,0	0,5
3000 - 4000	0,0	0,0	0,0	0,0	0,0	0,0	0,0

Quelle: Statistisches Bundesamt, Fs. 1, Reihe 4.1.1., 1976-1982 und eigene Berechnungen

Tabelle II: Erwerbstätige jeweils im April/Mai eines Jahres nach 40 Stunden und mehr geleisteter Wochenarbeitszeit und monatlichem Nettoeinkommen

Junge Männer im Alter von 15 bis 25 Jahren (in Tausend)

Jahr	1976	1977	1978	1979	1980	1981	1982
Gesamtheit	2698	2721	2841	2973	3007	3011	2931
Mit Angabe des Einkommens	2551	2575	2611	2762	2870	2794	2729
unter 600	949	966	983	1029	1050	1038	1007
600 - 1000	581	508	374	325	272	242	243
1000 - 1200	507	504	486	440	341	289	240
1200 - 1400	323	358	408	449	451	426	379
1400 - 1800	152	197	289	413	511	600	610
1800 - 2200	-	-	54	77	119	155	192
2200 - 3000	-	-	15	24	30	37	49
3000 - 4000	-	-	0	0	6	5	6

Junge Männer im Alter von 15 bis 25 Jahren (in %)

Jahr	1976	1977	1978	1979	1980	1981	1982
Gesamtheit mit Angabe des Einkommens	%	%	%	%	%	%	%
unter 600	37,2	37,5	37,6	37,3	37,8	37,2	36,9
600 - 1000	22,8	19,7	14,3	11,8	9,8	8,7	8,9
1000 - 1200	19,9	19,6	18,6	15,9	12,3	10,3	8,8
1200 - 1400	12,7	13,9	15,6	16,3	16,2	15,2	13,9
1400 - 1800	6,0	7,7	11,1	15,0	18,4	21,5	22,4
1800 - 2200	0,0	0,0	2,1	2,8	4,3	5,5	7,0
2200 - 3000	0,0	0,0	0,6	0,9	1,1	1,3	1,8
3000 - 4000	0,0	0,0	0,0	0,0	0,2	0,2	0,2

Quelle: Statistisches Bundesamt, Fs. 1, Reihe 4.1.1., 1976-1982 und eigene Berechnungen

Tabelle III: Ausbildungsvergütungen in den 25 am stärksten mit WEIBLICHEN Auszubildenden besetzten Ausbildungsberufen

Ausbildungsberuf	Bereich	Dauer (Jahr)	Rangziffer 1978	Rangziffer 1984	Anzahl 1978	(abs.) 1984	Anzahl (%) 1978	Anzahl (%) 1984	Anteil an Gesamtzahl Azubis des Berufes (%) 1978	Anteil an Gesamtzahl Azubis des Berufes (%) 1984	Vergütung (DM/Monat) 1978	Vergütung (DM/Monat) 1984
Verkäuferin (1) (4)	IH	2	1	2	67.767	62.979	12,0	8,8	79,8	76,2	440	582
Friseuse	Hw	3	2	1	65.076	65.639	11,5	9,1	94,9	93,4	236	333
Verkäuferin Nahrungsmittel	Hw	3	3	3	36.892	48.211	6,5	6,9	99,2	98,9	444	508
Bürokauffrau	IH	3	4	4	35.906	44.453	6,3	6,2	78,7	81,0	527	677
Industriekauffrau (4)	IH	3	5	6	32.350	38.593	5,7	5,4	59,1	62,2	525	682
Arzthelferin	FB	2	6	5	31.417	39.155	5,5	5,4	99,9	99,9	438	580
Zahnarzthelferin	FB	3	7	7	23.810	29.418	4,2	4,1	99,9	99,9	450	540
Einzelhandelskauffrau (2) (4)	IH	3	8	9	21.809	25.958	3,9	3,6	56,7	60,2	486	633
Bankkaufrau	IH	3	9	8	19.968	28.512	3,5	4,0	52,8	52,8	653	828
Kauffrau Groß/Außenhandel	IH	3	10	11	17.869	21.044	3,2	2,9	39,1	42,3	492	650
Bürogehilfin	IH	2	11	10	16.703	24.128	2,9	3,4	99,5	99,2	487	630
Fachgehilfin Steuer/W.Ber.	FB	3	12	12	14.269	20.002	2,5	2,8	78,9	80,1	-	-
Rechtsanwalt/Notar Gehilfin	FB	2,5	13	16	10.899	12.993	1,9	1,8	96,2	97,2	-	-
Hotel/Gaststätten Gehilfin (6)	IH	3	14	-	9.369	-	1,7	-	97,2	-	432	-
Rechtsanwaltsgehilfin	FB	2,5	15	15	9.307	13.177	1,6	1,8	96,9	98,1	-	-
Bürokauffrau	Hw	3	16	17	9.188	12.957	1,6	1,8	71,9	78,3	530	551
Apothekenhelferin	FB	2	17	19	8.880	9.969	1,6	1,4	99,8	99,5	428	453
Bekleidungsfertigerin (2) (4)	IH	2	18	24	8.498	6.971	1,5	1,0	97,8	97,4	451	564
Hauswirtschafterin (Stadt) (5)	Hausw.	2	19	-	7.793	-	1,4	-	99,9	-	-	-
Angestellte (Verw. Kom./Staat)	Öff. D.	3	20	18	6.865	12.077	1,2	1,7	61,5	70,1	495	599
Floristin	IH	3	21	20	6.532	9.375	1,2	1,3	94,2	95,0	452	633
Technische Zeichnerin (4)	IH	3,5	22	21	5.778	8.676	1,0	1,2	42,5	53,3	528	664
Hauswirtschafterin (Land) (5)	Lw	2	22	14	5.279	15.538	0,9	2,2	100,0	99,8	443	643
Damenschneiderin	Hw	3	24	-	4.962	-	0,9	-	99,2	-	172	-
Bauzeichnerin (4)	IH	3	25	23	4.877	7.798	0,9	1,1	48,5	60,2	670	805
Hotelfachfrau (6)	IH	3	-	14	-	14.177	-	2,0	-	93,1	-	536
Gärtnerin	Lw	3	-	22	-	7.855	-	1,1	-	36,8	-	465
Köchin	IH	3	-	25	-	6.473	-	0,9	-	24,5	-	539
Berufe zusammen:					482.063	586.128	85,1	81,5		gew.	443	579
										ungew.	466	595

(1) Stufenausbildung, 1. Stufe
(2) Stufenausbildung, 2. Stufe
(3) Für die Ausbildungsberufe im Bereich Freie Berufe und Hauswirtschaft liegen teilweise bzw. keine Angaben über die Höhe der Ausbildungsvergütungen vor. In den Durchschnittsberechnungen sind daher 1978 nur die Vergütungen von 21 Berufen und 1984 von 22 Berufen mit der entsprechenden Anzahl von Auszubildenden erfaßt.
(4) Inclusive einer geringen Anzahl von Auszubildenden im Handwerk (gilt nur für 1984)
(5) Ab 1984 wird die Hauswirtschafterin im städtischen Bereich zusammen mit der Hauswirtschafterin im ländlichen Bereich erfaßt.
(6) siehe Fußnote (3) und (4) im zweiten Teil

Quelle: (1978) BIBB (Hrsg.): "Ausbildungsvergütungen nach Ausbildungsberufen", Heft 21, Berlin 1980, S. 62, aus: Statistisches Bundesamt, Wiesbaden, Fs. 11, Reihe 3 (1984), Statistisches Bundesamt, Wiesbaden, Fs. 11, Reihe 3; BIBB (Hrsg.): "Entwicklung der Ausbildungsvergütungen von 1976 bis 1984", Heft 82, Berlin 1986; eigene Berechnungen.

Tabelle IV: Ausbildungsvergütungen in den 25 am stärksten mit MÄNNLICHEN Auszubildenden besetzten Ausbildungsberufen

Ausbildungsberuf	Bereich	Dauer (Jahr)	Rangziffer 1978	Rangziffer 1984	Anzahl (abs.) 1978	Anzahl (abs.) 1984	Anzahl (%) 1978	Anzahl (%) 1984	Anteil an Gesamtzahl Azubis des Berufes (%) 1978	Anteil an Gesamtzahl Azubis des Berufes (%) 1984	Vergütung (DM/Monat) 1978	Vergütung (DM/Monat) 1984
Kraftfahrzeugmechaniker	Hw	2	1	1	88.425	81.017	9,3	7,5	99,8	99,2	464	499
Elektroinstallateur	Hw	3,5	2	2	48.509	55.550	5,1	5,1	99,8	99,3	383	450
Maschinenschlosser	IH	3,5	3	3	41.486	47.230	4,4	4,4	99,3	98,7	532	643
Tischler	Hw	3	4	4	34.512	38.984	3,6	3,6	98,2	93,2	389	509
Maler und Lackierer	Hw	3	5	5	33.749	38.166	3,5	3,5	98,2	91,2	385	482
Maurer (5)	Hw	2,75	6	6	29.908	33.709	3,1	3,1	99,9	99,7	782	938
Gas- und Wasserinstallateur	Hw	3,5	7	7	27.895	32.915	2,9	3,0	99,9	99,3	469	578
Kaufmann Groß/Außenhandel	IH	3	8	9	27.822	28.742	2,9	2,7	60,9	57,7	492	650
Bäcker	Hw	3	9	9	23.193	28.640	2,4	2,6	97,1	89,1	440	483
Industriekaufmann (4)	IH	3	10	13	22.394	23.339	2,4	2,2	40,9	37,7	525	682
Fleischer	Hw	3	11	14	22.053	23.293	2,3	2,2	99,3	97,7	470	585
Werkzeugmacher	IH	3,5	12	15	21.155	21.337	2,2	2,0	99,5	97,7	529	662
Landwirt	Lw	3	13	20	19.445	17.343	2,0	1,6	98,7	93,4	478	652
Schlosser (Blitzleiterb.)	Hw	3	14	12	18.708	24.546	2,0	2,3	99,9	99,3	426	523
Betriebsschlosser	IH	3	15	10	18.412	25.671	1,9	2,4	99,8	99,1	512	795
Bankkaufmann	IH	3	16	11	17.851	25.449	1,9	2,4	47,2	47,2	653	828
Verkäufer (1) (4)	IH	2	17	17	17.123	19.685	1,8	1,8	20,2	23,8	440	582
Einzelhandelskaufmann (2)	IH	3	18	21	16.633	17.157	1,7	1,6	43,3	39,8	486	633
Koch	IH	3	19	16	15.430	19.899	1,6	1,8	83,9	75,5	436	539
Zentr. Heiz- und Lüftungsbauer	Hw	3	20	18	15.382	17.776	1,6	1,6	99,9	99,6	461	553
Elektronanlageninstallateur (1	IH	2	21	22	14.559	14.818	1,5	1,4	99,7	98,7	486	612
Landmaschinenmechaniker	Hw	3,5	22	-	12.355	-	1,3	-	99,9	-	493	-
Fernmeldehandwerker	Öff. D.	3	23	25	11.888	12.732	1,3	1,2	97,9	92,8	495	599
Mechaniker	IH	3,5	24	23	11.578	13.864	1,2	1,3	99,1	94,9	529	668
Radio- u. Fernsehtechniker	Hw	3,5	25	-	11.431	-	1,2	-	99,2	-	386	-
Energieanlagenelektroniker (2)	IH	3,5	-	19	-	17.420	-	1,6	-	98,8	-	666
Gärtner	Lw	3	-	24	-	13.473	-	1,2	-	63,2	-	465
Berufe zusammen:					621.896	692.755	65,4	64,1		gew.	481	596
										ungew.	485	611

(1) Stufenausbildung, 1. Stufe
(2) Stufenausbildung, 2. Stufe
(4) Inclusive einer geringen Anzahl von Auszubildenden im Handwerk (gilt nur für 1984)
(5) Inclusive einer geringen Anzahl von Auszubildenden in Industrie und Handel (gilt nur für 1984)

Quelle: (1978) BIBB (Hrsg.) "Ausbildungsvergütungen nach Ausbildungsberufen", Heft 21, Berlin 1980, S. 62, aus: Statistisches Bundesamt, Wiesbaden, Fs. 11, Reihe 3 (1984), Statistisches Bundesamt Wiesbaden, Fs. 11, Reihe 3; BIBB (Hrsg.) "Entwicklung der Ausbildungsvergütungen von 1976 bis 1984", Heft 82, Berlin 1986; eigene Berechnungen

Tabelle V: Durchschnittliche Ausbildungsvergütungen in den jeweils 25 am stärksten mit männlichen bzw. weiblichen Auszubildenden besetzten Ausbildungsberufen nach Ausbildungsbereichen

Ausbildungsbereich	Anzahl d. Berufe		Anzahl der Auszubildenden Absolut		Prozent		Durchschnittliche Vergütung in DM/Monat gewichtet		ungewichtet	
	1978	1984	1978	1984	1978	1984	1978	1984	1978	1984
Männliche Auszubildende										
IH	11	12	224.443	274.611	36,1	39,7	514	668	511	663
Hw	12	10	366.120	374.596	58,9	54,1	460	546	460	560
Lw	1	2	19.445	30.816	3,1	4,4,	478	570	478	559
Öff. D.	1	1	11.888	12.732	1,9	1,8	495	599	495	599
FB (1)	-	-	-	-	-	-	-	-	-	-
Hausw. (2)	-	-	-	-	-	-	-	-	-	-
Insgesamt:	25	25	621.896	692.755	100	100	481	596	485	611
Weibliche Auszubildende										
IH	12	13	247.426	299.137	51.3	51,0	499	652	512	648
Hw	4	3	116.118	126.806	24,1	21,6	323	422	346	464
Lw	1	2	5.279	23.393	1,1	4,0	443	583	443	554
Öff. D.	1	1	6.865	12.077	1,4	2,1	495	599	495	599
FB (1)	6	6	98.582	124.714	20,5	21,3	441	549	439	524
Hausw. (2)	1	-	7.793	-	1,6	-	-	-	-	-
Insgesamt:	25	25	482.063	586.128	100	100	443	579	466	595

(1) Für die FB und Hauswirtschaft liegen teilweise bzw. keine Angaben über die Höhe der Ausbildungsvergütungen vor. Deshalb finden Berufe ohne Angabe der Vergütung keine Berücksichtigung bei der Durchschnittsberechnung.
(2) Ab 1984 wird die Hauswirtschaft im städtischen Bereich zusammen mit der Hauswirtschaft im ländlichen Bereich erfaßt.

Quelle: (1978) BIBB (Hrsg.) "Ausbildungsvergütung nach Ausbildungsberufen", Heft 21, Berlin 1980, S. 64, aus: Statistisches Bundesamt Wiesbaden, Fs. 11, Reihe 3 (1984) Statistisches Bundesamt Wiesbaden, Fs. 11, Reihe 3; BIBB (Hrsg.) "Entwicklung der Ausbildungsvergütungen von 1976 bis 1984", Heft 82, Berlin 1982; eigene Berechnungen

Tabelle VI: Struktur der Arbeitslosen - 1975-1985, jeweils Ende September
Leistungen nach dem AFG (1)

Alter: unter 20 Jahren

Jahr	Alg/Alb Frauen	Alg/Alb Männer	Alhi Frauen	Alhi Männer	Leistung beantragt Frauen	Leistung beantragt Männer	Keine Leistung Frauen	Keine Leistung Männer
1975	37,5	36,0	1,9	5,6	30,6	32,5	29,9	25,6
1976	33,6	30,0	3,4	4,4	30,4	36,8	32,4	28,8
1977	28,9	24,2	3,1	4,0	29,3	36,5	38,7	35,1
1978	25,6	22,6	3,6	4,3	29,8	37,4	40,8	35,7
1979	23,3	17,8	3,1	3,0	33,2	43,5	40,4	35,5
1980	21,1	17,0	2,9	2,6	35,1	43,5	40,8	36,8
1981	23,5	20,3	3,4	3,7	31,2	37,7	42,0	38,3
1982	31,7	34,9	4,9	6,6	17,8	21,5	45,5	37,0
1983	31,7	34,6	5,4	7,1	13,5	17,5	49,4	40,8
1984	27,3	30,6	5,7	7,6	14,3	18,3	52,8	43,5
1985	22,1	24,3	4,9	7,0	13,9	17,1	59,9	51,7

Alter: 20- bis unter 25 Jahre

Jahr	Alg/Alb Frauen	Alg/Alb Männer	Alhi Frauen	Alhi Männer	Leistung beantragt Frauen	Leistung beantragt Männer	Keine Leistung Frauen	Keine Leistung Männer
1975	56,5	46,9	4,5	11,0	28,5	33,4	10,5	8,8
1976	53,7	40,2	4,8	12,4	28,0	36,9	13,5	10,6
1977	50,8	35,9	5,0	10,8	29.0	39,5	15,2	13,8
1978	48,0	32,1	5,2	11,2	29,0	40,6	17,8	16,2
1979	46.1	28,5	4,9	8,6	29,7	46,6	18,9	16,3
1980	43,0	29,8	4,4	7,0	35,8	49,2	16,9	14,0
1981	45,5	34,3	5,2	8,4	31,2	42,2	18,0	14,9
1982	51,3	46,7	9,3	15,9	18,1	22,7	21,3	14,9
1983	47,4	42,9	13,9	23,2	14,4	17,3	24,4	16,5
1984	42,3	39,2	16,5	26,8	15,0	17,2	26,3	16,7
1985	40,2	36,2	15,4	26,4	14,7	17,5	29,7	20,0

(1) in 1975 und 1986 wurde UHG gesondert ausgewiesen
(2) Zur "Keine Leistungen" zählen: Ruhen des Anspruchs, Bezug beendet, von vorneherein kein Bezug, sonstige Fälle

Quelle: BAA, Nbg, Strukturanalyse 1975-1985 und eigene Berechnungen

Anmerkungen

(1) Aufgrund der verlängerten schulischen Ausbildung und des daraus resultierenden späteren Eintritts in das Erwerbsleben werden unter weiblichen Jugendlichen Mädchen und junge Frauen im Alter von 15 bis unter 25 Jahren verstanden. Nachstehend wird diese Altersgruppe meist als junge Frauen bezeichnet. Soweit es möglich ist, erfolgt eine Unterteilung in die Altersgruppen der 15 bis unter 20jährigen und 20 bis unter 25jährigen Frauen und Männer. Viele Statistiken verwenden jedoch abweichende Altersgrößenklassen (Sozialhilfestatistik) oder berücksichtigen das Alter nicht explizit (Statistik der Ausbildungsvergütungen).

(2) Auch gemessen am Anteil der männlichen Studenten stieg der Anteil der Studentinnen von 33,7% auf 37,7% zwischen 1976 und 1984; BMBW (1985, 119f.), vgl. auch: MÖRTL (1986).

(3) Eine vollständige Analyse der einkommensdiskriminierenden Faktoren, die zu einer Veränderung der geschlechtsspezifischen Einkommensverteilung beigetragen haben, könnte auch aufgrund fehlender altersspezifischer Lohn- und Gehaltsdaten, unterteilt nach Geschlecht sowie Berufsbereichen, -positionen, Ausbildungsniveau etc. nicht geleistet werden. Vgl. LANGKAU (1979); BECK-GERNSHEIM (1976).

(4) Die im Mikrozensus aufgeführten Nettoeinkommen erwerbstätiger junger Frauen und Männer gliedern sich in Nettoeinkommen von Selbständigen, Mithelfenden, Familienangehörigen, Arbeitern, Angestellten und Auszubildenden in technischen und gewerblichen Berufen.

(5) Um eine bessere Vergleichbarkeit zwischen den Einkommen der jungen Frauen und Männer zu gewährleisten, wurden nur die Nettoeinkommen der jungen Frauen und Männer untersucht, die 40 und mehr Stunden in der Woche arbeiten. Zwar ist die Teilzeitbeschäftigung der 15 bis unter 25jährigen Erwerbstätigen gemessen an Altersgruppen über 25 Jahren noch gering, sie tritt bei den jungen Frauen aber mit 7,3% weitaus häufiger auf als bei den Männern mit 1,5% (1982); STATISTISCHES BUNDESAMT, Fs. 1, R. 4.1.1 und eigene Berechnungen.

(6) Da es sich um eine Beobachtung über einen längeren Zeitraum handelt, wurde der Mikrozensus, trotz der erkannten Mängel, die die Einkommensangaben beinhalten können, verwendet. Die Daten für 1985 konnten nicht mitberücksichtigt werden, sie lagen am Stichtag noch nicht vor.

(7) 1984 hatten 31,6% der 25 am häufigsten mit Frauen besetzten Ausbildungsberufe eine Ausbildungsdauer von 2 oder 2,5 Jahren; eigene Berechnungen.

(8) Die tarifliche Vergütung für Hilfskräfte im Friseurhandwerk betrug im Janaur 1984 in Berlin DM 771,90; ÖTV, Berlin.

(9) Aufgrund der Neueinteilung der Einkommensgrößenklassen in den oberen Einkommensbereichen von DM 1.800 bis DM 4.000 ab 1978 ist ein Vergleich mit den vorhergehenden Jahren nicht möglich.

(10) In der Privatwirtschaft hat das Bildungsniveau geringeren Einfluß auf die Entlohnung; BLOSSFELD (1984, 316).

(11) "Bei den beruflichen Ausbildungsabschlüssen haben im Verhältnis mehr junge erwerbstätige Frauen eine praktische Berufsausbildung abgeschlossen, als unter den erwerbstätigen Frauen zusammen, aber auch der Fachhochschulabschluß und insbesondere der Hochschulabschluß gewinnt bei den erwerbstätigen Frauen immer mehr an Bedeutung." (MÖRTL 1986, 23).

(12) 1982 erhielten die weiblichen Hochschulabsolventen durchschnittlich DM 2.248 Nettoeinkommen pro Monat, die jungen Männer mit Hochschulabschluß DM 2.723 (BLOSSFELD 1984, 303).

(13) Bei den im Text verwendeten durchschnittlichen Ausbildungsvergütungen handelt es sich stets um gewichtete Werte, denen eine Relativierung durch die Besetzerstärke des jeweiligen Ausbildungsberufes zugrunde liegt.

(14) Dieser Beruf wurde 1980 neu geschaffen (BIBB 1986, 85).

(15) Dieser Beruf wurde 1980 aufgehoben (BIBB 1986, 85).

(16) Die höchsten Ausbildungsvergütungen leistet der Bergbau. 1984 beträgt die tarifliche Vergütung eines Bergmechanikers DM 1.034 (BIBB 1986, 13 und 83).

(17) Eine Vielzahl der sogenannten Frauenberufe weist sich durch eine kürzere Ausbildungsdauer aus, die einen Teil der geschlechtsspezifischen Vergütungsdifferenzen begründen. Die hier genannten Ausbildungsvergütungen errechnen sich aus den vom ersten bis zum letzten Monat zu zahlenden Ausbildungsvergütungen, wobei die Höhe der Vergütung mit zunehmender Dauer der Ausbildung ansteigt. Die durchschnittliche Vergütungserhöhung in einem Ausbildungsberuf mit einer 3,5jährigen Dauer beträgt in 1978 41%, für einen dreijährigen Beruf beträgt die Steigerung 34% und für einen zweijährigen Ausbildungsberuf nur 12% (BIBB 1979, 59).

(18) Dieser Vergleich beruht auf 15 Ausbildungsberufen (BIBB 1979, 69).

(19) Die Zahl der frauenintensiven Ausbildungsberufe mit einem Frauenanteil von mehr als 90% reduzierte sich in 1984 innerhalb der 25 am häufigsten mit Frauen besetzten Ausbildungsberufe auf 12. Aus diesem Grunde wurden dem Vergleich nur 12 männerintensive Berufe gegenübergestellt. Die Auswahl innerhalb der 25 meistbesetzten Männerberufe orientierte sich an den Berufen mit der höchsten männlichen Ausbildungsintensität.

(20) Die höchsten Ausbildungsvergütungen sind im Bereich Industrie und Handel festzustellen, danach folgen nachrangig: Öffentlicher Dienst, Landwirtschaft, Freie Berufe, Handwerk (BIBB 1986, 10).

(21) Seit 1984 werden zur Berechnung der Arbeitslosenunterstützung für Jugendliche mit abgeschlossener Berufsausbildung (ohne Berufserfahrung) nur noch 50% des künftigen beruflichen Entgelts zugrundegelegt. Das Arbeitslosengeld für Ledige beträgt 63%, die entsprechende Arbeitslosenhilfe 56% (KRESSIN 1984, 45).

(22) Der Bezug von Arbeitslosengeld ist an eine mindestens 12-monatige Beitragspflicht innerhalb von drei Jahren, der Bezug von Arbeitslosenhilfe an die Beitragspflicht von 150 Tagen gebunden (KRESSIN 1984, 45).

(23) Es gibt zwar keinen direkten Beweis, daß die Kürzungen der Arbeitslosenversicherung zu erheblichen Mehraufwendungen in der Sozialhilfe geführt haben, doch sprechen viele Indizien dafür. In der Sozialhilfestatistik wird die Arbeitslosigkeit auch nur dann als Begründung des Sozialhilfebezuges ausgewiesen, wenn es sich um die Hauptursache handelt.

(24) STATISTISCHES BUNDESAMT, Fs. 13, R. 2 und eigene Berechnungen.

(25) LANDENBERGER (1986, 83) zitiert nach: SCHMÄHL (1984).

Literatur

BECK-GERNSHEIM, E., 1976: Der geschlechtsspezifische Arbeitsmarkt, Frankfurt.

BLOSSFELD, H.-P., 1984: Die Entwicklung der qualifikationsspezifischen Verdienstrelationen von Berufsanfängern zwischen 1970 und 1982, in: Kölner Zeitschrift für Soziologie und Sozialpsychologie, 293ff.

BLOSSFELD, H.P., 1985: Berufseintritt und Berufsverlauf, in: MittAB, 177ff.

BRAUN, F./GRAVALAS, B., 1980: Die Benachteiligung junger Frauen in Ausbildung und Erwerbstätigkeit, München.

BRINKMANN, C./ REYHER, L., 1985: Erwerbspotential und Stille Reserve, in: MittAB 4ff.

BUNDESANSTALT FÜR ARBEIT, 1975-1985: Sonderuntersuchung über Arbeitslose, Nürnberg.

BUNDESINSTITUT FÜR BERUFSBILDUNG (Hrsg.), 1980: Ausbildungsvergütungen nach Ausbildungsberufen, Berlin.

BUNDESINSTITUT FÜR BERUFSBILDUNG (Hrsg.), 1986: Entwicklung der Ausbildungsvergütungen von 1976 - 1984, Berlin/Bonn.

BUNDESMINISTERIUM FÜR BILDUNG UND WISSENSCHAFT (Hrsg.), 1985: Grund- und Strukturdaten 1985/1986, Bonn.

ENGELBRECH, G./KRAFT, H., 1983: Besonderheiten bei der Ausbildungs- und Berufswahl weiblicher Jugendlicher, in: MittAB, 39ff.

HAAR, H. v.d./STARK-v.d.HAAR, E., 1982: Jugendarbeitslosigkeit und soziale Sicherung, Berlin.

KRESSIN, J.H. (Hrsg.), 1984: Keine Lehrstelle - Was tun?, Berlin.

LANDENBERGER, M., 1986: Arbeitsmarkt und soziale Sicherung: Forschungsstand und Forschungsbedarf, in: Sozialer Fortschritt, Heft 4, 79ff.

LANGKAU, J., 1979: Lohn- und Gehaltsdiskriminierung von Arbeitnehmerinnen in der BRD, Bonn.

LANGER, I., 1986: Die neu entdeckten Frauen - zwischen Arbeitslosigkeit und Wendepolitik -, in: WSI- Mitteilungen, 103ff.

MATZNER, E., 1982: Der Wohlfahrtsstaat von morgen. Entwurf eines zeitgemäßen Musters staatlicher Interventionen, Frankfurt/New York.

MÖRTL, H., 1986: Ausbildungs- und Berufsstruktur der Jugendlichen, in: Wirtschaft und Statistik, 20ff.

SCHMÄHL, W., 1984: Rentenniveau, Rentenhöhe und Sozialleistungen - Einkommensmäßige "Über- und Unterversorgung", in: Die Deutsche Rentenversicherung, 563ff.

SCHOBER, K., 1985: Jugendliche im Wartestand: Zur aktuellen Situation der Jugendlichen auf dem Arbeits- und Ausbildungsstellenmarkt, in: MittAB, 247ff.

STATISTISCHES BUNDESAMT (Hrsg.), 1984: Zur Situation der Jugend in der BRD, Wiesbaden.

STATISTISCHES BUNDESAMT (Hrsg.), 1987-1984: Stand und Entwicklung der Erwerbstätigkeit, Fs. 1, R. 4.1.1, Wiesbaden.

STATISTISCHES BUNDESAMT (Hrsg.), 1982: Beruf, Ausbildung und Arbeitsbedingungen der Erwerbstätigen, Wiesbaden.

STATISTISCHES BUNDESAMT (Hrsg), 1984: Berufliche Bildung, Wiesbaden.

STATISTISCHES BUNDESAMT (Hrsg.), 1975-1977: Öffentliche Leistungen, R.1, Sozialhilfe, Kriegsopferfürsorge, Wiesbaden.

STATISTISCHES BUNDESAMT (Hrsg.), 1978-1984: Fs. 13, R. 2, Wiesbaden.

WELZMÜLLER, R., 1984: Einkommensverteilung im Rahmen der konjunkturellen Entwicklung in der BRD seit 1975, in: WSI- Mitteilungen, 411 ff.

DIE SOZIALEN RECHTE DER FRAU: ENTWICKLUNGEN UND PERSPEKTIVEN

Barbara Riedmüller

Ich möchte zuerst ein paar Worte zum Anlaß des Themas sagen, dann auf die Entwicklung der Erwerbsarbeit in Abhängigkeit von der Familienarbeit eingehen, denn nur so wird die Besonderheit der sozialen Sicherung der Frau in der Familiensubsidiarität verständlich.
Ich werde dann die Besonderheit der sozialen Rechte der Frau in ihrer Wirkung behandeln und zuletzt auf einige sozialpolitische Reformvorschläge eingehen, die heute in Diskussion sind.

1. Anlaß, die sozialen Rechte der Frau zu diskutieren, gibt vor allem die Armutsdiskussion

Die Armut von Frauen ist in den vergangenen Jahren vielfach dokumentiert worden. Sie war Thema der Rentenreform, sie hat die Belohnung der Mutterrolle durch das jüngst eingeführte Erziehungsgeld mitveranlaßt und sie verbirgt sich unausgesprochen in Problemen der Pflegebedürftigkeit im Alter und anderer steigender Sozialhilfeausgaben, z. B. für alleinerziehende und geschiedene Frauen. Verglichen mit der gesellschaftspolitischen Brisanz des Themas Arbeitslosigkeit erreicht die Armut von Frauen dagegen wenig öffentliche Aufmerksamkeit. Auch in der neueren sozialpolitischen Reformdiskussion über Mindestrente, Mindesteinkommen, dem Einführen des Bedarfsprinzips in das bestehende System der sozialen Sicherung wird die Armut von Frauen eher beiläufig erwähnt (vgl. OPIELKA/VOBRUBA 1986).
Diese Vernachlässigung der Armutsproblematik gilt auch für die Diskussion über die Bedeutung der "informellen Arbeit", der die unbezahlte Arbeit der Frauen zugeschlagen wird (vgl. GORZ 1983). Damit werden aber die Ursachen der Armut von Frauen und die Perspektive auf die soziale Sicherung verdeckt. Die Armut von Frauen, die als fehlende

oder mangelhafte soziale Sicherung erscheint, ist die Folge der geschlechtsspezifischen Arbeitsteilung, durch die die Frau auf der einen Seite unbezahlt in der Familie arbeitet, auf der anderen Seite auf einen frauenspezifischen Arbeitsmarkt verwiesen wird. Die Familienarbeit führt zu einer abgeleiteten Teilhabe an der sozialen Sicherung des Ehemannes, die, wie wir aus der Rentendiskussion wissen, zur Armut im Alter führt.

Die von der Familienarbeit begleitete oder unterbrochene Erwerbsarbeit schlägt sich in einer mangelhaften Teilhabe an sozialen Leistungen nieder, die die geringe Bezahlung, den beruflichen Status, die Qualifikation spiegelt. Die Armut von Frauen ist somit Abbild der gesellschaftlichen Erstarrtheit der Rolle der Frau, indem die abhängige unbezahlte Familienarbeit das Herzstück der sozialen Sicherung war und heute noch ist.

Die offizielle Politik will die soziale Sicherung der Frau nicht von der "heiligen Familie" losgelöst diskutieren; in der wissenschaftlichen Analyse ist die Armut der Frau vorrangig als ein Indikator einer Krise der Altersversorgung behandelt, denn als Problem der sozialen Sicherung der Frau.

In der Frauenbewegung und Frauenforschung ist umgekehrt die Familienarbeit als unbezahlte Arbeit entdeckt und als Ursache der gesellschaftlichen Benachteiligung der Frau angeprangert worden. Die Forderung nach "Lohn für Hausarbeit" steht für diesen Zusammenhang der unbezahlten Arbeit in der Familie und der damit einhergehenden Lohndiskriminierung der Frau allgemein. Denn die soziale Sicherung der Frau soll trotz zunehmender Erwerbsarbeit in der Familie stattfinden.

Dieser Sonderrolle der Frau in der Sozialpolitik zwischen Erwerbsarbeit und Familienarbeit will ich kurz nachgehen.

2. Parallelität der Geschichte der Erwerbsarbeit und der Geschichte der Institution Familie

Die Geschichte der Erwerbsarbeit der Frau ist unmittelbar verknüpft mit der Geschichte der Institution der Familie und der geschlechtsspezifischen Arbeitsteilung. Denn mit der gesellschaftlichen Zuweisung der Frau auf die Familienarbeit, die sich von der übrigen bezahlten Arbeit losgelöst hat, beginnt die Abhängigkeit der Frau vom Einkommen des Mannes und damit ihre potentielle Armut als ledige Frau, als Witwe, als "eheverlassene Frau" (KÖPPEN 1985). Die Entwicklung der geschlechtsspezifischen Arbeitsteilung folgt dieser Linie der zunehmenden Abhängigkeit der Frauenarbeit von der Institution der Familie. Sie ist zwar noch im 18. Jahrhundert in der Tradition der ländlichen Subsistenzwirtschaft weniger starr zwischen Mann und Frau getrennt und richtet sich zum Teil nach wirtschaftlichen Erfordernissen.
Mit der Entstehung der Lohnarbeit differenziert sich diese Arbeitsteilung aus und die "Hausarbeit" im modernen Sinne entsteht (vgl. u.a. OSTNER 1978).
Diese Abtrennung und Verdrängung der Frauenarbeit vollzieht sich im 19. Jahrhundert mit der Durchsetzung des bürgerlichen Familienmodells und der damit verbundenen Rechtlosigkeit der Frau.
Erst mit ihm ist die Arbeit im Hause und die Arbeit draußen institutionell getrennt. Die Arbeit der Frau im Hause verliert in dieser Form ihre Existenzgrundlage, sichert sie aber zugleich in anderer Form. Dort, wo die "Hausarbeit" kein Einkommen erwirtschaftet (wie z. B. in der ländlichen Subsistenzwirtschaft) sind die Frauen der unteren Schichten auf Lohn- und Dienstarbeit verwiesen. Draußen arbeiten sie in den typisch weiblichen Berufen und Branchen, drinnen verrichten sie unbezahlte Hausarbeit. Die Klammer für beide Bereiche - möchte ich hervorheben - ist die Institution Familie. Über die Trennung von Haus- und Berufsarbeit, über die Doppelbelastung, die sozialen Kosten für die Frau ist vielfach geschrieben worden. Mich interessiert vor allem der mit dieser Trennung verbundene Widerspruch, daß das Familienmodell in seiner modernen Form die Frau von ihrer Einkommensquelle zeitlich und räumlich trennt und sie auf die Familie, das Einkommen des Ehe-

mannes verweist, sie aber jetzt innerhalb dieses Modells weiterhin zur Erwerbsarbeit zwingt. Denn das Familieneinkommen beruhte für nichtbürgerliche Schichten immer auch auf der Erwerbsarbeit der Frau, die im Schlepptau der Familienarbeit schlechter bezahlt wird.

Mit der Durchsetzung der bürgerlichen Familie ist die berufliche Arbeit der Frau an ihren sozialen Status als Ehefrau endgültig fixiert worden, ihre Arbeit draußen ist stofflich von der Familienarbeit und institutionell bis in die Mitte des 20. Jahrhunderts von der Rechtsform der Ehe abgeleitet.
Dies war in der Hauswirtschaft noch durch die Art der Arbeitsteilung bestimmt. Im 19. Jahrhundert aber verliert sich diese Einheit durch unterschiedliche Formen der sozialen Organisation der Arbeit (vor allem entwickelt sich die Arbeitsteilung durch die Teilung der Arbeit in der Fabrik fort; formelle und reelle Subsumption der Arbeit); diese "Einheit" muß jetzt durch die Idee der Familie, deren Rechtsform, der Rolle der Frau, der Mutter, deren sozialen Schutz hergestellt werden.
Die historische Perspektive auf die Frauenarbeit legt eine Konstellation von Frauenarbeit und der rechtlichen und sozialen Organisation der Familie offen, die im Grunde genommen bis in die heutige Zeit wirkt, auch wenn sich die Institution Familie grundlegend gewandelt hat. Die Erwerbsarbeit der Frau hat sich in der Abhängigkeit des Hauses entwickelt und bleibt an dessen Rechtsform gebunden. Diese Figur finden wir im Familienrecht noch bis 1960 (SACHSSE/TENNSTEDT 1980).

3. Entwicklung der modernen Sozial- und Familienpolitik

Mit der Herausbildung der modernen Sozial- und Familienpolitik, den ersten Anfängen der Sozialgesetzgebung, wird die Frauenarbeit einerseits in die Familie verwiesen, andererseits als Teil des familiären Unterhalts in Abhängigkeit von der Familie als billige Erwerbsarbeit angewandt. Denn die Arbeiterfrau kann sich eben nicht auf die soziale Sicherung in der Familie verlassen, sie wird z.B. als Witwe bis nach

dem 2. Weltkrieg auf ihre eigene Erwerbstätigkeit angewiesen sein. Das besondere an der sozialen Sicherung in der Familie ist deren Unberechenbarkeit.
Die zentrale Figur dieser Entwicklung ist die Familie als soziale Sicherung der Frau, eine Figur, die mit der staatlichen Sozialpolitik als "familiärer Unterhalt" verrechtlicht wird - der Gedanke des "familiären Unterhalts" durchzieht alle Abteilungen der Sozialpolitik (zuerst in der Armenfürsorge, dann im Fürsorgerecht und im Familienrecht wird diese Rechtsfigur fortentwickelt). Während das Preußische Allgemeine Landrecht noch individualrechtliche Ansprüche der Ehepartner zuläßt, verschwinden diese im BGB seit 1896 hinter der institutionellen Sichtweise auf die Familie, die erst seit 1958 mit dem Gleichberechtigungsgrundsatz und 1976 mit der Reform des Scheidungsrechts aufgelockert wird. Die Frauenarbeit wird also einerseits begrenzt, indem die Frau auf die Familie verwiesen wird, andererseits wird sie, sofern sie individuell oder sozial notwendig wird, als bloßer Familienersatz betrachtet. Die erwerbstätige Frau wird daher - auch wenn es sie massenhaft gibt - als Sonderfall betrachtet.

4. Position der Frau in der Sozialpolitik am Beispiel dreier Rechtsfiguren

4.1. Der familiäre Unterhalt

Die Geschichte der Normierung des familiären Unterhalts durch die Armenfürsorge und die spätere Sozialhilfepolitik gibt interessante Hinweise auf die sozialpolitische Fixierung auf die Existenzform der Familie. Der familiäre Unterhalt löste andere gemeinschaftliche Fürsorgepflichten ab.
Die Armenversorgung vor der Industrialisierung richtete sich nach dem Heimatprinzip. Die Gemeinde wurde als eine große Familie betrachtet, die unterhaltspflichtig für ihre Mitglieder ist. Die Ehefrau teilte die Heimat des Ehemannes. Diese immobile Regelung wurde abgelöst durch den Unterstützungswohnsitz, der die Einheit einer Familie wahrte; d.h.

die Frau wurde an den Wohnsitz des Mannes verwiesen - dies auch zwangsweise.
Dieses Prinzip des Zwangs zur Familiengemeinschaft wurde in der Folge armenrechtlich ausgebaut, dadurch war die Armenunterstützung eines unselbständigen Familienmitgliedes dem Familienoberhaupt zuzurechnen; dies konnte zwangsweise durchgesetzt werden. Eine Nichterfüllung brachte öffentlich-rechtliche Nachteile. Häufig wurden Mütter und Kinder armenrechtlich ausgewiesen (RIEDMÜLLER 1985).
Das Familienprinzip der Armenfürsorge wurde dazu benutzt, die Unterhaltsverpflichtung zwischen den Generationen und des Mannes gegenüber der Frau gnadenlos einzutreiben.

Nachdem die Zahl der sogenannten eheverlassenen Frauen ständig zunahm, wurde 1918 die Unterhaltspflicht des Vaters noch verschärft und eine Verletzung mit Arbeitszwang bestraft.
Im Zuge des Ausbaus staatlicher Fürsorgepflichten wurden zur Weimarer Zeit einige Prinzipien der Armenfürsorge reformiert. Die Familienfürsorge stand nun nicht mehr im Mittelpunkt des Fürsorgerechts, es wurde mit dem Individualprinzip, der Bedürftigkeit, verknüpft; was nicht bedeutet, daß der Ehemann aus seiner Unterhaltspflicht entlassen wurde. Im Nationalsozialismus wurde aber die Unterstützungspflicht der Familienmitglieder wieder ausgebaut und sogar auf die Arbeitslosenunterstützung ausgedehnt. Das BSHG von 1961 modernisiert das Familienprinzip in Richtung individuelle Rechte, behält aber die Familiensubsidiarität bei, die heute noch in der Sozialhilfe und in der Arbeitslosenhilfe gilt (RIEDMÜLLER 1984).
Im BSHG von 1961 wird die geschlechtsspezifische Arbeitsteilung fest verankert. Die Familienarbeit der Frau wird tendenziell als Ersatz für Erwerbstätigkeit formal anerkannt. Die Erziehungs- und Pflegetätigkeit der Frau wird begünstigt und als Alternative zum ansonsten geltenden Normalitätsstandard Erwerbsarbeit zugelassen. So heißt es im § 18 Abs. 3, Sätze 1,2 BSHG: "Dem Hilfesuchenden darf eine Arbeit nicht zugemutet werden, ... soweit dadurch die geordnete Erziehung eines Kindes gefährdet würde ...". Im Rahmen ihrer Erziehungstätigkeit sind Frauen als Empfängerinnen von Sozialhilfe zeitweise vom Zwang zur Erwerbsar-

beit "freigestellt" und damit tritt auch eine Lockerung der sogenannten Arbeitsverpflichtung im Rahmen der Hilfe zur Arbeit ein (§ 19,20 BSHG).

4.2. Der Mutterschutz

Der Mutterschutz hat bis heute, wie alle Schutzbestimmungen im Arbeitsbereich, eine höchst ambivalente Rolle gespielt, denn die Fürsorge für die Mütter hat gleichzeitig ihre Ausgrenzung vom Arbeitsmarkt zur Folge. 1878 verbietet die erste Mutterschutzbestimmung die Beschäftigung von Frauen in Fabriken für 21 Tage nach der Geburt. Dieses Verbot führte zu Verdienstausfall und wurde daher von den Frauen selbst unterlaufen. Die Einschränkung der Erwerbsarbeit wurde begleitet von einer mütterorientierten Familien- und Sozialpolitik.
Die Hilfe für Wöchnerinnen war kategorisch auf die verheirateten Frauen ausgerichtet. Die Wöchnerinnenasyle standen nur ihnen offen, ledige Frauen waren auf das Armenhaus verwiesen. Diese Diskriminierung wurde von einschlägigen Moralkampagnen begleitet. Mit der Einführung der Krankenversicherung bestand ein allgemeiner Anspruch auf Wöchnerinnenhilfe. Allerdings waren 1884 erst 20% der erwerbstätigen Frauen krankenversichert. Erst die Weimarer Zeit brachte hier "Fortschritte" (1919); es gab auch die ersten Mütterberatungsstellen. Dem Mutterschutz gelten bis heute einige sozialpolitische Regelungen; 1938: Arbeitszeitregelung für Frauen, 1958: Mutterschutzgesetz, 1979: Mutterschaftsurlaub, 1985: Erziehungsgeld - um nur die wichtigsten Maßnahmen zu nennen, die eine sozialpolitische Normierung der Frauenarbeit zwischen Familie und Arbeitsmarkt charakterisieren.

4.3. Die Witwenrente

Bis in die Anfänge der kommunalen und verbandlichen Armenfürsorge läßt sich das Problem der Armut von Frauen im Alter nachweisen. Sie finden sich in den Obdachlosenasylen, den Armenhäusern und Spitälern. Vor allem: die soziale Lage von Witwen zeigt, wie wenig es jemals eine Existenzsicherung durch die Familie gegeben hat. Die frühen Witwenkassen (1875), die Witwenkassen der Beamten (1889) waren Vorläufer der Angestelltenversicherung (1911) und der Witwenversicherung der Arbeiter (1912). Allerdings waren von ihr viele erwerbstätige Frauen nicht erfaßt (z.B. Dienstbotinnen, Landarbeiterinnen). Vor allem die späte Einführung der Witwenrente für die Arbeiterfrau und die bis nach 1945 gültige Einschränkung des Rentenfalls durch Altersgrenzen, eventuelle Kindererziehung und vor allem der Verweis auf eine zumutbare Erwerbstätigkeit der Arbeiterwitwe (vgl. HERMANN 1984) zeigt, daß das Familienbild der Rentenversicherung auf der einen Seite die Frau auf das Einkommen des Ehemannes festgelegt, aber auf der anderen Seite diese Existenzgrundlage ohne eigene Erwerbstätigkeit gleichzeitig vom sozialen Status abhängig betrachtet.
Die Rentenversicherung privilegiert lange Zeit die nicht erwerbstätige Angestelltenfrau, deren Besitzstand gewahrt werden soll. Aber trotz dieser massenhaften Armut im Alter konnte sich die Witwenrente als Modell der familiären Existenzsicherung durchsetzen, auch wenn es bis heute die Armut von Frauen im Alter nicht verhindert hat. Deutlich wird diese Koppelung von Familie und sozialer Sicherheit auch an der Kriegsopferfürsorge, die mit dem Ersten Weltkrieg einsetzte. Die geschiedenen und ledigen Frauen wurden in ihrem Schatten völlig vernachlässigt, die Witwen und Mütter bessergestellt.

Bedenkt man, daß 1875 von 1.000 Arbeiterinnen 702 ledig, 215 verheiratet und 83 verwitwet waren (vgl. TENNSTEDT 1981), so erscheint die Fixierung der staatlichen Sozialpolitik auf die Ehefrau und Mutter geradezu als Fingerzeig auf die Absicht der Durchsetzung der Hausfrauen- und Mutterrolle bei gleichzeitiger flexibler Anwendung der Arbeitskraft der Frau je nach Arbeitsmarktlage.

5. Ausgestaltung von Individualrechten

Bereits im BSHG von 1961 besteht die Tendenz einer Ausgestaltung von Individualrechten, ohne allerdings die Rechtsfigur der Institution Familie als Bedarfsgemeinschaft aufzuweichen.
Ebenso besteht im Familienrecht des BGB eine Tendenz zu Individualrechten, die aber die zentrale Figur des familiären Unterhalts nicht aufheben; dies schlägt sich u.a. in der Reform des Scheidungsrechts als Widerspruch zwischen der rechtlichen Anerkennung der Familienarbeit als Berufsarbeit der Frau und den damit begründeten privaten Unterhaltspflichten des Mannes nieder.
In den übrigen Abteilungen der Sozialgesetzgebung (der RVO) und dem AFG findet sich diese Familienfixierung zum Teil latent durch indirekte Verweisung auf den Unterhalt des Ehemannes, was sich vor allem in diskriminierenden Praktiken der sozialpolitischen Institutionen niederschlägt, zum Teil offen durch Barrieren der Anspruchsvoraussetzungen durchgesetzt wird, z.B. im Arbeitsförderungsgesetz durch die Bedürftigkeitsprüfung. Die Ausgrenzung der Frauen aus den Leistungen der Arbeitslosenversicherung, die mit der Arbeitslosigkeit der letzten Jahre einhergeht, bestätigt, daß trotz zunehmender Erwerbstätigkeit von Frauen letztlich die soziale Sicherung an die Familie gebunden blieb. Diese Koppelung von Sozialversicherung und Familiensubsidiarität hatte bereits bei der Einführung der Arbeitslosenversicherung zu einer Diskussion geführt, ob nicht die Frauen aufgrund ihres Familienstatus überhaupt geringere Unterstützungssätze erhalten sollten als Männer.

6. Alternativen in der Diskussion

Welche Alternativen werden heute diskutiert? Ich möchte auf zwei Diskussionslinien verweisen:

a) Die erste Linie ist der Ausbau eigener sozialer Rechte der Frau durch einen Aus- und Umbau der Sozialversicherung.
   Dazu gehört die Diskussion über eine Grundsicherung in den verschiedenen Reformmodellen (Sockelung versus garantierte Mindestsicherung), die der Frau einen besseren Zugang zu sozialen Leistungen (u.U. unabhängig von Erwerbstätigkeit) einräumen.

b) Die zweite Linie findet sich in den Gesetzen zum Erziehungsgeld, in der Rentenreform, im Elternurlaub wieder.
   Hier hat die Familiensubsidiarität den Vorrang, d.h. es werden nicht die subjektiven Rechte der Frau geregelt, sondern deren Rolle in der Familie, wobei hier ein Fortschritt sein könnte, daß der Vater potentiell in die Familienarbeit einbezogen wird.

Die genannten politischen Lösungsmuster, auf der einen Seite der Ausbau der Familiensubsidiarität in Richtung Unterstützung der Familienarbeit und auf der anderen Seite der Ausbau der subjektiven sozialen Rechte der Frau, markieren unterschiedliche gesellschaftliche Interessen- und Konfliktlagen, die ich abschließend kurz behandeln will.

Eine Verbesserung der sozialen Lage der Frau bei gleichzeitiger Bindung der Frauenarbeit an die Familie ist angesichts der Konkurrenz auf dem Arbeitsmarkt bestechend und dürfte nicht nur im konservativen Lager auf Zustimmung stoßen. Ebenso könnten traditionsorientierte Arbeiter- und Angestelltenfrauen für dieses Modell gewonnen werden. Da ein Anreiz zur Familienarbeit auch die geschlechtsspezifische Verteilung der Erwerbstätigkeit beeinflußt, dürften sich auch die organisierten Arbeitnehmer für diese Lösung interessieren. Das Familienmodell findet zudem von zahlreichen verbandlichen Interessengruppen Unterstützung.

Betrachten wir die andere Seite. Der Ausbau der subjektiven Rechte der Frau wird in zwei Varianten diskutiert, nämlich einmal als die Einfüh-

rung eines garantierten Mindesteinkommens für alle und zum anderen als die Sockelung im bestehenden System sozialer Sicherung, die eine Ausgrenzung bei Arbeitslosigkeit oder Wegfallen des familiären Unterhalts (Scheidung u.a.) verhindern soll. Das garantierte Mindesteinkommen ist auf den ersten Blick für Frauen interessant, denn es würde sie von der Abhängigkeit vom Einkommen und der sozialen Sicherheit des Ehemannes und gleichzeitig vom Zwang zur schlechter bezahlten Erwerbsarbeit befreien. Es würde die Armut von Rentnerinnen, von alleinerziehenden Müttern und von arbeitslosen unverheirateten Frauen zumindest mindern. Es würde die mit der Sozialhilfe verbundene Abhängigkeit und Stigmatisierung aufheben. Dies alles sind positive Aspekte eines garantierten Mindesteinkommens.
Was spricht dagegen? Ich möchte zwei Aspekte hervorheben, die gleichzeitig das Modell der Sockelung oder Grundsicherung im bestehenden System sozialer Sicherung mitbegründen. Denn es besteht erstens die Gefahr, daß das Modell eines garantierten Mindesteinkommens die bestehende geschlechtsspezifische Spaltung des Arbeitsmarktes und die Zuweisung der Familienarbeit verfestigt, indem eine "harmonische" Lösung angeboten wird. Zweitens findet dieses Modell möglicherweise nur als Marginalisierungsstrategie politische Unterstützung, indem langfristig Arbeitslose, Behinderte und Frauen mittels des garantierten Einkommens vom Arbeitsmarkt ferngehalten werden. Demgegenüber ist durch das Einbeziehen einer Grundsicherung in das bestehende System sozialer Sicherung ein Übergang zwischen Familienarbeit und Erwerbsarbeit offengehalten. Frauen müßten dann allerdings nach Zeiten der Familienarbeit einen Zugang zu Leistungen der Arbeitslosenversicherung erhalten. Ebenso könnte auf eine Mindestrente verzichtet werden. Auch dieses Modell gerät allerdings sehr schnell in den Sog der Konkurrenz um Erwerbsarbeit und soziale Leistungen. Denn innerhalb der Arbeitslosenversicherung würde zugunsten der Frauen umverteilt werden. Zudem müßte eine solche Erwerbsarbeit und eigenständige soziale Sicherung breite Zustimmung durch die betroffenen Frauen selbst finden. Ob dies im Augenblick der Fall ist, wäre zu untersuchen.

Literatur

GORZ, A., 1983: Wege ins Paradies, Berlin.

KÖPPEN, R., 1981: Armut - ein Privileg von Frauen. Unveröff. Diplomarbeit, Berlin.

OPIELKA, M./VOBRUBA, G. (Hrsg.), 1986: Das garantierte Mindesteinkommen, Frankfurt.

OSTNER, I., 1978: Beruf und Hausarbeit. Die Arbeit der Frau in unserer Gesellschaft, Frankfurt/New York.

RIEDMÜLLER, B./KICKBUSCH, I. (Hrsg.), 1984: Die armen Frauen. Frauen und Sozialpolitik, Frankfurt.

RIEDMÜLLER, B., 1985: Armutspolitik und Familienpolitik. Die Armut der Familie ist die Armut der Frau, in: LEIBFRIED, S./TENNSTEDT, F. (Hrsg.): Politik der Armut und die Spaltung des Sozialstaats, Frankfurt, 311 ff.

SACHSSE, Ch./TENNSTEDT, F., 1980: Geschichte der Armenfürsorge in Deutschland, Stuttgart/Berlin.

SULLEROT, E., 1972: Die emanzipierte Sklavin. Geschichte und Soziologie der Frauenarbeit, Wien.

TENNSTEDT, F., 1981: Sozialgeschichte der Sozialpolitik in Deutschland, Göttingen.

SOZIALHILFEEMPFÄNGERINNEN - UND DIE PSYCHISCHE BEWÄLTIGUNG DER AUSGRENZUNG

Marie-Luise Conen

Die besondere Problematik von Sozialhilfeempfängerinnen wird erst in letzter Zeit innerhalb der Frauenforschung diskutiert. Die steigende Zahl von alleinerziehenden Frauen und deren Inanspruchnahme von Sozialhilfe wird mehr und mehr von Sozialpolitikern problematisiert. Die zunehmende Erwerbslosigkeit, insbesondere bei Jugendlichen, und hier vor allem bei Mädchen, führt auch zu einem Anstieg der Sozialhilfeempfängerzahlen der jüngeren Altersgruppen. Durch die hohe Jugendarbeitslosigkeit entsteht eine junge Sozialhilfeempfängergeneration in einem Ausmaß, das es seit Bestehen der Bundesrepublik noch nicht gab. In den kommenden Jahren wird innerhalb der Alterspyramide der Bevölkerung der Anteil der heute 18-25Jährigen die Gesamtzahl der Sozialhilfeempfänger weiter steigen lassen.

1965 bezogen 1,4 Millionen Bundesbürger Sozialhilfe, davon 876.000 (62,4%) Frauen. 1980 gab es 2,1 Millionen Sozialhilfeempfänger, davon 1,28 Millionen Frauen (59,7%), dies ist eine Zunahme um 65%; der Anteil Männer/Frauen blieb ungefähr gleich. Bei den jüngeren Frauen zwischen 18 und 25 Jahren erhielten 1965 23.000 (2,6%) und 1980 97.000 (7,5%) Sozialhilfe; dies ist eine Steigerung auf das Vierfache. Der Anteil der 25-50Jährigen blieb in dieser Zeit nahezu gleich: 18% bzw. 21% (161.000 bzw. 274.000). Bei den 50-65Jährigen jedoch sank der Anteil von 22,6% auf 11,3% (198.000 bzw. 145.000), was auf eine Verbesserung der materiellen Situation und eine Zunahme der Erwerbstätigkeit von Frauen hinweist. Die über 65Jährigen machen 34,1% bzw. 37,2% aus, 298.000 bzw. 476.000 - hier wird die schlechte Altersversorgung der älteren Frauen deutlich (STATISTISCHES BUNDESAMT, Fachserie 13, Reihe 2, Sozialhilfe).

Der durchschnittliche Anteil der Sozialhilfeempfänger an der Gesamtpopulation beträgt 4,2%. In der Gesamtbevölkerung zählen 19,8% zur unteren Unterschicht, während es bei den Sozialhilfeempfängern 59,4% sind. Der Anteil von Ein-Eltern-Familien an den Sozialhilfeempfängern ist achtmal so hoch wie in der Gesamtbevölkerung. Beinahe die Hälfte aller Sozialhilfeempfänger sind unvollständige Familien (42,7%), fast ausschließlich alle davon (40%) sind geschiedene Mütter, deren Anteil an der Gesamtbevölkerung lediglich 3,2% beträgt (KAUFMANN/HERLTH/STROHMEIER 1980, 238). Über die Hälfte der geschiedenen Mütter lebt von Sozialhilfe.

Geschiedene Mütter bzw. alleinerziehende Frauen sind zu einem erheblich höheren Anteil erwerbstätig als es verheiratete Frauen sind. Da sie häufig Bezieher niedrigerer Löhne und Gehälter aufgrund einer Teilzeitarbeit sind, geraten sie in die Hilfebedürftigkeit.

Von rund 60.000 alleinerziehenden Frauen haben ca. 2/3 Kinder unter 15 Jahren (VAMV-RUNDBRIEF HESSEN, November 1985). Die alleinerziehenden erwerbstätigen Frauen sind i.d.R. auf ganztägige Betreuungsmöglichkeiten für ihre minderjährigen Kinder angewiesen. Jedoch hinken die Angebote an ganztägiger Kinderbetreuung weit hinter den Bedürfnissen der alleinerziehenden Mütter her. Insbesondere, wenn Frauen sich entschließen, sich von ihren Ehemännern bzw. Partnern zu trennen, und sie vorher wegen der Kindererziehung ihre Erwerbstätigkeit aufgegeben haben, stehen sie vor größeren sozialen, psychischen und materiellen Problemen.

Ich habe in meiner Studie (CONEN 1985) 133 Frauen, die eine Wohngruppe für Alleinerziehende nach der Trennung von einem Partner aufgesucht haben, in einem Zeitraum von zwei Jahren untersucht (1). Von den 133 Frauen bezogen rund 2/3 Sozialhilfe; nur 1/5 war erwerbstätig. Je jünger die Frauen sind, umso häufiger bezogen sie Sozialhilfe. Von allen Frauen zwischen 18 und 25 Jahren waren 79% (rund 4/5) Sozialhilfeempfängerinnen, nur 10% erwerbstätig. Während bei den 30-35jährigen Frauen die Hälfte (52%) Sozialhilfe erhielten und 1/3 erwerbstätig waren, erhielten bei den 35-50jährigen Frauen nur 39% Sozialhilfe und fast ebenso viele waren erwerbstätig. Auffallend ist, daß die Frauen ab 30 Jahre weniger häufig Sozialhilfe beziehen und häufiger erwerbstätig sind als die jüngeren Frauen (18-25 Jahre) (2).

Die Aufgabe ihrer Erwerbstätigkeit hat nicht nur während der Dauer ihrer Partnerbeziehung bzw. Ehe zu einer materiellen Abhängigkeit vom Partner bzw. Ehemann geführt, sondern wirkt sich besonders negativ auch auf ihre soziale und ökonomische Situation bei einer Trennung aus. Hat die Eherechtsreform 1977 es zwar im allgemeinen insbesondere Frauen erleichtert, nicht weiter eine Ehe aus materiellen Sicherungsgründen fortzusetzen, so bedeutet doch heute weiterhin die Trennung bzw. Scheidung für Frauen einen sozialen Abstieg. Besonders geschiedene Mütter sind nicht nur sozial, sondern auch weitgehend materiell von der Teilnahme am gesellschaftlichen Leben ausgeschlossen.

Immer mehr Frauen lösen sich aus für sie unbefriedigenden Partnerbeziehungen, wie die steigende Zahl von Scheidungen, die Frauen beantragen, zeigen. Mittlerweile wird in der Bundesrepublik ca. jede dritte Ehe und Familie geschieden, so daß Frauen bei einer Lebensplanung, die Ehe und Familie einschließt, auch die Möglichkeit einer Ehescheidung einbeziehen müssen (STATISTISCHES BUNDESAMT, Fachserie 1, Reihe 2.1., Eheschließungen ...).

Der Anteil der Frauen wächst, die Erwerbstätigkeit und Kindererziehung trotz der damit verbundenen Doppelbelastungen (weiterhin wenig Mitarbeit im Haushalt durch Ehemann, zu kleine Wohnungen, mangelnde ganztägige Kinderbetreuungsmöglichkeiten u.ä.m.) miteinander verbinden wollen. Steigende Erwerbslosenzahlen führen u.a. zu einer Wiedererstarkung konservativer Argumente wie z.B., daß Frauen an den Herd und zu den Kinder gehörten; Frauen werden wieder als Reserve des Arbeitsmarktes definiert. Die Lebensrealität vieler Frauen und Familien zeigt jedoch, daß es notwendig ist, ihre Erwerbstätigkeit trotz der Kindererziehung fortzuführen.

Die Zunahme der Zahl erwerbstätiger Mütter - auch verheirateter Mütter - hat sicherlich ihren Hauptgrund in der Tatsache, daß ein Einkommen heute i.d.R. nicht für eine Familie ausreicht. Die Erwerbstätigkeit aufrechtzuerhalten, wirkt sich jedoch auch positiv auf die Lebenssituation der Frauen und ihrer Kinder bei einer Trennung aus. Ihre ökonomische Situation verändert sich zwar auch erheblich, sie können aber eine eigene, auch ökonomisch gesicherte, Perspektive aufbauen. Die Aufgabe einer eigenen Erwerbstätigkeit erweist sich im Falle einer Trennung oft als Bumerang für die Frauen. Die Frauen, die über Berufserfahrungen verfügen, sind auch eher in der Lage, trotz der erschwerten Arbeitsmarktbedingungen eine Erwerbstätigkeit aufzunehmen.
Die jüngeren Frauen (18-25 Jahre) haben in meiner Studie sowohl meist keine beruflichen Qualifikationen als auch keine oder sehr geringe Berufserfahrungen. In dieser Altersgruppe wirkt sich bereits die seit über 10 Jahren bestehende Jugendarbeitslosigkeit, von der Mädchen und junge Frauen besonders betroffen sind, eklatant aus. Es handelt sich hier um junge Frauen, die nie kontinuierlich in einem Erwerbsprozeß gestanden haben. Dieser Ausschluß aus der Arbeitswelt und die damit verbundenen bzw. daraus resultierenden Bewältigungsversuche wie z.B. Resignation, Apathie usw. wirken sich auch auf die sozialpädagogische Arbeit mit und für diese Frauen aus.

Von Sozialpolitikern werden zwar die zurückgehenden Geburtenzahlen problematisiert; Ängste um die zukünftigen Rentenzahlungen werden geschürt; Aufrufe betonen die gesellschaftliche Bedeutung von Kindern und der familialen Erziehung. Aber: die notwendige gesellschaftliche Unterstützung und Einrichtungen werden nicht oder nur unzureichend geschaffen, wie z.B. Ausbau von Teilzeitarbeitsmöglichkeiten für Frauen und Männer, Schaffung von ganztägigen Kinderbetreuungsmöglichkeiten (Kindertagesstätten, Tagesmütter) u.ä.m. Ferner werden die steigenden Scheidungszahlen und die damit verbundene gesellschaftliche Ausgrenzung von geschiedenen Müttern nicht berücksichtigt.

Zugespitzt läßt sich sagen, daß Muttersein bzw. Kinderkriegen für immer mehr Frauen eine Art Fahrkarte ins soziale und materielle Elend bedeuten kann.

Es gibt inzwischen eine Reihe von Projekten, die Frauen unterstützen wollen, einen Weg aus ihrer sozial und ökonomisch benachteiligten Situation zu finden. Die Erfahrungen dieser Projekte zeigen, daß Frauen aus den untersten Einkommensschichten sowie Sozialhilfeempfängerinnen nicht durch solche Eingliederungsmaßnahmen angesprochen werden. Sicherlich erfahren Angebote, die in dem direkten Umfeld bzw. Stadtteil, in dem die Frauen leben, angesiedelt sind und die an den Alltagserfahrungen und -bedürfnissen der Frauen anknüpfen, dabei einen größeren Zuspruch als anonym angekündigte Bildungs- oder Eingliederungsmaßnahmen. Jedoch scheitern, gemessen an den Ansprüchen an die Frauen, auch gut konzipierte und engagierte Eingliederungshilfen und Maßnahmen für Frauen, weil wichtige soziale und psychische Bedingungen der Frauen nicht ausreichend berücksichtigt werden. Meine Studie über Frauen, die sich aufgrund einer Trennung von ihrem Partner bzw. Ehemann in einer Krisensituation befinden, liefert einige Anhaltspunkte, die über eine direkte Krisenarbeit mit den Frauen hinaus auch für andere Frauenprojekte relevant sein können.

Von den 133 Frauen meiner Studie hatten rund 1/3 (41) Fremdplazierungserfahrungen; bei den jüngeren Frauen (18-25 Jahre) hatten sogar 2/3 Erfahrungen mit Heimen oder Pflegefamilien. Insbesondere bei diesen Frauen ist zu beobachten, daß sie sich frühzeitiger von ihren Partnern trennten als dies bei den etwas älteren Frauen der Fall ist. Obwohl es der Wunsch vieler Heimmädchen ist (CONEN 1983), zu heiraten und eine Familie zu gründen, zeigen sie eine größere Bereitschaft, Beziehungen zu lösen, in denen sie mißhandelt werden. Die jungen Frauen zeigen ihre Kraft und Stärke, in dem sie sich aus für sie unbefriedigenden Beziehungen lösen (siehe CONEN in diesem Band).

Insgesamt trennen sich jüngere Frauen eher von ihren Partnern. Frauen ab ca. 35 Jahren, die diese Einrichtung aufsuchen, erdulden länger Beziehungen, in denen sie mißhandelt werden und ihr Selbstwertgefühl zerstört wurde. Sie gehören auch eher zu denen, die in die alten destruktiven Beziehungen zurückkehren. Diese Frauen brauchen meist mehrere Anläufe, um sich zu trennen. Es scheint, je länger die unbefriedigende Beziehung dauert, umso mehr sinkt sowohl ihr Selbstwertgefühl und damit eine positive Einschätzung der eigenen Fähigkeiten als auch ihre Hoffnung auf eine zufriedenstellende Beziehung.

Vor allem die jüngeren Frauen haben benachteiligende Sozialisationsbedingungen erfahren. Ihre soziale Herkunft erschwert es ihnen, von vornherein Möglichkeiten zu schaffen, ihre sozio-ökonomische Situation zu verbessern. Die soziale Deklassierung ihrer Herkunftsfamilie wird über sie perpetuiert. Die Festschreibung ihres randständigen Status wird von ihnen wahrgenommen. Neben einer eher resignativen Betrachtungsweise ihrer gesellschaftlichen Ausgrenzung ist zu beachten, daß sie Widerstand leisten. Sie finden sich nicht mit ihrer Situation ab und lehnen sich auf. In ihnen ist noch ein Potential an Widerstand gegen ihr Elend zu finden.

Sie entwickeln trotz aller widrigen Umstände und Bedingungen Forderungen nach Glücks- und Lebenserfüllung. Indem sie sich z.B. aus einer unbefriedigenden Beziehung lösen, bestehen sie auf ihrer Forderung nach Erfüllung ihres Lebenstraumes. Sie hoffen, in einer neuen Beziehung ihren Anspruch auf Lebensglück realisieren zu können. Sie möchten sich selbst das Glück schaffen, das ihnen von anderen versagt wird.

Ungeachtet der benachteiligten Sozialisationsbedingungen, die sie erfahren haben, entwickelten sie eine gewisse Zukunftshoffnung und Ansprüche an Glückserfüllung. In der Hoffnung, in ihrer eigenen Ehe und Familie es besser zu machen als ihre Eltern, gründeten die Frauen bereits frühzeitig eine eigene Familie. Das Scheitern dieser frühen Bindung versuchen sie auszugleichen, indem sie relativ rasch oftmals eine neue Beziehung eingehen (BOSZORMENYI-NAGY 1981). Ob sie einige

Jahre später eine ähnlich große Bereitschaft zeigen, sich aus enttäuschenden Beziehungen zu lösen, kann nur spekulativ beantwortet werden. Es ist fast anzunehmen, daß bei den Frauen aufgrund verschiedener Faktoren (Alter, Kinderzahl, körperliche und psychische Belastungen, Dauer der Mißhandlungen u.ä.m.) 10-15 Jahre später die resignativen Anteile zugenommen haben. Sicherlich sind diese Frauen den oben beschriebenen etwas älteren Frauen (35-50 Jahre) dann ähnlicher.

Ihrer Stärken, Fähigkeiten und Beharrlichkeit sind sich die Frauen gar nicht oder nur sehr gering bewußt. Sie können alle etwas, wissen dies aber oft nicht. Sie trauen sich häufig weniger zu als sie in Wirklichkeit können; dies gilt sowohl in Hinblick auf Aufnahme einer Erwerbstätigkeit als auch Auftreten gegenüber dem Sozialamt. Oft haben die Frauen in ihrer Herkunftsfamilie keine kontinuierliche Erwerbstätigkeit bei Vater und/oder Mutter erlebt. In ihren Familien waren die Väter meist abwesend und zahlten entweder keinen oder nur unregelmäßig Unterhalt für die Kinder, so daß die Familie von Sozialhilfe leben mußte. Sie sammelten bereits hier Erfahrungen im Umgang mit den Sozialbehörden, die ihnen in ihrer eigenen Sozialhilfeexistenz hilfreich sind. Sie konnten bei erwerbstätigen Müttern beobachten, daß diese neben den beruflichen Anforderungen die ganze Last der Haushaltsführung und Kinderversorgung alleine zu tragen hatten. Die enorme Doppelbelastung übte wenig Anreiz auf die jungen Frauen aus, selbst eine Erwerbsarbeit aufzunehmen oder sich beruflich zu qualifizieren.

Die Jugendarbeitslosigkeit hat mit dazu beigetragen, daß insbesondere Mädchen und junge Frauen erfahren, daß sie in der Arbeitswelt nicht gebraucht werden, überflüssig sind und eine Art Reservearmee darstellen. Diese Ausgrenzung erschwert es jüngeren Frauen, die für eine Integration in den Arbeitsmarkt notwendigen extrafunktionalen Fähigkeiten und Fertigkeiten wie z.B. Pünktlichkeit, Anpassungsbereitschaft u.ä.m. zu entwickeln.

Die Frauen, die vor einer Inanspruchnahme von Sozialhilfe erwerbstätig waren, übten vorwiegend monotone, keine berufliche Qualifizierung erfordernde Tätigkeiten aus. Sie waren selten über mehrere Jahre hinweg erwerbstätig und hatten wegen ihrer Kinder längere Zeiträume kein Beschäftigungsverhältnis. Sie gingen oft kurzfristige Arbeitsverhältnisse ein oder nahmen Aushilfstätigkeiten auf. Sie arbeiteten meist in Berufen, die erhebliche belastende Anforderungen an sie stellten.

Wenn Frauen bis zur Geburt ihres ersten Kindes kontinuierlich erwerbstätig waren, gaben sie häufig die Erwerbsarbeit wegen der Betreuung des Kindes auf. Bei der Wiederaufnahme einer Erwerbstätigkeit stoßen die Frauen auf erhebliche Probleme, da die Kinderversorgung nicht geklärt werden kann: Die Arbeitszeiten in Fabriken, Putzkolonnen, Imbißstuben, Hotels und anderen Betrieben mit Schichtdienst oder frühem Arbeitsbeginn differieren von denen der Öffnungs- bzw. Betreuungszeiten der Krippen, Kindergärten und Kindertagesstätten. Außerdem gibt es häufig lange Wartezeiten für einen Krippen- oder Kindergartenplatz.

Geben Frauen dem sozialen Druck nach, nicht von Sozialhilfe zu leben und wollen eine Erwerbstätigkeit aufnehmen, erfahren sie, daß dieses Problem auch auf der organisatorischen Ebene nicht lösbar scheint: Beim Arbeitsamt wird ihre "Vermittelbarkeit" sowohl wegen der Kinderbetreuung als auch wegen nicht vorhandener beruflicher Qualifikationen in Frage gestellt. Eine Arbeitsstelle erhalten sie nicht, weil dem Arbeitgeber u.a. die Kinderbetreuung nicht ausreichend geregelt erscheint. Ein Kindergartenplatz ist im allgemeinen erst nach längerer Wartezeit erhältlich bzw. an bereits ausgeübte Erwerbstätigkeit gebunden.
Die Frauen stellen fest, daß ihre Erwerbstätigkeit zur Zeit nicht gefördert bzw. nicht gewünscht wird. Sie erfahren, daß die Tatsache, Mutter zu sein, dazu führt, sie aus dem Produktionsbereich auszugrenzen.

Lösen sie sich auch noch aus unbefriedigenden Partnerbeziehungen, wird ihnen ihre materiell ungesicherte Existenz vollends deutlich.

Löst die Trennung einerseits Erleichterung und Aufatmen aus, so sind andererseits auch Depressionen zu beobachten. Als Reaktion auf das Scheitern der Beziehung und der Wahrnehmung des sozialen Abstiegs vernachlässigen die Frauen in dieser Krisensituation zunächst oft ihre persönlichen Belange, wie z.B. ihr Äußeres. Mit dem Nachlassen der ersten depressiven Phase, in der das Gefühl des Scheiterns überwiegt, tritt eine gewisse Beruhigung und Stabilisierung ein. Die Frauen interessieren sich wieder stärker für die Außenwelt und auch für ihr eigenes Äußeres (Frisur, Kleidung, Körpergewicht).

Während der ersten Zeit in der Krise sind die Frauen nur unter großen Anstrengungen in der Lage, sich um ihre nächste Zukunft zu kümmern. Die äußeren Anforderungen wie Bewerbungen um eine Wohnung, Beantragung eines Wohnberechtigungsscheines, Kontakte mit dem Scheidungsanwalt, Klärung des vorläufigen Sorgerechts vor dem Familiengericht, Beantragung von Sozialhilfe, Arbeitssuche, Schulwechsel der Kinder, Suche nach einem (neuen) Kindergarten- bzw. Krippenplatz u.v.m., beanspruchen die Frauen voll.

Hat die Loslösung aus einer schwierigen und oftmals viele Jahre quälenden Beziehung bereits viel Energie und Mut gefordert, so müssen die Frauen ihre letzten Kraftreserven einsetzen, um ihren Alltag mit den Kindern zu bewältigen. Die Frauen zum Ausruhen kommen zu lassen und ihnen allmählich die Gestaltung ihres zukünfigen Lebens nahe zu bringen, ist notwendiger, wenn auch schwieriger Teil einer sozialpädagogischen Krisenarbeit mit Frauen. Werden die Frauen zu viel oder früh gefordert, wird damit eine Stabilisierung erschwert. Die Krise als Chance zu betrachten, das Leben neu zu gestalten, in gewisser Weise von vorne zu beginnen, ist den Frauen meist erst nach der Bewältigung der akuten Krise möglich.

Orientieren sich die Frauen zunehmend nach Außen und beginnen wieder Kontakte mit Verwandten, Freunden, aber auch Bewohnerinnen der Einrichtung aufzunehmen, ist eine gewisse Stabilisierung eingetreten. Wenn auch hier Verwandte oftmals erneut Druck ausüben und eine Rückkehr zum Partner nahelegen, so erfolgt diese in dieser Phase seltener und weitaus weniger aus Resignation und mangelndem Selbstwertgefühl, wie dies oft der Fall ist bei Rückkehr zum Partner innerhalb der ersten Tage nach der Trennung.

Mit der sichtbaren Verbesserung ihrer physischen und psychischen Verfassung ist auch eine größere Bereitschaft zur Auseinandersetzung und Bewältigung des Alltages zu sehen. Die Frauen helfen sich gegenseitig beim Kochen, Einkaufen, Kinderbeaufsichtigen, Frisieren, Austauschen von Kleidung u.ä.m.

In dieser Phase realisieren die Frauen meist verstärkt ihre schwierige materielle Situation. Befinden sie sich nun nach einer Zeit schwerer Niedergeschlagenheit in einer Stimmung, in der sie sich auch einmal etwas Gutes tun wollen, so bemerken besonders die Sozialhilfeempfängerinnen, daß ihnen darin erhebliche Grenzen gesetzt sind. In der Regel teilen sich die Frauen ihr Geld gut ein; sie verwalten ihr materielles Elend so gut, wie es ihnen möglich erscheint. Gegenläufige Beobachtungen habe ich allerdings auch feststellen können: In der Hoffnung auf eine Verbesserung ihrer materiellen Situation kommt es zu "kurzschlüssigen" Ausgaben wie Taxifahrten, Kauf von Schmuck, Friseur- und Gaststättenbesuche. Solche Ausgaben sind mit ihrer materiellen Basis jedoch nicht vereinbar; sie bringen sie oft in weitere finanzielle und damit auch soziale Schwierigkeiten. Diese Kurzschlußhandlungen scheinen insbesondere dann aufzutreten, wenn sie auf der Suche nach einer neuen Partnerbeziehung sind. Sie stehen in dieser Situation unter dem Druck, sich so zu verhalten, wie alle es tun, wenn sie mit einem potentiellen Partner zusammen kommen wollen.

Neben den zahlreichen Belastungen, die diese Frauen in ihrem Alltag insbesondere durch ihre Kinder erfahren, kommt bei ihnen erschwerend hinzu, daß sie aufgrund ihrer eigenen psychischen, physischen, sozialen und materiellen Situation in ihrer Partnerwahl erhebliche Einschränkungen erfahren. Sie finden daher meist Partner, die sie mit ihrer eigenen spezifischen Problematik (alkoholabhängig, arbeitslos, vorbestraft usw.) zusätzlich psychisch und materiell belasten.

Die meist über Jahre und Jahrzehnte schwierige materielle Situation der Frauen bzw. ihrer Familien hat nicht nur bei den Frauen vielfach zu Resignation geführt, sondern auch bei den Sachbearbeitern in den Sozialämtern, die in der Regel Verwaltungsbeamte und keine qualifizierten Sozialarbeiter sind. Sie "betreuen" die Sozialhilfeempfängerinnen bereits seit langem, ohne grundlegende Veränderungen feststellen zu können. Ihre Resignation angesichts der eigenen Machtlosigkeit, das Elend grundlegend ändern zu helfen, kompensieren sie durch eine ablehnende oder teilweise zynische Haltung gegenüber den Sozialhilfeempfängerinnen. Diese pochen im allgemeinen selten bei den Ämtern auf ihre Rechte bzw. auf die ihnen nach dem BSHG (Bundessozialhilfegesetz) zustehenden finanziellen Hilfen. Sie stecken eher zurück. Die Frauen erfahren im allgemeinen eine höflichere Behandlung in den Sozialämtern, wenn sie entweder selbstbewußter auftreten oder eine Mitarbeiterin der Wohngruppe sie begleitet. Die Frauen unterstützen sich angesichts der kollektiven Diskriminierung, die sie bei den Behörden erfahren, gegenseitig und gehen solidarisch miteinander um. Frauen mit Kenntnissen und Erfahrungen im Umgang mit Ämtern und gesetzlichen Vorschriften beraten die weniger erfahrenen Frauen, geben Tips und begleiten sich gegenseitig zu den Ämtern. Bei der Mehrzahl der Frauen dieser Studie geht die Inanspruchnahme von Sozialhilfe selten einher mit einer bewußten Ablehnung von Erwerbstätigkeit; noch viel weniger ist sie Bestandteil einer aktiven Perspektivgestaltung.

Nur wenige dieser Frauen können die vorhandenen Weiterbildungsangebote und sozialpädagogischen Maßnahmen wahrnehmen, sie haben also genug Kraft, sich mit einer eigenen längerfristigen Perspektive zu beschäftigen. Die meisten Frauen brauchen ihre Kraftreserven, um zu überleben.

Überwiegend sind kurzfristige Perspektiven für sie bedeutend. Wenn Perspektiven über das Heute hinausgehend entwickelt werden, dann sind dies eher lebenspraktische Dinge: das Geld für den nächsten Monat bekommen, eine Reparatur endlich durchführen lassen, den Zahnarzt aufsuchen, einen Verwandten oder Bekannten besuchen, usw.

Sie begreifen ihr Leben meist als Schicksal, das von anderen oder "etwas" gestaltet wird. Sie haben tatsächlich nie erfahren, daß sie angesichts ihrer Ausgrenzung etwas ausrichten können. Ihre Grunderfahrung ist, daß sie machtlos sind, die gesellschaftlich verursachte Diskriminierung zumindest bei der eigenen Person zu verändern. Würden sie allerdings zulassen können, ihr Leben als auch von ihnen selbst gestaltbar zu betrachten, wäre eher mit einer Zunahme von Depression bei diesen Frauen zu rechnen. Sie müßten sich fragen, wieso sie nicht eher ihre mißhandelnden Männer verlassen haben, wieso sie zu diesen Männern zurückkehrten usw. In einer Situation wie ihrer ist es zum Erhalt ihres Lebenswillens notwendig, den eigenen Anteil an der Ausweglosigkeit sowie die aktive Ausgrenzung durch die Gesellschaft aus ihrer "Wahrnehmung" zu verdrängen.

Dies vereinfacht zwar in gewisser Hinsicht die alltägliche Lebensbewältigung, gleichzeitig bewirkt diese Passivität und Schicksalsergebenheit aber auch, daß vorhandene Potentiale eher schlummern bzw. zugedeckt werden. Dies führt wiederum dazu, daß sie häufig keinen Weg aus ihrem Elend finden - trotz Hilfe von außen.

Hilfe, die die Potentiale wecken könnte, wird eher abgewehrt, da sie die bisherigen Bewältigungsstrategien in Frage stellt und damit bedrohlich wirkt. Nur selten haben sie Unabhängigkeit und Selbständigkeit erfahren. Sie lernten gewissermaßen, sich dem Schicksal zu fügen. Sozialpädagogische Krisenarbeit mit Frauen, die sich von ihren Ehemännern bzw. Partnern trennten, sollte diese Aspekte berücksichtigen, denn nur wenn die bisherigen Problemlösungsstrategien und -muster der Frauen einbezogen werden, ist es möglich, diese Frauen auch für eine - über die Krisenbewältigung hinausgehende -Auseinandersetzung mit ihrer weiteren Lebensperspektive zu gewinnen.

Anmerkungen

(1) In dieser Wohngruppe werden nur Frauen mit minderjährigen Kindern aufgenommen, die Frauen sind zwischen 16 und 50 Jahre alt. Die Kinder sind zwischen 0 und 17 Jahre alt, mit Schwerpunkt auf dem Alter 2-5 Jahre.

(2) Ähnliche Angaben bzw. Strukturen bestätigten mir Mitarbeiterinnen aus Frauenhäusern.

Literatur

BOSZORMENYI-NAGY, I., 1981: Unsichtbare Bindungen, Stuttgart.

CONEN, M.-L., 1985: Professionalisierung zur Sozialhilfeempfängerin, in: Zeitschrift für Pädagogik, Nr. 19., Beiheft.

CONEN, M.-L., 1983: Mädchen flüchten aus der Familie, München.

KAUFMANN, F.-X./HERLTH, A./STROHMEIER, K.-P., 1980: Sozialpolitik und familiale Sozialisation, Stuttgart u.a.

STATISTISCHES BUNDESAMT,: Fachserie 1, Reihe 2.1. Eheschließungen, Wiesbaden, div. Jahrgänge

STATISTISCHES BUNDESAMT,: Fachserie 13, Reihe 2, Sozialhilfe, Wiesbaden, div. Jahrgänge.

VERBAND ALLEINSTEHENDER MÜTTER UND VÄTER, 1983: Rundbrief Nr. 11, Hessen, Wiesbaden.

WIDERSPRÜCHLICHE VERGESELLSCHAFTUNGSFORMEN DES SOZIALEN EHRENAMTS FÜR FRAUEN

Gertrud Backes

1. Einführung und Thesen

Traut frau ihren Ohren und Augen beim täglichen Zeitungslesen oder Nachrichtenhören, so haben wir zwar einerseits eine hohe Frauenerwerbslosenquote. Andererseits haben wir die Lösung für dieses Problem bereits seit Jahren in der Tasche bzw. praktisch vor Augen: "Arbeitslose" Frauen, nicht-ausgefüllte Hausfrauen, ältere oder im Job gefrustete, die einen neuen Lebensinhalt suchen, brauchen nicht trostlos zu Hause herumzusitzen. Im Gegenteil: Es warten gesellschaftlich sinnvolle, dringende und befriedigende Arbeiten auf sie. Und weil diese Aufgaben so viel Freude machen, weil sie darüber hinaus nahtlos an das zu Hause erprobte "weibliche Arbeitsvermögen" anknüpfen, also nicht einmal an berufliche Qualifikationen gekoppelt sind, sondern "nur" an den gesunden Frauen-Verstand, an ein Herz auf dem rechten Fleck und das Bedürfnis, sich zu engagieren, darf diese Arbeit nicht in die beengenden Bahnen eines professionellen Arbeitsverhältnisses gedrängt werden. Wo kämen wir hin, wenn alle Arbeiten, die Spaß machen, die mit Menschen zu tun haben, in denen frau sich entfalten kann..., auch noch bezahlt und tariflich abgesichert würden?! Kurzum: Frauen sollen froh sein, diese Arbeit, das soziale Ehrenamt, leisten zu dürfen. Auf dieser Basis dürfen sie sogar einen entscheidenden Beitrag zum Funktionieren unserer Gesellschaft trotz Krise erbringen: Sie können die Krisenfolgen lindern, eine "typisch weibliche" Aufgabe.

Ehrenamt erscheint vielen als Patentrezept: Es ist **nicht nur** eine billige Möglichkeit, die steigenden sozialen Probleme, deren Bearbeitung durch das soziale Netz hindurch fällt, aufzufangen, also trotz Leistung dem Schreckgespenst der Kostenexpansion im Sozial- und Gesundheitssektor etwas entgegen zu setzen. Es trägt darüber hinaus zu einer Bindung der überschüssigen weiblichen Arbeitskräfte bei. Diese könnten sonst zum Unruhepotential werden, als Aufmüpfige oder Kranke, an ihrer Beschäftigungslosigkeit Leidende. Soweit die herrschende Meinungsmache und die diffusen Vorstellungen vieler Sozialpolitiker (vgl. z.B. FINK 1984, kritische Darstellung in BACKES 1985).

Im vorliegenden Beitrag werde ich mich auf die Frage konzentrieren, welche Bedeutung das soziale Ehrenamt für Frauen hat. Dabei können die gesellschaftlichen Funktionen nicht außer acht gelassen werden. Allerdings ist ihre Wirksamkeit erst vor dem Hintergrund der subjektiven Bedeutung für Frauen zu erklären: Ehrenamtlich im Sinne bestimmter gesellschaftlicher Ziele arbeitende Frauen gab es nicht immer oder gar von Natur aus; sie mußten und müssen immer wieder gesellschaftlich produziert werden.

Den o.g. eher programmatischen Deutungen des sozialen Ehrenamtes stelle ich die These entgegen: Soziales Ehrenamt - das "typische Frauen-Ehrenamt" - stellt sich gerade in der Krise vor dem Hintergrund der Lebens- und Arbeitsverhältnisse von Frauen und im Hinblick auf ihre Interessen als widersprüchlich und ambivalent dar.
Weder die Probleme des Staates noch die der Gesellschaft oder gar der Frauen lassen sich dadurch lösen. Wenn Frauen sich diese Arbeit z.Z. leisten können und nicht gezwungen sind, über andere Arbeiten ihre Existenz zu sichern, treten für sie die negativen Folgen des sozialen Ehrenamtes in den Vordergrund. Denn die Krise beeinträchtigt zum einen die Lebens- und Arbeitsverhältnisse der Frauen unmittelbar und damit zum anderen auch die Voraussetzungen für ehrenamtliches Arbeiten.

Auch aus gesellschaftlicher Perspektive ist Frauen-Ehrenamt widersprüchlich: Mit steigendem Bedarf an Ehrenamt als Instrument der Rationalisierung in der Krise werden zumindest die materiellen Voraussetzungen hierfür auf seiten der Frauen abgebaut. Einer widerspruchsfreien Vereinnahmung von Frauen durch diese Arbeit stehen auch die in ihr prinzipiell möglichen befreienden Elemente entgegen, die allerdings in der Krise tendenziell zurückgedrängt werden.

2. Theoretische Prämissen und Definition ehrenamtlicher Arbeit

Um die widersprüchliche Bedeutung des sozialen Ehrenamtes für Frauen zu zeigen, werde ich mich auf die theoretischen Schlüssel "Vergesellschaftung, Arbeitsteilung und Arbeitsverhältnis" stützen.

Unter Vergesellschaftung verstehe ich hier die Vermittlung zwischen Mensch und Gesellschaft, die den Menschen in der jeweiligen Gesellschaft handlungsfähig macht und gleichzeitig diese Gesellschaft durch menschliche Interaktion ständig neu produziert und fortbestehen läßt (1). Die zentrale Vermittlungsinstanz im Vergesellschaftungsprozeß ist die Kooperation bzw. Arbeit. Sie ist in mehrfacher Hinsicht für den Menschen existenznotwendig. Nur über Arbeit kann frau/man sich physisch, psychisch und sozial reproduzieren. Arbeit ermöglicht die Teilhabe an gesellschaftlichen Ressourcen und Prozessen (Geld/Status/Sinn/Integration/Gesundheit...).

In unserer Gesellschaft lassen sich drei Arbeitsverhältnisse unterscheiden: das Hausarbeits-, das ehrenamtliche und das Erwerbsarbeitsverhältnis. Diese Unterscheidung von drei Haupt-Arbeitsverhältnissen, die jeweils wiederum in zwei Unter-Arbeitsverhältnisse unterteilt sind, drückt die Hierarchie verschiedener in Abhängigkeit von Institutionen organisierter Arbeiten aus. Hausarbeit läßt sich wieder unterteilen in eheliches und Familienarbeitsverhältnis, Ehrenamt in soziales und politisches und Erwerbsarbeit in tariflich nicht oder nur teilweise und tariflich voll abgesicherte Formen (vgl. näher BACKES 1984; 1985b). Die Übergänge zwischen den einzelnen Bereichen sind fließend. Es existieren auch noch weitere Zwischenformen, etwa die Nachbarschafts-Hilfe, die nicht institutionell angegliedert ist, oder

"Schwarzarbeit" im Bekanntenkreis.
Die am höchsten bewertete und am ehesten den Zugang zu gesellschaftlichen Ressourcen gewährleistende Arbeit ist in unserer Gesellschaft die tariflich abgesicherte Erwerbsarbeit. Alle anderen Arbeiten sind ihr hierarchisch zu- und untergeordnet.

Die Stellung zur Arbeit und innerhalb der Arbeitsverhältnisse entscheidet über die Lebenschancen, die Ausprägung der Lebensqualität, d.h. die Möglichkeiten der Befriedigung der materiellen und immateriellen Bedürfnisse. Sie wird durch die Arbeitsteilung, die sich bei uns vor allem an Geschlecht, Schicht und Alter orientiert, bestimmt.

Die hierarchische geschlechtliche Arbeitsteilung - ein zentrales Strukturmerkmal unserer Gesellschaft - verläuft zwischen und innerhalb der drei Arbeitsverhältnisse. Hausarbeit und soziales Ehrenamt und geringerwertige Erwerbsarbeit werden im Grundsatz Frauen zugeschrieben. Erwerbsarbeit - und dabei vor allem die qualifizierte, tariflich abgesicherte -, politisches Ehrenamt und in der Familie nicht die praktische alltägliche Arbeit, sondern die Entscheidungskompetenz sind "männliche Arbeit".

Trotz ihrer Mängel im Hinblick auf die Gesamtschau der quantitativen Verteilung und Struktur der ehrenamtlichen Arbeit zeigen alle vorliegenden Daten, daß das soziale das "typische Frauen-" und das politische das "typische Männer-Ehrenamt" ist (vgl. ausführlicher BACKES 1985). Zwei Drittel aller ehrenamtlich Tätigen sind Frauen. Sie finden sich fast ausschließlich in der praktischen sozialen Arbeit, während ausgesprochen wenige in politischen Ehrenämtern vertreten sind. Selbst in politischen Institutionen leisten Frauen überwiegend soziale Arbeit, d.h. sie konzentrieren sich auf bedürfnisorientierte, allenfalls mit geringfügigen Ressourcen (wie Macht, Einfluß oder Geld) verbundene Bereiche. Dies trifft umso stärker zu, je niedriger die Qualifikation, das Einkommen und der Status der Frau sind. Besonders häufig kommt soziales Ehrenamt bei Frauen vor, die aufgrund ihrer Lebensphase ihr Arbeitsvermögen weder weiter in der Familie noch (erneut) im Beruf voll oder gar befriedigend einsetzen können, d.h. bei jüngeren und bei Frauen nach der sogenannten Familienphase und älteren ohne familiale und berufliche Aufgaben. Die meiste soziale ehrenamtliche Arbeit wird von Frauen in der Freien Wohlfahrtspflege geleistet. Nach einer Repräsentativerhebung (Institut für Demoskopie Allensbach o.J.) sind mit Stand vom 1.1.1984 in den sechs Spitzenverbänden der Freien Wohlfahrtspflege 1,5 Mio. ehrenamtliche Mitarbeiter/innen zu verzeichnen. Davon sind 1 Mio. Frauen. Nach Angaben eines der großen Wohlfahrtsverbände arbeiten 80 v.H. Frauen und 20 v.H. Männer in den unmittelbaren Hilfsdiensten ehrenamtlich. In der Bundesvertretung ist das Verhältnis der Delegierten umgekehrt. Und im Vorstand sind Frauen eine Ausnahme. In anderen Institutionen, z.B. Kirchen und Parteien, sieht die Geschlechterverteilung ähnlich aus. Umgekehrt liegt die Verteilung bei anderen Feldern ehrenamtlicher Arbeit, etwa im Sport und in den technischen Hilfsdiensten, z.T. auch in Selbsthilfegruppen. Grundsätzlich zeigt sich: Immer dort, wo Ehrenamt der Hausarbeit ähnelt oder im weitesten Sinne Funktionen der Mutterrolle beinhaltet, wird es fast ausschließlich von Frauen geleistet.

Die beiden Haupttypen ehrenamtlicher Arbeit, das **soziale** und das **politische** Ehrenamt, existieren jeweils im sozialen, kulturellen, politischen und z.T. auch wirtschaftlichen Bereich. Die Unterscheidung bezieht sich auf die Inhalte, den Gegenstand und die mit der Arbeit verbundenen Kompetenzen und Einflußmöglichkeiten. Das politische Ehrenamt besteht in Beteiligung und Planung, Organisation, Beratung und Entscheidung in Institutionen. Es ähnelt stärker der Erwerbsarbeit, beruht oft auch auf formalen Qualifikationen und bringt faktisch "Ehre" im Sinne von gesellschaftlichem Ansehen, Macht und Vorteilen für das berufliche Fortkommen mit sich. Das soziale Ehrenamt hingegen umfaßt praktische Arbeit mit Menschen, wie Betreuung, Pflege und andere der Hausarbeit ähnliche Tätigkeiten. Die Anlehnung an informelle Qualifikationen und der Appell weniger an Beteiligung als an

Nächstenliebe deuten auf die geringen materiellen Gratifikationen hin (weder Bezahlung, noch Macht- oder Prestigezuwachs sind nennenswert hoch). Wie Hausarbeit tendiert es zu Endlosigkeit, setzt "weibliches Arbeitsvermögen" voraus und gilt als nicht bewertbar.

Typische Merkmale des Ehrenamtes sind - neben der institutionellen Angliederung: Nicht-Professionalität, also Nicht-Entlohnung und keine Vorsorge für Alter, Krankheit und Erwerbslosigkeit, Freiwilligkeit der Leistung, keine Koppelung an formale Qualifikationen (wenn auch häufig doch Mit-Verwertung), öffentlicher Charakter (im Unterschied zu Hausarbeit) und Tendenz zur Kollektivierung. Im weitesten Sinne geht es dabei um die mittel- oder unmittelbare Reproduktion von Menschen, bei denen dies über ihre Familie oder professionelle Dienste nicht gewährleistet ist.
Idealtypisch ist Ehrenamt das einzige von Reproduktionszwängen der Akteure/innen freie Arbeitsverhältnis. Faktisch gilt dies zumindest im Hinblick auf die immaterielle Reproduktion, die psychisch-emotional und soziale Bedürfnisbefriedigung selten. Bei dieser Kluft zwischen propagiertem Idealtyp und Realität des ehrenamtlichen Arbeitsverhältnisses liegt ein Anknüpfungspunkt für die Kritik an der Widersprüchlichkeit und Ambivalenz in seiner Bedeutung für Frauen.

Von ehrenamtlichem Arbeitsverhältnis kann gesprochen werden, weil die darin Arbeitenden in einen institutionellen Rahmen eingebettet sind. Dieser entscheidet zumindest teilweise über Art und Weise, Ziel, Zielgruppe und Organisation der Tätigkeit. Nicht unter Ehrenamt fallen also nach meiner Definition alle informell und spontan ohne institutionelle Angliederung (auch eines selbst gegründeten Vereins z.B.) geleisteten Arbeiten außerhalb der eigenen Familie und der Erwerbsarbeit. Ich konzentriere mich auf die in einem "Arbeitsverhältnis" geleistete freiwillige und unbezahlte Arbeit deshalb, weil sie sich als gesellschaftlich zumindest teilweise kalkulierbare und planbare

Größe darstellt. Das heißt nicht, daß der gesellschaftliche und individuelle Bedarf an der informell geleisteten Hilfe weniger groß sei. Auch dieser Bereich wird mit den offiziellen Kampagnen und Appellen an die "Soziale Mütterlichkeit" angesprochen.

3. Zur "Produktion von Gesellschaft" durch soziale ehrenamtliche Frauen-Arbeit

Die widersprüchliche Bedeutung des sozialen Ehrenamtes für die Lebens- und Arbeitsbedingungen von Frauen ist nur vor dem Hintergrund der gesellschaftlichen Funktion dieses Arbeitsverhältnisses zu verstehen. Gleichzeitig kann die Funktionalisierung im Sinne der bestehenden Gesellschaft nur auf der Basis der Bedeutung dieser Arbeit für Frauen erfolgen. Die Betrachtung der gesellschaftlichen Bedingungen und Bedeutung des sozialen Ehrenamtes ist auch sinnvoll, will frau/man die Ansatzpunkte für Veränderung erkennen.

Zunächst soll eine knappe Beschreibung der gesellschaftlichen Funktionen erfolgen, die dem sozialen Ehrenamt von Frauen zur Zeit bereits zukommen oder die von ihm erwartet werden: Als ehrenamtliche Reservearmee sollen Frauen zur Aufrechterhaltung eines vertretbaren Niveaus an sozialer und gesundheitlicher Versorgung beitragen. Auf gesellschaftlich akzeptable und nützliche Weise sollen die von anderen Arbeiten in der Krise - insbesonders der Erwerbsarbeit - freigesetzen Frauen beschäftigt und damit selbst "befriedet" werden. So strebt man eine Legitimation von Frauen-Erwerbslosigkeit und Einsparungen im sozialen Bereich mit an und versucht, ein entsprechendes gesellschaftliches Konfliktpotential möglichst gering zu halten. Implizit lassen sich damit auch konservative gesellschaftliche Werte - so vor allem im Zusammenhang mit hierarchischer geschlechtlicher Arbeitstellung und sozialer Kontrolle - aufrechterhalten oder sogar erneut propagieren.
Frauen sind im sozialen Ehrenamt billige Arbeitskräfte, die gleichzeitig zur Aufrechterhaltung herrschender Ordnung und Aufwertung traditioneller Werte, wie "selbstlose" Nächstenliebe oder Mütterlich-

keit, benutzt werden. Damit verlieren Methoden sozialer Arbeit, bei denen die gesellschaftlichen Ursachen der Probleme berücksichtigt werden, gegenüber caritativer Einzelfallbetreuung an Bedeutung.
Legitimations- und Finanzkrise des Staates lassen sich mittels sozialem Ehrenamt mildern: Einsparungen im Sozial- und Gesundheitssektor werden durch den Verweis auf ehrenamtliche Frauen-Arbeit möglich. Daß mit diesem relativ flexibel handhabbaren Arbeitskräftepotential Erwerbsarbeit, vor allem von Sozialarbeiterinnen, abgebaut wird, daß diese Arbeit nicht immer im Interesse von Klienten/innen oder gar der sie leistenden Frauen gestaltet wird, läßt sich vordergründig hinter "Sachzwängen" und der Ideologie des Ehrenamtes als der "eigentlich wertvollen", da humane Arbeit verbergen (vgl. ausführlicher BACKES 1985a).

Soziales Ehrenamt fungiert als Rationalisierungsinstrument in der Krise: Die Arbeitsleistung "überschüssiger" weiblicher Arbeitskräfte wird gesellschaftlich verfügbar gehalten, und zwar dort, wo sie den Zielen der Reprivatisierung und Refamilialisierung am ehesten entspricht (vgl. auch WEG 1985). Die diesem Arbeitsverhältnis eigenen Innovationspotentiale werden zurückgedrängt: Zumindest teilweise büßt Ehrenamt den Charakter der von Reproduktionszwängen "freien" Arbeit ein und wird zum Ersatz-Erwerbsarbeitsplatz mit entsprechenden Zwängen einer Warenbeziehung.

Die Entwicklung in den letzten Jahren bestätigt diese Thesen über soziales Ehrenamt: Die Bestrebungen nach Ausweitung des sozialen Ehrenamtes (und anderer privater Formen der "Lösung" gesellschaftlich erzeugter sozialer Probleme) sind nicht zu übersehen (2). Die Rückbesinnung auf das Prinzip der Subsidiarität, auf Leistungen von Familie, Nachbarschaft und kleinen Netzen, auf meist hinter dem Begriff "Selbsthilfe" versteckte Mehrarbeit für Frauen ist im Zusammenhang mit der Krise des Sozialstaates zu sehen. Diese ist in erster Linie eine Folge der ökonomischen Krise, wenn auch die Kritik an der professionellen Bearbeitung sozialer Probleme durchaus "wunde Punkte" an der Qualität sozialer Arbeit anspricht.

Aus der Perspektive von Frauen ist wichtig: Soziales Ehrenamt bedeutet - ebenso wie der Trend zur Refamilialisierung und Reprivatisierung überhaupt - eine Anhäufung und Intensivierung unbezahlter und nicht gesicherter Frauenarbeit. Deutliche Einbußen in der Lebensqualität von Frauen sind die Folge. Um dies zu beschönigen und den Frauen "Sand in die Augen zu streuen", werden nicht nur traditionelle Werte, wie Selbstlosigkeit und Opferbereitschaft, wieder idealisiert; man versucht auch durch geringfügige Verbesserungen, wie Erziehungsgeld, höhere Aufwandsentschädigung für Ehrenamt oder eine Diskussion um dessen Anrechnung auf die Rente, den Frauen diese Arbeit schmackhaft zu machen.

Hierbei handelt es sich um eine geschickte Befriedungsstrategie: Die gesellschaftlichen Interessen an einer Entlastung des Erwerbsarbeitsmarktes treffen sich mit dem Interesse an Umstrukturierung des Sozialstaates. Und die o.g. punktuellen Verbesserungen und die Ideologie des Ehrenamtes machen es den Frauen schwerer, berechtigte Ansprüche auch einzuklagen. Ob und inwieweit sich Frauen als ehrenamtliche Reservearmee zur Verfügung stellen, hängt von ihren Lebens- und Arbeitsbedingungen und der hierin wurzelnden Motivation für soziales Ehrenamt ab. Das wird im folgenden Kapitel noch deutlicher.

4. Widerspruch und Ambivalenz des sozialen Ehrenamtes aus der Perspektive der Frauen

Soziales Ehrenamt ist eng gekoppelt mit hierarchischer geschlechtlicher Arbeitsteilung und "weiblichem Arbeitsvermögen". Die Frage, ob es Unterdrückung nach altem Muster oder Chance zur Befreiung bedeutet, stellt sich vor diesem Hintergrund besonders dringlich.

Idealtypisch könnte frau/man annehmen, daß es sich beim sozialen Ehrenamt als dem zumindest partiell von Reproduktionszwängen freien Arbeitsverhältnis um eine relativ bessere Basis für die Vergesellschaftung - im Sinne von Teilhabe an gesellschaftlichen Ressourcen und entsprechende Chancen der Lebensqualität - handele. Sowohl im Vergleich zu Frauen-Erwerbsarbeit als auch zu Hausarbeit beinhaltet soziales Ehrenamt für die Lebenslage von Frauen Vorzüge. Faktisch handelt es sich jedoch gerade beim "typischen Frauen-Ehrenamt" um die Ausprägung dieses Arbeitsverhältnisses, bei der die Nachteile stärker, die Vorteile nur relativ geringfügig zum Tragen kommen. Soziales Ehrenamt erweist sich als widersprüchliche Vergesellschaftungsform, denn Frauen gehen dieses Arbeitsverhältnis bereits auf der Basis ihrer widersprüchlichen Lebens- und Arbeitsverhältnisse ein.

Soziales Ehrenamt soll - so nicht nur die gesellschaftliche Ideologie, sondern auch die individuelle Intention/Motivation - die Funktionen erfüllen, die in Haus- und/oder Erwerbsarbeit nicht oder nur unzureichend erfüllt werden (können). Auf Frauen bezogen heißt das: Die eingeschränkten, diskriminierenden Formen ihrer Teilhabe an Gesellschaft (vor allem an als wertvoll anerkannter Arbeit und hierüber vermittelt an Lebenschancen) sollen kompensiert und ergänzt werden, indem sich "Alternativen" zu den ihnen nicht (mehr) zugänglichen Formen der Arbeit entwickeln. Für viele Frauen stellt soziales Ehrenamt einen Versuch dar, die Widersprüchlichkeit innerhalb und zwischen den anderen Arbeitsverhältnissen zu bewältigen oder zumindest besser damit umzugehen. Diese Form der Selbsthilfe, der erste Schritt für viele zur Befreiung aus geschlechtsspezifischen Zwängen, steht der gesellschaftlichen Vereinnahmung dieser Frauen-Arbeit, insbesondere in der Krise, als ehrenamtliche Reservearmee entgegen. Im Bewußtsein der Frauen spiegelt sich in den meisten Fällen diese Widersprüchlichkeit als Ambivalenz wieder.

Um die Widersprüche in der Vergesellschaftung von Frauen durch Ehrenamt zu verstehen, muß frau/man sich den Bedingungskontext vergegenwärtigen: Die zentrale vergesellschaftende Funktion kommt in unserer Gesellschaft der Erwerbsarbeit zu. Sie gewährleistet als einzige Arbeitsform - und das je nach Status unterschiedlich - den Zugang zu lebensnotwendigen Ressourcen. Sie eröffnet Chancen zur Bedürfnisbefriedigung in allen für die Lebenslage von Frauen relevanten Bereichen (Einkommen/Status; "sinnvolle" und anerkannte Beschäftigung; soziale Integration/Kontakte; psychische und physische Gesundheit). Erwerbsarbeit und Ehrenamt sind nur möglich, wenn die Existenz über Erwerbsarbeit (eigene oder die Unterhaltspflichtiger) gewährleistet ist. Dies macht die Widersprüchlichkeit der für Hausarbeit und Ehrenamt vielzitierten Freiheits- und Gestaltungsspielräume deutlich: Sie beruhen auf Abhängigkeit von anderen (meist in der Ehe).

Im folgenden geht es um die spezifischen Ausprägungen der Vergesellschaftung von Frauen durch soziales Ehrenamt:

4.1. Ehrenamt als Basis materieller Vergesellschaftung

Hier läßt sich der Widerspruch in den Vergesellschaftungsmöglichkeiten für die Frauen prägnant fassen: "Freiheit" zum Verschenken der Arbeitskraft versus Unfreiheit zum Verkauf auf dem Erwerbsarbeitsmarkt. Der Vergleich mit dem "typischen Männer-Ehrenamt", dem politischen, zeigt, daß sich der Widerspruch offensichtlich stärker im "Frauen-Ehrenamt" ausprägt: Im politischen Ehrenamt geht es sehr viel seltener um eine "Alternative" zur Erwerbsarbeit, meist um eine Ergänzung; außerdem werden eher auch materielle Ressourcen in Form von recht hohen Aufwandsentschädigungen zur Verfügung gestellt. Für Frauen bedeutet der o.g. Widerspruch konkret:

- Viele können sich soziales Ehrenamt aus materiellen Gründen gar nicht leisten.
- Für immer mehr wird soziales Ehrenamt, wenn Aufwandsentschädigungen gezahlt werden, zu einem "Ersatz-Erwerbsarbeitsplatz". Die aussichtslose Lage auf dem Erwerbsarbeitsmarkt, der in einigen Regionen nicht einmal mehr genügend Hilfsarbeiten, Aushilfsjobs u.ä. bereit hält, läßt dem Ehrenamt diese Bedeutung des ungeschützten, unterbe-

zahlten und flexibilisierten "Erwerbsarbeitsverhältnisses" zukommen. (Öffentliche Stellen haben dies erkannt und machen es sich durch geringfügige Förderung des Ehrenamtes zunutze.) Die Folgen für die Zukunft von Frauenarbeit brauchen nicht weiter ausgemalt zu werden.

- Für diejenigen Frauen, die über das Einkommen des Ehemannes abgesichert sind, ist damit nicht selten auch eine Abhängigkeit von seiner Zustimmung zu ihren ehrenamtlichen Aktivitäten, zumindest zu den Zeiten u.ä., verbunden. Sie unterliegen einem stärkeren Anpassungsdruck im Hinblick auf "unauffällige Vereinbarkeit" ihrer Interessen und der Anforderungen von seiten der Familie. Problematisch ist diese Abhängigkeit dann, wenn noch eigenes Geld für das Ehrenamt verwendet werden muß (Fahrtkosten, Blumen für Krankenhausbesuche etc.)
- Da in unserer Gesellschaft nur bezahlte Leistung wirklich zählt (und hierüber können auch die Ideologien des Ehrenamtes nicht hinwegtäuschen), bleibt das ehrenamtliche Arbeiten für viele Frauen ein Tun im Verborgenen, das nicht zu einer merklichen Aufwertung ihres Selbstwertgefühls/Selbstbewußtseins beiträgt. Auch fehlt ihnen weiterhin das Medium Geld, das eine weiterreichende Teilhabe an gesellschaftlichem Geschehen ermöglichen würde.
- Es fehlen alle an die tariflich abgesicherte Arbeit gekoppelten "Vergesellschaftungsprogramme", wie soziale Absicherung für Alter, Krankheit und Arbeitslosigkeit.

Diese Aufzählung zeigt bereits: Soziales Ehrenamt in der heute üblichen Form trägt zur Aufrechterhaltung der hierarchischen Arbeitsteilung und der entsprechenden abhängigen Lebenslage von Frauen bei. Selbst erwerbstätige ehrenamtlich arbeitende Frauen sind hiervon nur graduell weniger betroffen als Hausfrauen.

4.2. Ehrenamt als Basis der statusbezogenen Vergesellschaftung

Auch hier besteht ein Widerspruch in den Vergesellschaftungsmöglichkeiten von Frauen: Teilhabe an der ideologisch als "Arbeit aus Liebe" und Ressource zur Lösung gesellschaftlicher Probleme verbrämten Tätigkeit versus Abgeschobensein auf einen Ersatzarbeitsplatz mit Lückenbüßerstatus.
Wieder zeigt der Vergleich mit dem politischen Ehrenamt die spezifischen Widersprüche im sozialen Ehrenamt: Ansehen und Prestige, Vorteile für das berufliche Weiterkommen, anerkannte Qualifizierungsbasis etc. bringt i.d.R. das soziale Ehrenamt kaum, das politische aber durchaus mit sich. (Die ungleiche Bewertung drückt sich bereits in den unterschiedlichen Aufwandsentschädigungen aus.) Für Frauen bedeutet dies:

- einerseits: keine nennenswerte Statusaufwertung, sondern Verbleiben in gering anerkannten, wenn auch ideologisch beschönigten "weiblichen" Funktionsbereichen.
- andererseits: vor dem Hintergrund der "Alternative" des sich Beschränkens auf Hausarbeit doch eine relative Aufwertung ihrer Tätigkeit, z.T. der gleichen Arbeiten wie in der eigenen Familie, da sie jetzt öffentlich geleistet werden und in einem gewissen institutionellen Rahmen und außerdem mehr Möglichkeiten der Selbstbestätigung, der Anwendung und Entfaltung ihrer Kompetenzen, was auch eine evtl. erste Grundlage für berufliche Qualifizierung, ein erster Schritt in die Öffentlichkeit und damit Anfang einer selbständigeren Existenz bedeuten kann.

Für erwerbstätige Frauen in Jobs, die bestimmte Bereiche ihrer Kompetenzen nicht fordern, kann das soziale Ehrenamt ebenfalls eine neue Basis für Entfaltung und Anwendung ihrer Interessen und Fähigkeiten sein. Dadurch kann sich ihr Selbstwertgefühl und ihr Status, etwa in der Familie, erhöhen. (Allerdings stehen die faktischen institutionellen Zwänge des Ehrenamtes, die untergeordnete Position der Frauen in Zusammenarbeit mit professionell Tätigen, diesen Möglichkeiten oft entgegen).

4.3. Ehrenamt als Basis von Vergesellschaftung auf der Ebene Beschäftigung - Produktivität

Hier drückt sich der Widerspruch für Frauen - neben den oben beschriebenen Aspekten, die in der Mischform von privater und öffentlicher Arbeit begründet liegen (Scheinarbeitsplatz; freie Gestaltung versus Abhängigkeit in der Ausübung) - vor allem aus in folgendem:

Angemessene (mit den weiblichen Lebens- und Arbeitsbedingungen gut zu vereinbarende) Förderung als Arbeitskraft steht Unter- oder Überforderung (durch die spezifischen Bedingungen des sozialen Ehrenamtes gegenüber.
Zunächst erscheint das soziale Ehrenamt vielen Frauen als "idealer Ausweg" aus dem Dilemma der Unvereinbarkeit von Haus- und Erwerbsarbeit, von privater und öffentlicher Welt. Soziales Ehrenamt entspricht in vielem den erlernten und praktizierten Kompetenzen der Frau, den alltäglichen Anforderungen in der Familie, dem, was für Frauen als befriedigende Arbeit definiert ist. Sie geht gleichzeitig so weit über die Möglichkeiten einer Begrenzung auf den privaten Bereich und/oder frustierende Jobs hinaus, daß sie für die Frau attraktiv werden kann. Dies gilt zumindest für die idealtypische Form des sozialen Ehrenamtes. Praktisch entpuppt sich dieses jedoch vielfach als eine Form des Arbeitens, in der Frauen sowohl überfordert als auch unterfordert werden können (manchmal auch beides gleichzeitig). Hintergrund hierfür ist vor allem die schon genannte Begrenzung auf bestimmte Inhalte, Tätigkeitsformen, Hierarchiestufen und die oft fehlenden Entwicklungsmöglichkeiten in den Lückenbüßer-Stellen. Konkret kann dies für die Frauen heißen:

- einerseits: Anregung zur Entwicklung ihrer Kompetenzen (der inhaltlichen, praktischen, sozialen u.v.m), Üben bisher ungewohnter Verhaltensweisen, Lernen neuer Qualifikationen (etwa Verhandeln mit Institutionen), Kennenlernen/Wahrnehmung der eigenen Interessen, Fähigkeiten, Rechte und Möglichkeiten, Sensibilisierung für gesellschaftliche Zusammenhänge und Zusammenarbeit u.v.m.
- andererseits: Verwertung der Kompetenzen und Leistungen, die für

Klienten, für soziale Arbeit nützlich und sinnvoll sind, für die Frauen selbst aber nur wenig Entwicklungsmöglichkeiten beinhalten, sie unterfordern oder von ihnen Arbeitsleistungen abverlangen, die sie überfordern.

- Unterforderung äußert sich z.B. darin, daß oft nur das von den Frauen erwartet und abverlangt wird, was sie zu Hause auch praktizieren (praktische Haus- und Beziehungsarbeit), daß sie jedoch nur selten in neue Bereiche eingeführt werden, ihnen typischerweise selbst die "Führungspositionen" im sozialen Ehrenamt nicht zugestanden werden.

  Frauen, die sich aufgrund jahrelanger Vereinzelung in Hausarbeit nichts mehr zutrauen, nehmen diese Unterforderung nur diffus wahr, und erst die Erfahrung mit anderen Tätigkeiten (wenn Unvorhergesehenes passiert) macht sie unzufrieden.
  Von der vielzitierten Freiheit in der Gestaltung der Arbeit kann hier nicht die Rede sein; Lückenbüßer-Arbeit ist oft monoton und körperlich oder auch psychisch anstrengend und einseitig belastend, ohne daß von einer Persönlichkeitsentfaltung - mit der man ja für Ehrenamt wirbt - die Rede sein kann.

- Überforderung kann in verschiedener Form im sozialen Ehrenamt vorliegen: Einmal können die zeitlichen, emotionalen oder körperlichen Anforderungen überfordern, ohne daß die Arbeit befriedigend wäre.
  Zum anderen können die Frauen aber auch in Tätigkeitsbereichen eingesetzt werden, die eigentlich von professionellen Kräften ausgefüllt werden müßten, an denen jedoch gespart wird. Oft wird auch durch eine Schnell"ausbildung" für das Ehrenamt eine Mindestausstattung mit der erforderlichen Qualifikation versucht. Dabei wird die Funktionalisierung der weiblichen Arbeitskraft für die Ziele einer "sparsamen" Sozialpolitik besonders deutlich.
  In diesem Zusammenhang wird das legitime Interesse der Frauen, im Ehrenamt zunächst den Selbsthilfeaspekt für sich zu sehen, tabuisiert oder gar moralisch verurteilt. Die Interessen der Frauen werden den angeblich höher stehenden des "selbstlosen" Engagements im Sinne der Sparpolitik geopfert.

Wie stark diese eher negativen Aspekte der Vergesellschaftung durch Ehrenamt bei den einzelnen zum Tragen kommen, hängt zum einen von den konkreten Bedingungen der ehrenamtlichen Arbeit, der Kooperation ab, zum anderen von den persönlichen und sozialen Lebensumständen der Frauen, ihrem Selbstbewußtsein und der Frage, wie sehr sie auf diese Arbeit angewiesen sind oder sie als Ergänzung zu anderer Arbeit sehen können.

Trotz Unter- und Überforderung kann soziales Ehrenamt für Frauen zeitweilig positiv sein, und zwar im Sinne eines "Sprungbrettes" in andere Formen des Arbeitens oder Sich-Engagierens. Gerade die Widersprüche des sozialen Ehrenamtes als "typische Frauenarbeit" können dazu beitragen, daß die Frau sich weiter entwickelt und lernt, ihre Interessen durchzusetzen.

Dabei können zunächst die alltagsstrukturierenden Elemente des Ehrenamtes als öffentliche und kooperative Arbeitsform eine Entwicklung fördern. (Ehrenamt strukturiert den Alltag zeitlich, inhaltlich, sinnbezogen; es kann - über längere Zeit betrachtet - auch zu einer Strukturierung der Biographie beitragen, etwa indem es den Übergang von der sog. Familienphase zur zweiten Berufsphase oder bis zum Einstieg in einen neuen Beruf überbrückt.)

4.4. Ehrenamt als Basis von Vergesellschaftung der Frauen auf der Ebene sozialer Integration/Kontakte

Der Widerspruch auf dieser Ebene drückt sich vor allem aus in: Ausweg aus Isolation und Vereinzelung (in Haus- und Erwerbsarbeit) durch Kooperation und Arbeit in einem öffentlichen, sozialen Kontext versus Konzentration oder gar Segregation in "typisch weiblichen" Funktions- und Interaktionsbereichen (bezogen auf die Inhalte der Arbeit als auch die Hierarchiestufen).

Die Einbindung der Frauen in gesellschaftliche Zusammenhänge findet über das Ehrenamt zwar einerseits statt, bleibt aber andererseits begrenzt auf frauenspezifische Bereiche. Konkret heißt das für Frauen:

- einerseits: Erweiterung des persönlichen Kontakt- und Interaktionsradius und entsprechend positive Konsequenzen für Selbstwertgefühl u.ä.
- andererseits: Begrenzung auf Bereiche, die mit wenig gesellschaftlichem Einfluß verbunden sind und nur geringfügige Chancen für ein unabhängiges Leben und Arbeiten eröffnen.
  So knüpfen zahlreiche Bereiche, die für gesellschaftliche Integration von Bedeutung sind, nur an Erwerbsarbeit, nicht jedoch an sozialem Ehrenamt an. Hierzu gehören: gewerkschaftliche Organisation, Berufsverbände, Ausbildungsgänge, Informationsvermittlung u.v.m.

4.5. Vergesellschaftung von Frauen durch Ehrenamt und Auswirkungen auf ihre physische und psychische Gesundheit

Die vorangegangenen Ausführungen zeigen, daß Ehrenamt in allen für die Lebenslage relevanten Bereichen widersprüchliche Auswirkungen auf Frauen hat. Hiermit hängen widersprüchliche Auswirkungen auf die physische und psychische Gesundheit eng zusammen. Die Art und Weise des Arbeitens, des Eingebettetseins in soziale Zusammenhänge, die Möglichkeit der Anwendung und Weiterentwicklung eigener Kompetenzen, die Frage der Über- oder Unterforderung im Arbeiten, sind entscheidende Grundlagen für Selbstbewußtsein, Wohlbefinden und Gesundheit. In Bezug auf soziales Ehrenamt lassen sich für Frauen folgende widersprüchliche Auswirkungen auf diesen Bereich feststellen:

- einerseits bedeutet Ehrenamt für viele Frauen eine Art Selbsthilfe bei der Bewältigung ihrer widersprüchlichen und auf sie ambivalent wirkenden Lebens- und Arbeitsverhältnisse. Diese kann zur persönlichen psychischen und physischen Stabilisierung beitragen.
  Persönliche Probleme können relativiert werden, treten eher in den Hintergrund, wenn der Alltag durch das außerhäusige und von außen abverlangte Ehrenamt strukturiert wird. Somit hilft das Ehrenamt vor allem den Frauen, die eine starke Arbeitsmotivation internalisiert haben, etwas für die Allgemeinheit tun zu wollen;

- anderseits können je nach Art und Kontext des Ehrenamtes, nach Belastung, nach Über- oder Unterforderung der Frau durch die dem Ehrenamt impliziten Widersprüche, durch den Kontakt mit den Problemen anderer etc. auch die eigenen Probleme, Ängste u.ä. wieder mehr an Gewicht gewinnen und dadurch eher eine persönliche Destabilisierung eintreten (vgl. die extrem hohe psychische Belastung in der ehrenamtlichen Telefonseelsorge).
  Die stark restriktiven Arbeitsbedingungen trotz angeblich freiem Arbeitsverhältnis können ebenfalls in diese Richtung wirksam werden. Belastend kann es sich auch auswirken, daß die Frauen erkennen müssen, daß trotz ihres hohen persönlichen Einsatzes und des unentgeltlichen Arbeitens im Ehrenamt, zumindest das soziale Ehrenamt gesellschaftlich als "zweite Wahl" der Arbeitsverhältnisse bestehen bleibt.

5. Zusammenfassung und Perspektiven

Aus den vorangestellten theoretischen Prämissen leitet sich folgende zusammengefaßte Erklärung der gesellschaftlichen und individuellen Bedeutung des sozialen Ehrenamtes von Frauen ab:

5.1. Gesellschaftliche Bedeutung

Infolge der hierarchischen geschlechtlichen Arbeitsteilung mangelt es Frauen in unserer Gesellschaft an befriedigenden und bedürfnisgerechten Formen der Vergesellschaftung. Als vermeintlichen Ausweg aus diesem Dilemma legt man(n) ihnen - verstärkt im Zuge der konservativ-liberalen Wende - das soziale Ehrenamt im Sinne einer geschlechtsadäquaten "Alternativrolle" zu Hausarbeit auf der einen und Erwerbsarbeit auf der anderen Seite nahe. Das "weibliche Arbeitsvermögen" soll im sozialen Ehrenamt als Allheilmittel gegen die Krisen der Gesellschaft, die steigenden sozialen Probleme und Kostenexpansion eingesetzt werden. Gleichzeitig sollen in dieser Arbeitsform die auf dem Erwerbsarbeitsmarkt "überschüssigen" und in der Familie nicht, nicht mehr oder noch nicht gebrauchten weiblichen Arbeitskräfte eingebunden und zufrieden gestellt werden.

5.2. Bedeutung für Frauen

Der öffentlich propagierten Ideologie des sozialen Ehrenamtes als die "dem weiblichen Wesen gemäße Arbeit" steht entgegen, daß das soziale Ehrenamt in der heute üblichen Form grundsätzlich gegen die Interessen von Frauen verstößt und nur vor dem Hintergrund ihrer Unterdrückung eine subjektiv bedeutsame Arbeitsform darstellt.
Die widersprüchliche und ambivalente Bedeutung des sozialen Ehrenamtes für die Lebenslage von Frauen läßt sich aus seiner Zwitterstellung zwischen dem Hausarbeitsverhältnis und dem Erwerbsarbeitsverhältnis ableiten. Ehrenamt enthält Merkmale und Funktionen der beiden anderen Arbeitsverhältnisse, und zwar positive und negative aus der Sicht der Frauen. Die positiven Funktionen leiten sich in erster Linie aus der Tatsache ab, daß soziales Ehrenamt eine Möglichkeit der Vergesellschaftung von Frauen darstellt, die mehr und befriedigendere Ressourcen eröffnet als Hausarbeit, und die gleichzeitig mit weniger Restriktionen formaler und inhaltlicher Art verbunden sein kann als Erwerbsarbeit. Die negativen Aspekte leiten sich vor allem daraus ab, daß die Vergesellschaftung in der nicht-professionellen Arbeit weibliche Arbeitskraft und Qualifikation zwar "nutzt", aber nicht die entsprechenden Gratifikationen dafür bereitgestellt werden. Die Frau bleibt "Ersatz-Arbeitskraft". Dies wirkt sich vor dem Hintergrund ihrer präkeren Lage auf dem Erwerbsarbeitsmarkt besonders negativ aus und betrifft die Vergesellschaftungschancen von Frauen generell, nicht nur der ehrenamtlich tätigen.

Aus der Sicht der subjektiven und objektiven Interessen von Frauen ist soziales Ehrenamt eine ausgesprochen ambivalente Arbeit: Sie trägt einerseits zur Aufrechterhaltung der hierarchischen geschlechtlichen Arbeitsteilung und damit zur Unterdrückung der Frau in allen Lebens- und Arbeitsbereichen bei. Andererseits erfüllt sie für viele die subjektiv sehr bedeutsame Funktion der psychischen, emotionalen und sozialen Reproduktion. Sie ist eine Form der Selbsthilfe: Ehrenamt kann punktuelle Befreiung und Ausweg aus Begrenzung, Isolation und einseitiger Ausbeutung in Hausarbeit oder frustrierenden Jobs bedeuten. Ein erster Zugang zur "Kultur der Arbeit", zu der Hausarbeit nicht zählt (so die herrschenden Kriterien), wird möglich.

Soziales Ehrenamt erweist sich als ein in allen Lebenslagebereichen für die Frau widersprüchliches Arbeitsverhältnis. Die negativen Effekte sind umso stärker ausgeprägt und häufiger, je mehr die Frau in restriktiven Lebens- und Arbeitsverhältnissen lebt. Privilegierte Frauen mit qualifizierter eigener Erwerbsarbeit, unabhängiger Existenzgrundlage und entsprechendem Durchsetzungsvermögen finden sich eher auch schon im politischen Ehrenamt; sie können auch im sozialen eher ihre Interessen wahrnehmen.
Die Widersprüche in der subjektiven Bedeutung des sozialen Ehrenamtes sind bereits auf der individuellen Ebene angesiedelt: Je nach Erfahrungen der Frau mit der Bewertung ihrer "weiblichen" Arbeit oder mit ihren Fähigkeiten können die durch Ehrenamt möglichen Folgen für ihr Leben und Arbeiten unterschiedlich wahrgenommen und bewertet werden (einer Hausfrau, die zu Hause keine Anerkennung für ihre Arbeit findet, kann die persönliche Anerkennung durch die "Klienten" bereits relativ viel bedeuten; andere sehen die gesellschaftliche faktische Geringschätzung dieser Arbeit, weil sie sie mit Berufsarbeit vergleichen können).

Eines erscheint mir für die politische Praxis im Umgang mit Frauen-Ehrenamt besonders wichtig: Die öffentlich-staatliche Idealisierung und Förderung des sozialen Ehrenamtes ist nur wirksam, weil diese Arbeit für viele Frauen - im Vergleich zu dem, s ihnen sonst bleibt

- eine positive Bedeutung haben muß. Deshalb kommen wir in der politischen Praxis mit einer pauschalen Ablehnung des Ehrenamtes von Frauen als Ausbeutung nicht weiter. Stattdessen müssen die darauf bezogenen Programme und Initiativen genau analysiert werden. Und es ist wichtig herauszuarbeiten, unter welchen Bedingungen soziale ehrenamtliche Arbeit für Frauen sinnvoll und positiv sein kann bzw. unter welchen nicht. Eine pauschale Verweigerung des sozialen Ehrenamtes würde Frauen nicht aus ihrer Sackgasse in frustrierenden Jobs und/oder Hausarbeit herausführen. Statt dessen würde ihnen auch noch eine zwar begrenzte und ambivalente, aber dennoch subjektiv bedeutsame Möglichkeit des gesellschaftlichen Engagements und z.T. zumindest befriedigenden Arbeitens genommen.

Das Dilemma des sozialen ehrenamtlichen Arbeitsverhältnisses für Frauen läßt sich nur durch eine Neuverteilung aller Arbeit in Beruf, Familie und Ehrenamt im Interesse der Frauen aufheben. Jede Frau/jeder Mann muß eine unabhängige Existenzgrundlage haben. Darüber hinaus ist alle notwendige Arbeit, nicht nur im Erwerbsarbeitsbereich, gleichermaßen von allen Arbeitsfähigen zu übernehmen. Losgelöst von der Frage der individuellen Existenzsicherung muß diskutiert werden, welche Arbeit besser in professionalisierter oder in privater Form erbracht werden sollte.

Läßt sich die ehrenamtliche Reservearmee von Frauen überhaupt im öffentlich gewünschten Umfang mobilisieren? Hier ist eine skeptische Einschätzung begründet. Meines Erachtens läßt sich die Entwicklung der unbezahlten Frauenarbeit grob in drei Stufen prognostizieren:

A. Zunächst ist eine **Intensivierung und Anhäufung** der unbezahlten Frauenarbeit in und außerhalb der eigenen Familie zu beobachten. Abbau professioneller sozialer Dienstleistungen bei gleichzeitigem Ansteigen sozialer Probleme und Verdrängung der Frauen aus qualifizierter Erwerbsarbeit führen zu Reprivatisierung und Refamilialisierung und in diesem Rahmen auch begrenzt zu mehr nachbarschaftlichem und ehrenamtlichem Engagement. Ob sich ein Ansteigen institutionell angegliederter sozialer Ehrenämter abzeichnet, ist schwer zu sagen.

B. Gleichzeitig stößt **unbezahlte Frauenarbeit** immer deutlicher an **ihre Grenzen**. Immer mehr Frauen fehlt die materielle und emotional-psychische Grundlage für unbezahlte soziale Arbeit, die über die eigene Familie hinausgeht. Feminisierung der Armut, Zunahme von schlecht bezahlter, ungeschützter Erwerbsarbeit und Subsistenzproduktion, ansteigende Belastung in der Familie durch den Abbau sozialer Dienste für die Betreuung von Kranken, Kindern und Alten sind als Gründe zu nennen (vgl. KICKBUSCH/RIEDMÜLLER 1984).

C. Damit vor diesem Hintergrund dem sozialen Ehrenamt nicht die Frauen ausgehen, wird das Ehrenamt als **Ersatz- oder Scheinarbeitsplatz** schmackhaft gemacht. Punktuelle "Verbesserungen" sind ebenso Teile dieser konservativen Strategie, wie die seit Jahren propagierte ideologische Aufwertung unbezahlter Frauenarbeit.

Worin liegt nun die Chance der Frauen, dieser Strategie zu entgehen und Ehrenamt im Sinne eigener Interessen zu nutzen? Das Erfordernis, individuelle Reproduktionsmöglichkeiten im Ehrenamt wahrzunehmen, schließt nicht aus, daß Frauen diese Arbeit als **politische** und nicht allein individuelle Frage begreifen und sich die Innovationspotentiale individuell und kollektiv zunutze machen. Eine solche Strategie setzt die Entwicklung von Bewußtsein und Verhaltensweisen voraus, die nur dann von Frauen durchzuhalten sind, wenn sie gemeinsam ihre Interessen artikulieren und durchzusetzen lernen. Wesentliche Argumente gegen eine Verweigerung ehrenamtlicher Arbeit sind die darin enthaltene Kollektivierungstendenz und die Möglichkeit einer **Politisierung**, einer Stärkung des Bewußtseins und der Handlungsfähigkeit zur Realisierung von Frauen-Interessen.

Dies kann auch zunehmend in Selbsthilfegruppen außerhalb des traditionellen Ehrenamtes geschehen. Wichtig ist, daß Frauen nicht länger isoliert und vereinzelt in Anlehnung an institutionelle Weisung, sondern in Gruppen möglichst selbstbestimmt arbeiten. Dies stellt eine wesentliche Grundlage für die Entwicklung von Forderungen dar. Sie werden sich - das geht aus Gesprächen mit ehrenamtlich arbeitenden Frauen hervor - vor allem auf folgende Aspekte konzentrieren:

- Ausreichende Aufwandsentschädigung und soziale Absicherung im Ehrenamt sollten ebenso wie Qualifizierung und Einbindung in einen Gruppenkontext selbstverständliche Rahmenbedingungen ehrenamtlicher Arbeit werden, ohne daß die Grenzen hin zur professionellen Arbeit damit überschritten werden sollten. Eine Kontrolle in diese Richtung setzt voraus, daß Frauen-Ehrenamt nicht losgelöst von Frauen-Erwerbsarbeit und der Verteilung von Hausarbeit diskutiert wird. Zu diesem Thema müssen verschiedene Interessenvertretungen - so auch Gewerkschaften - zusammenarbeiten.
- Ziel gesellschaftlicher Politik im Interesse der Frauen muß es sein, eine materielle und soziale Existenzsicherung in professioneller Arbeit zu ermöglichen. Soll Ehrenamt in Richtung seines idealtypischen Charakters entwickelt werden, also zu einer Arbeitsform, die frei von Reproduktionszwängen für jede Frau und jeden Mann neben Haus- und Erwerbsarbeit in erster Linie als politische Form der Beteiligung möglich ist, so setzt dies eine erhebliche Verkürzung der täglichen Erwerbsarbeitszeit voraus.
- Auch Veränderungen innerhalb des ehrenamtlichen Arbeitsverhältnisses sind damit verbunden: Die Trennung zwischen sozialem und politischem Ehrenamt in der heutigen Form ist aufzuheben. In der praktischen sozialen Arbeit sollte die Beteiligung der Akteure/innen an Zielen und Vorgehensweise selbstverständlich sein. Die mit Ehrenamt verbundene Selbsthilfe muß legitimer Anspruch und selbstverständlicher Bestandteil dieser Arbeit werden. Als Zielperspektive kann formuliert werden: "Ehrenamt" soll zum tatsächlichen von Reproduktionszwängen freien Rahmen für politische Beteiligung in verschiedenen Bereichen und nicht zum Ersatz der Erwerbsarbeit werden.

Anmerkungen

(1) Der übliche Sozialisationsbegriff spricht diese Komponenten ebenfalls an, ist aber enger gefaßt und eher noch auf die Entwicklung des Menschen bis hin zum Erwachsenenalter konzentriert, und er läßt vor allem die Produktion von Gesellschaft durch individuelles Verhalten weitgehend außer acht.

(2) Zur Ausweitung des sozialen Ehrenamtes vgl. die seit Ende der 70er Jahre verstärkt geförderten Modellprojekte, in denen es explizit um Entwicklung und Erprobung ehrenamtlicher Dienste geht: SCHMACHTENBERG (1980); GEIGER/GÖPFERT (1982) und BACKES (1982). Noch deutlicher wird dieser Trend in den staatlich geförderten Initiativen und Wettbewerben, so etwa "Reden ist Silber. Helfen ist Gold", initiiert Ende 1983 von Minister Geißler. Zur ideologischen Grundlegung der Refamilialisierung vgl. Blüm: "Neue Mütterlichkeit" in den Leitsätzen beschlossen auf der 19. Bundestagung der Christlich-Demokratischen Arbeitnehmerschaft, Sozialausschüsse, vom 9.-11.01.1981 in Mannheim: "Die sanfte Macht der Familie". Zur Kritik vgl. WEG (1985).
Mit diesen Kampagnen zeitlich einher gehen Sparmaßnahmen, die insbesondere Frauen treffen, vgl. WEG (1984).

Literatur

BACKES, G., 1982: Entwicklung und Erprobung ehrenamtlicher Dienste in der Altenhilfe eines Landkreises. Bericht über die wissenschaftliche Begleitung eines vom BMJFG geförderten Modellvorhabens im Erftkreis, Köln.

BACKES, G., 1984: Soziale ehrenamtliche Arbeit als Frauenarbeit zwischen Haus- und Erwerbsarbeit, in: Soziale Arbeit, 406ff.

BACKES, G. 1985: Soziales Ehrenamt - Die verblümte Wahrheit der unbezahlten Frauenarbeit, in: HUBER, M./BUSSFELD, B. (Hrsg.): Blick nach vorn im Zorn. Die Zukunft der Frauenarbeit, Weinheim/Basel, 79ff.

BACKES, G., 1985a: Ehrenamtliche Dienste in der Sozialpolitik - Folgen für die Fauen, in: WSI-Mitteilungen, 386ff.

BACKES, G., 1985 b: Ehrenamt oder das "soziale Kapital" der Hausfrau?, in: ASAM, W.H./HECK, M. (Hrsg.): Subsidiarität und Selbsthilfe, München, 86ff.

FINK, U., 1984: Neue Wege in der Sozial- und Gesellschaftspolitik. Selbsthilfe, Nachbarschaftshilfe, freie und lokale Initiativen, in: Soziale Arbeit, 377ff.

GEIGER, M./GÖPFERT, W., 1982: Soziales Engagement von Hausfrauen - Auswertung eines Modellvorhabens zur Förderung ehrenamtlichen Engagements von Hausfrauen - Modellvorhaben im Auftrag des BMJFG, Saarbrücken.

INSTITUT FÜR DEMOSKOPIE ALLENSBACH, o.J.: Die Stellung der Freien Wohlfahrtspflege. Vergleich der Ergebnisse von vier repräsentativen Bevölkerungsumfragen zwischen 1962 und 1979, Allensbach.

KICKBUCH, I./RIEDMÜLLER, B. (Hrsg.), 1984: Die armen Frauen. Frauen und Sozialpolitik, Frankfurt.

KONDRATOWITZ, H.-J. v., 1983: Soziales Ehrenamt und gesellschaftliche Rationalisierung. Historische Entwicklungslinien ehrenamtlicher sozialer Arbeit in Deutschland, in: SCHMIDT, R. (Hrsg.): Ehrenamtliche Dienste in der Altenhilfe. Ein Reader, Berlin.

SACHSSE, C., 1986: Mütterlichkeit als Beruf. Sozialarbeit, Sozialreform und Frauenbewegung 1871-1929, Frankfurt.

WEG, M., 1984: Dienen und Verzichten. Sozialabbau statt Gleichstellung der Frau, in: WSI-Mitteilungen 1984, 47ff.

WEG, M., 1985: Das Patriarchat verteilt die Arbeit - wie verteilen wir sie um? Oder: Gesellschaftliche Lösungsmöglichkeiten zum Abbau der geschlechtshierarchischen Arbeitsteilung, in: STIEGLER, B. (Hrsg.): Blaumann über der Schürze. Über die Chancen für Frauen in technischen Berufen, Bonn, 98ff.

SOZIALE KONTROLLE DURCH FRAUEN: VERMITTLUNG REPRESSIVER INHALTE IN ERZIEHUNG UND HILFE

Gerlinda Smaus

Das Thema "Soziale Kontrolle durch Frauen" wurde bisher in der Kriminologie kaum behandelt, und dies ist auch verständlich, galt es doch zunächst, diejenigen geschlechtsspezifischen Unterdrückungsmechanismen aufzudecken, die den Spielraum von Frauen derart einengen, daß sie nicht einmal strafrechtlich auffallen. Das in Deutschland bekannte Buch von GIPSER/STEIN-HILBERS "Wenn Frauen aus der Rolle fallen" (1980) gibt davon ein beredtes Zeugnis. Darin werden Themen behandelt wie: soziale Kontrolle und Krankheit, vor allem die psychosomatische als Reaktion auf Hausfrauendasein und Isolation; Kontrolle des Drogen- und Alkoholkonsums; dieser wiederum als Reaktion von Frauen auf ihren Zweifel an ihrem Wert als Frau; Kontrolle der Prostitution und der gleichgeschlechtlichen Liebe von Frauen als einer Abweichung von der reproduktiven Funktion der Frau; die informelle soziale Kontrolle der Frau als Zwang zum Verbleib im "Privatbereich" und schließlich die formelle soziale Kontrolle der (Eigentums-)Kriminalität der Frau, die, wie gezeigt wird, vor allem der Ausbesserung der Attribute der Weiblichkeit und der Entlastung der Haushaltskasse dient. Der Kontrollaspekt bei allen diesen Verhaltensweisen, und scheinen sie noch so autonom gewählt, steckt schon in der negativen Bewertung des Etiketts. Für diese Auswahl ist charakteristisch, daß sie Verhalten umfaßt, welches im weitesten Sinne als **natürliche Reproduktion der Gesellschaft** bezeichnet wird. In diesem Bereich werden nicht nur Kinder geboren und erzogen, sondern auch die psychische Reproduktion von erwachsenen Menschen, vor allem der "Arbeitskraft", gewährleistet. Als solcher bildet der Begriff der natürlichen Reproduktion ein Pendant zum Begriff der materiellen Reproduktion der Gesellschaft, der diejenigen (Arbeits-)Prozesse umfaßt, in denen Menschen im Austausch mit der Natur für ihr Leben notwendige materielle Güter fertigen. Diesen

Begriffen selbst haftet noch nichts Geschlechtsspezifisches an, wohl aber sind die jeweiligen Bereiche so organisiert, daß der Bereich der materiellen Reproduktion als eine Domäne des Mannes, die natürliche Reproduktion als eine Domäne der Frauen gilt (1). Man kann ebenfalls ganz allgemein sagen, daß der männliche Nachwuchs für die Erfordernisse der materiellen, der weibliche Nachwuchs dagegen für die Erfordernisse der natürlichen Reproduktion **sozialisiert** wird und daß im Erwachsenenalter Menschen je nach Geschlecht vornehmlich in einem dieser Bereiche auch **kontrolliert** werden.

Für unser Thema ist bemerkenswert, daß im Bereich der Kontrolle über Frauen es wiederum Frauen selbst sind, die diese Kontrolle faktisch ausüben. Überzeugen wir uns darüber zunächst auf einer anschaulichen Ebene: Wenn die Klammer "Familie" aufgelöst wird, sehen wir, daß es in erster Reihe Frauen sind, die die soziale Kontrolle über ihre Familienmitglieder wahrnehmen. Das soziale Netz der Nachbarschaft und die informelle Kontrolle durch diese wird von Frauen aufrecht erhalten. Das Gros der ehrenamtlichen Arbeit bei der "Hinführung von Abweichenden bzw. von Gefährdeten auf den richtigen Weg" wird ebenfalls von Frauen geleistet. Dasselbe gilt für die Institutionen: In der Sozialarbeit, wie im niedrigen Schulwesen und im Gesundheitswesen sind überwiegend Frauen tätig. Man kann sich unschwer vorstellen, daß auch sonstige "Dienste am Menschen", wie die Familien-, Erziehungs-, Ehe-, Schwangerschaftsberatung u.a. als Berufe ebenfalls bevorzugt von Frauen gewählt werden (BECK-GERNSHEIM/OSTNER 1979). Allein diese kurze Aufzählung läßt den Beitrag von Frauen für die Konsolidierung der Gesellschaft enorm erscheinen.

Diese Tatsache bedarf einer Aufkärung: Bedeutet sie, daß anders als häufig stillschweigend angenommen wird, nicht "Männer", sondern "Frauen" selbst über Frauen (und sonstige Abhängige) herrschen? Wir werden uns bemühen zu zeigen, daß auch diese partielle Überordnung von Frauen über Frauen eine Leistung des Patriarchats (2) ist, genauso wie die Tatsache, daß in der Kontrollarbeit Ziele vermittelt werden, die eigentlich nicht die Ziele von Frauen sein können (3). So ist es als eine Leistung des Patriarchats zu verstehen, wenn die beruflichen Ambitionen von Frauen wiederum an die Kontrolle im Bereich der natürlichen Reproduktion gebunden werden, während Männer den Bereich der materiellen Reproduktion besetzen, beide Bereiche leiten und im Bereich der natürlichen Reproduktion nur diejenigen Segmente der Population, wie männliche Jugendliche, Arbeitslose und Obdachlose, die einen Bezug zum Arbeitsmarkt aufweisen (vgl. WALTON 1975, 27ff.). Die Minderbewertung der Arbeit im Bereich der natürlichen Reproduktion reproduziert sich darin, daß die Kontrolltätigkeit in diesem Bereich den als minderwertig angesehenen weiblichen Arbeitskräften überlassen wird. So entpuppt sich selbst noch das zur Emanzipation erhobene Prinzip der Berufstätigkeit als ein Mechanismus zur Reproduktion der Frauenrolle. Das spiegelt sich auch in den Inhalten wieder: Da Frauen typischerweise auf den niedrigen Stufen der Hierarchien tätig sind, vermitteln sie nicht ihre "Hilfe"- bzw. "Kontroll"-Vorstellungen, sondern solche, die von Männern an den Spitzen der Institutionen produziert werden. Dasselbe gilt für die Kindererziehung in der Familie, wo Frauen auch häufig gegen ihre zutage liegenden Interessen Geschlechtsstereotype vermitteln.

1. "Sozialisierung" und "Hilfe" als soziale Kontrolle

Man könnte nun einwenden, daß diese Tätigkeitsbereiche nicht eigentlich als "Soziale Kontrolle", sondern als Erziehung, Sozialisierung, Hilfe usw. zu bezeichnen sind. In der Tat hat es sich in der Kriminologie bisher als sinnvoll erwiesen, zwischen "Verhaltenslenkung" und "Verhaltenskontrolle" zu unterscheiden (vgl. MALINOWSKI/MÜNCH 1975, 123ff.). Wenn man jedoch die Definition der "Verhaltenskontrolle" von ULRICH u.a. (1966, zit. bei CHOROVER, 1982, 14) beachtet, gibt es dazu theoretisch wenig Grund: "Verhaltenskontrolle ist schlicht Manipulation der äußeren Bedingungen, denen ein Organismus ausgesetzt ist, in der Absicht, ein bestimmtes Verhalten zu erzeugen, neues Verhalten zu produzieren, die Neigung des Organismus, sich wie alle zu verhalten, zu forcieren oder ihr entgegenzuwirken oder früheres Verhalten auszuschließen". "Verhaltenslenkung" würde man nicht anders definieren können - und beide Definitionen wären so allgemein, daß eine Anzahl von anderen soziologischen Begriffen darunter fallen würde (4). Die spezielle Soziologie des **abweichenden Verhaltens** setzt deshalb an diesem Begriff an (häufig vergessend, daß ihre positivistische Disziplin auf einer von der "Macht" vorgegebenen **normativen Grundlage** aufbaut) und bezeichnet als "Kontrolle" nur Verhaltensreaktionen auf abweichendes Verhalten. Per definitionem hätte der Begriff "Kontrolle" "reaktiven" Charakter, wenn nicht die Aufmerksamkeit für "präventive Maßnahmen" die Einführung des Begriffes "aktive" soziale Kontrolle erzwungen hätte. Mit "aktiver" sozialer Kontrolle hat man sich freilich dem Begriff "Verhaltenslenkung" wieder sehr angenähert: Zur aktiven Kontrolle zählen alle Maßnahmen von **ego**, die das Verhalten (oder Unterlassen) von **alter** induzieren und in eine bestimmte Richtung lenken sollen (5). Die negative Sanktionierung, die auf ein aktuelles unerwünschtes Verhalten von **alter** vom **ego** verhängt wird, wäre dann als "reaktive soziale Kontrolle" zu verstehen (vgl. HESS 1983). Die Einheit von aktiver und reaktiver sozialer Kontrolle dürfte charakteristisch für die nicht-institutionelle informelle soziale Kontrolle (vgl. WEIS 1975, 125ff.) sein, während die "reaktive" soziale Kontrolle meistens den strafrechtlichen Institutionen obliegt (SMAUS 1985). Es liegt auf der Hand, daß bei dieser Sicht die Aufmerksamkeit der Forschung in der neueren Kriminologie vor allem denjenigen Institutionen galt, die die höchste Definitionsmacht haben (SACK 1974, 39). Würde man sich dagegen fragen, wer die größte Leistung für die massenhafte Normkonformität bzw. strafrechtliche Unauffälligkeit "trotz widersprüchlicher ökonomischer und sozialer Entwicklungen und daran geknüpfter Interessen" (BÖHNISCH 1982, 24) erbringt, so müßte zweifelsohne das Augenmerk auf die Sub-Systeme formaler sozialer Kontrolle (HESS 1983, 8) fallen (6). Hierzu zählen z.B. Institutionen, deren primäre Funktionen Erziehung, Hilfeleistung und medizinische Versorgung sind (7).

Bei den Erziehungsinstitutionen wird die Zuordnung zur Kontrolle aus dem Ausmaß, in welchem bloß der Herrschaft und Macht dienende Charaktere anerzogen, Wissen vermittelt und der Zugang zu gesellschaftlichen

Hierarchien kontrolliert wird, gerechtfertigt. Darüber hinaus dient die Schule auch als das Panoptikum, von dem aus auch die Eltern kontrolliert werden (WAMBACH 1981, 216ff.; OTTOMEYER 1977, 211).
Medizinische Einrichtungen üben Kontrollen aus (8), indem sie über die Pflege der physischen und psychischen Gesundheit hinaus den "richtigen" Lebenswandel überhaupt konstituieren (9); die vielen psychiatrischen und psychologischen Beratungsstellen kontrollieren dadurch, wie sie über die Individualisierung der Konflikte diese eindämmen und somit dem gesellschaftlichen Frieden dienen (RÖDEL/GULDIMANN 1978, 11ff.). Die soziale Hilfe wird in dem Maße zur Kontrolle, in dem sie seitens der Herrschaft an bestimmte konformitätsfordernde Bedingungen geknüpft ist (10). Nicht einmal die Familie, die wir so gern als die letzte Bastion von naturwüchsigen zwischenmenschlichen Beziehungen ansehen, kann als Institution sozialer Kontrolle ausgenommen werden: die Geschichtsforschung zeigt, daß solange es die moderne Familie gibt, ihre ureigensten Erziehungsideale und Techniken von externen Idealen geleitet worden sind (DONZELOT 1980). Zweifelsohne ist die Familie zu einem wichtigen Umschlagplatz einer "äußeren, öffentlichen" Kontrolle in "Binnen-" bzw. "Selbst"kontrolle (VOBRUBA 1983, 29ff.) geworden - und wie in allen vorgenannten Institutionen der aktiven sozialen Kontrolle, tragen auch in der Familie die Frauen die "Kontrollast".
So spiegeln die Begriffe "formelle, institutionelle, reaktive" und ihre Gegensätze wie "informelle, aktive" soziale Kontrolle nicht nur eine Funktionsteilung zwischen "eher Kontrolle" und "eher Erziehung" wieder, sondern auch, wenn nicht in erster Linie, die geschlechtsspezifische Arbeitsteilung zwischen "Planung" (und Kontrolle) durch Männer und "Durchführung" durch Frauen (vgl. BECK-GERNSHEIM 1976, 74; BOCK/DUDEN 1977).
Die vorwiegend von männlichen Experten besetzten Institutionen der formellen sozialen Kontrolle erweisen sich somit auch als Kontrolle über diejenige Kontrollarbeit, die von Frauen geleistet wird. Angesichts einmal der gegenwärtigen macht- und herrschaftlichen Überlagerung jeglicher Verhaltenslenkung und der Kulturvermittlung in der Erziehung, und zum zweiten angesichts des Beitrages, der in diesem

eher diffusen Bereich der sozialen Kontrolle von Frauen geleistet wird, erscheint es gerechtfertigt, einmal vom in der Kriminologie üblichen Schema abzuweichen und sich auf den umfassenden Begriff der sozialen Kontrolle einzulassen. Wir werden uns dabei mit nur zwei der obengenannten Einrichtungen befassen - mit der Familie und der Sozialarbeit.

1.1. Kolonialisierung der Familie

Als Kontrollinstanz hat die Familie mehrfache Bedeutung. Zunächst ist sie der Ort, an dem frauenspezifische Eigenschaften, bzw. weibliches Arbeitsvermögen - und das heißt auch weibliches "Kontrollvermögen" - erworben werden. Mädchen werden anders als Jungen erzogen: In einem schmerzlichen und ambivalenten Identifikationsprozeß werden Mädchen schließlich dazu gebracht, daß sie die Befriedigung eigener Triebe in der Befriedigung von Trieben anderer Menschen erfüllt sehen (BELOTTI 1977, 131). Auf dieser Umdefinition beruht das Arbeitsvermögen Intuition, Empathie und divergentes Denken (OSTNER 1978, 189), das seinerseits wichtige Voraussetzung für den Umgang mit den Gegenständen der natürlichen Reproduktion ist. Darin sind Frauen konfrontiert mit einer "schwer aufzulösenden Naturabhängigkeit der unmittelbaren zwischenmenschlichen Beziehungen, die das Eingehen auf die "innere Logik" der Bedürfnisse implizieren" (OSTNER 1978, 190). Wo als Methode zur Erziehung eben dieser Eigenschaften "Einfühlung in Bedürfnisse" genannt wird, hat repressive Kontrolle scheinbar keinen Platz - und doch stellt schon die weibliche Rolle selbst eine repressiv erzwungene Beschneidung von möglichen Lebensperspektiven dar. Als "einfühlend" wird man daher eine Erziehungsmethode bezeichnen müssen, die Lob und Tadel wie die Gestaltung der Umweltbedingungen in einer Weise kombiniert, die einer dysfunktionalen Überforderung der Kinder vorbeugt. Die erste Leistung der Frau in der Familie besteht also in der Domestizierung des weiblichen Nachwuchses und in der "Herstellung eines breiten und unspezifischen Arbeitsvermögens als einer kompensatorischen Struktur zum Beruf und der "antizipatorische(n) Verinnerlichung beruflicher Verhaltensweisen und Fähigkeiten" der künftigen Arbeitskraft (OSTNER 1978, 196f.). Weitere Leistungen bestehen in der Reinlichkeitserziehung, Beschränkung der motorischen Aktivitäten und des Bedürfnisses der Kinder, ihre Kräfte zu messen usw. Darin werde einerseits die positive Ausrichtung der Hausarbeit nicht am Tauschwert, sondern am Ergebnis der Arbeit selbst sichtbar, andererseits aber bekam auch der Nachwuchs den Stellenwert einer "Ware, die, sei es auf dem Heirats-, sei es auf dem Arbeitsmarkt, wird bestehen müssen" (OSTNER 1978, 181ff.). Damit würden Mütter "Herrschaftsvorteile" für ihr Kind antizipieren - mit der Konsequenz, daß schon innerhalb der gemeinschaftlich organisierten Gruppe wie der Familie ein Konkurrenzverhalten anerzogen und ein zukünftiges solidarisches Handeln vermieden wird (vgl. RÖDEL/GULDIMANN 1978, 31). Allein diese Tatsachen würden schon genügen, die "Sozialisation" nicht mehr wertneutral als "naturwüchsig" zu betrachten. Es handelt sich in dem Maße auch um "Abrichtung", als diese Antizipation auf repressive Inhalte abzielt und sich auch repressiver Methoden bedient.

Die neuere historische Familienforschung weist nach, daß die Disziplinierung eines großen Teils der Bevölkerung geradezu das Ziel von bestimmten sozialen Bewegungen um die Etablierung der proletarischen Familie war (vgl. DONZELOT 1980; PEARCE/ROBERT 1970; TREIBER/STEINERT 1980). Die Bewegung wurde in Europa im 18. Jahrhundert unter dem Banner des "Kindeswohles" gestartet: Es sind damit Phänomene wie die Entstehung der Kindheit als eines eigenständigen Lebensabschnittes (ARIES 1975; DE MAUSE 1980), der von nun an geschützt werden soll, gemeint. Die brutalen Praktiken des Verkommenlassens der Kinder, ihrer Aussetzung, ihrer Übergabe an Ammen, ihrer Ausbeutung und Mißhandlung, sollten unterbunden werden. Diese Verbesserung der Lage des Kindes betraf übrigens auch die bürgerliche Familie, die in einem Teil des Schrifttums als Agens dieser Entwicklung dargestellt wird (BOCK/DUDEN 1977, 134ff.). Die bürgerliche Familie hatte sich dessen schuldig gemacht, die Erziehung ihres Nachwuchses der ungebildeten Dienerschaft überlassen zu haben. Eine solche Erziehung konnte fortan nicht mehr die Herausbildung von Führungseliten garantieren (DONZELOT 1980, 32f.).

So wenig man sich die Wiederkehr einer brutalen Kindesbehandlung wünschen würde, so muß man auch sehen, daß die Erziehung keineswegs liberaler wurde, vielmehr hat, wie auch FOUCAULT (1976) beschreibt, eine Verschiebung von der Zielscheibe "Körper" auf die Zielscheibe "Seele" stattgefunden (vgl. RIEDMÜLLER 1981, 139). Für die Frauen hatte die Etablierung der Kindheit zur Folge, daß sich erst jetzt eine Mutterrolle und gleichsam naturwüchsig auch die Hausfrauenrolle - HEINSOHN/KNIEPER (1974, 69) bezeichnen sie als die "Verhaustierung" der Ehefrau - als die Rolle der Frau schlechthin herausgebildet hat (vgl. BOCK/DUDEN 1977, 122).

Die Bewegung für die Etablierung der "moralischen" proletarischen Familie mit dem Primat der Erziehung datiert sich nach DONZELOT in jenes Stadium der Entwicklung des liberalen Kapitalismus, dessen Ökonomie den früher von der Despotie garantierten Zusammenhalt der Gesellschaft zu zerstören drohte (12). Die Bourgeoisie setzte sich anfänglich bei der Ausbeutung der unteren Klasse noch keine Grenzen, bis sich eine Bewegung etablierte, die imstande war, den bedrohlichen Graben zwischen Macht und Überfluß auf der einen Seite, Ohnmacht und Armut auf der anderen Seite, auf eine entpolitisierte Weise zu überbrücken: **die philanthropische Bewegung** (DONZELOT 1980, 68ff.). Zunächst noch privat organisiert, regte sie den Staat an, ausgleichende und fürsorgerische Pflichten für die Ausgebeuteten zu übernehmen. Im Gegensatz zum früheren Almosenwesen und dem Prinzip der Barmherzigkeit knüpften die Philanthropen die Hilfe an bestimmte Voraussetzungen, wovon die wichtigste war, daß die **Not unverschuldet** eingetreten ist (DONZELOT 1980, 82; vgl. auch RIEDMÜLLER 1981, 229). So wurde wie früher die Hygiene nun auch die Ökonomie zur Moral erhoben. Die Hilfe wurde zu einem Instrument sozialer Kontrolle, die wie repressiv sie auch immer wird, sich der philanthropischen Losungen noch als einer Rhetorik bedienen kann:
"Die Philanthropen verwalteten einen **Fürsorgepool**, der ihnen erlaubte, die direkt an den Staat gerichteten Forderungen in die Privatsphäre mit dem Hinweis auf das Recht auf Arbeit zurückzuweisen. Die Versor-

gung aus diesem Pool wird von der Bereitschaft der Hilfesuchenden abhängig gemacht, sich Ratschläge (die häufig eine Unterstützung überhaupt ersetzt haben) zu eigen zu machen. Das neue Zauberwort heißt "Sparsamkeit".

Der **medizinisch-hygienische Pool** wird dazu eingesetzt, den Einfluß des Staates gegen die in der frühkapitalistischen Wirtschaftsweise liegende Gefahr der physischen und moralischen Zerstörung der Bevölkerung entgegenzuwirken, um auf die Dauer die Voraussetzungen eben dieser Wirtschaftsweise zu erhalten" (DONZELOT 1980, 68ff.).

Für unser Thema ist es wichtig festzuhalten, daß Adresssat dieser Tätigkeit die **Familie** war. Zum einen, weil man über sie die einzelnen Hilfesuchenden auf ihren Familienverband zurückweisen konnte. Zum zweiten, weil die zum Erhalt der Bevölkerung geeigneten hygienischen Maßnahmen am besten von der Familie gewährleistet werden konnten. Deshalb wurde die Familie mit "konzentrischen Kreisen" (DONZELOT 1980, 115) von Kontrollinstitutionen umzingelt, die zunächst eine "Moralisierung" der Lebensweise (im Hinblick auf tüchtige Arbeitskräfte, DONZELOT 1980, 71ff.), später eine "Normalisierung" mittels Gesetzen zum Kinderschutz, zur Erziehung und für die Gesundheit (DONZELOT 1980, 83ff.) durchgesetzt hat. Später wurde die Kontrolle dahingehend perfektioniert, daß zusammengefaßt wird, was Kinder bedroht ("erzieherische Insuffizienz der Eltern") und was sie gefährlich macht (DONZELOT 1980, 95).

Fortan werden die Hilfeleistungen des Staates an einen Vertrag geknüpft, der verlangt, daß die Betroffenen eine ordentliche Kinderaufzucht garantieren (vgl. MEYER 1981, 52) - TREIBER/STEINERT (1980) sprechen von einer "Verhaustierung der Proletarier" - widrigenfalls übernimmt der Staat die Vormundschaft (13).

Die Macht bedient sich dabei einer Technik, die als **Kolonialisierung der Familie** (14) bezeichnet werden kann. Einerseits setzt sie gegen den Lebensraum "Straße" die familiäre Organisation der Gesellschaft durch (MEYER 1981, 11), gleichzeitig verhindert sie jedoch die Autonomie der Familie durch ihre Besetzung mit staatlichen Inhalten. Dazu hat sich die Macht innerhalb der Familie einen Komplizen besorgt; dies war und ist, abgeschnitten vom eigenen Zugang zum Arbeitsmarkt und begründet durch das Primat der Säuglingspflege und Erziehung, die Haus-Frau.

Unter diesem Blickwinkel kann die These über die Kolonialisierung der Familie spezifiziert werden. Der erste Vorstoß ging von Medizinern und Hygienikern aus. Der bürgerlichen Frau kam diese neue Aufgabe, eine Verbündete des Arztes zu sein, sehr entgegen, denn sie füllte diejenige Funktionslücke aus, die bei der Ausgliederung der Erwerbstätigkeit aus dem Hause entstanden ist.
Aufgrund der Bedeutung, die nun die Erziehung der Erben von Eigentum und Herrscherkultur erlangt hat, erfährt sie gegenüber dem Ehemann eine Statusaufwertung (DONZELOT 1980, 34f.) (15).
Die Einbindung der proletarischen Frau in das Kontrollsystem verlief viel repressiver. Am besten ließ es sich realisieren, wenn auch die proletarische Frau "Nur"-Hausfrau wurde. Über ihre materielle Abhängigkeit vom Ehemann (die auch bei einem geringen "Nebenverdienst" erhalten bleibt) soll sie als die "Hüterin des Herdes" die **soziale Zügelung ihres Mannes und der Kinder** besorgen (DONZELOT 1980, 59). Aber auch dann, wenn sie berufstätig ist, wird von ihr abhängen, ob die Familie im Genuß von verschiedenen Sozialleistungen, vor allem der Wohnung, wird bleiben dürfen. Wie DONZELOT (1980, 59) so schön sagt, liegt das Erbe ihrer Kinder nicht innerhalb der Familie, sondern in der "Gesellschaft", und die Mutter muß einiges unternehmen, um sie zu befähigen, einen Anteil daran zu erwerben. Ihr Wert als Frau wird von der Produktion von "zuverlässigen Menschen" abhängen - und das ist der Grund dafür, warum sie sich noch heute als Helfershelferin einer sozialen Kontrolle verdingt, die folgendermaßen auf den Begriff gebracht wird: "Schickt eure Kinder zur Schule, in die Berufsschule, in die Lehre, Fabrik, Armee; beaufsichtigt ihren Umgang, wie sie ihre Zeit verbringen, wohin sie gehen. Die Gefahr lauert in den Leerräumen. Überwacht ihr sie nicht, so nehmen wir das in die Hand, stecken wir eure Kinder wieder in die Disziplinareinrichtungen. Mit dem Unter-

schied, daß wir die Liste verlängern durch die Heime für junge Arbeiter, die Erziehungsheime, die Internate zur Umerziehung und das Gefängnis" (DONZELOT 1980, 169).
An den unvollständigen Familien wurden schon immer die Disziplinarmaßnahmen vorexerziert (SACK 1973, 140f.).

Eingeleitet von Ärzten, wurde die Kolonialisierung der Familie von **Ökonomen** fortgesetzt: ein ganzer Wissenschaftszweig erarbeitete Produktionsnormen für den Haushalt und für eine effiziente leistungsorientierte Kinderaufzucht, deren erklärtes Ziel ebenfalls war, die Produktivität von Lohnarbeitern zu fördern (TORNIERPORTH 1977, 161ff.; BOCK/DUDEN 1977, 169). Das offene Eingeständnis des Erziehungszieles "Abrichtung und Disziplinierung der Arbeitskraft" mag der Geschichte angehören, nicht jedoch das Ziel selbst, das sich nun unter dem Stichwort "Sicherung der Chancengleichheit, Sicherung von Herrschaftsvorteilen für die eigenen Kinder" wiederfindet. Anstelle des Kontrollwissens **Ökonomie** sind nun die **Psychiatrie, Psychologie** (DONZELOT 1980, 137f., 198ff.; WAMBACH 1981, 191ff.) und **Pädagogik** (BÖHNISCH 1982) auf den Plan getreten, die der Frau vorschreiben, was sie ihrem Ehemann und den Kindern vorzuschreiben hat. In der Tat sind diese Beratungsorganisationen zugestandenerweise nicht in der Lage, Hilfe zu leisten. Sie sind jedoch gut dafür, die "Erwartungserwartungen" von Frauen als verinnerlichte Selbstkontrolle zu intensivieren. Die neuen, um die Familie gelagerten Kontrollringe durchdringen die Familie über die Frau um so mehr, je früher in der Biographie des Menschen ihr Eingriff ansetzen soll - am besten schon pränatal. Schwangerschaften werden bereits klassifiziert (vgl. "Risikoschwangerschaften") und überwacht (16).
Dabei dient die pränatale und frühkindliche Diagnostik weniger dem Erkennen von physischen Handicaps - obschon auch dies einen repressiven Etikettierungsvorgang im Hinblick auf das künftige Leistungsvermögen auf dem Arbeitsmarkt darstellt - sondern zunehmend dem Erkennen

von sogenannten **Fehlentwicklungen** (17). Dieser wissenschaftlich undefinierbare Begriff ermöglicht eine nie dagewesene Erweiterung des Kontrollfeldes, d.h. eine **Generalisierung des Verdachts und des Risikos,** da man mit dessen Hilfe jede individuelle Eigenart als "abweichend" aussondern kann (WAMBACH/SCHULZ 1983, 8).

Die neue Sprachregelung heißt **"Prävention",** und sie ist immer stärker statt auf eine Sicherung der Subjekte durch den Staat auf die Sicherung der Sicherheit selbst (d.h. des Staates) ausgerichtet (VOBRUBA 1983, 39). Die Prävention wird von SCHÜLEIN (1983) als Vorgang folgendermaßen beschrieben: sie bedeutet immer eine Selektion zwischen verschiedenen Handlungsmöglichkeiten und ist daher immer repressiv. Sie ist, weil sie diese Selektion für die Zukunft trifft, ein normativer Prozeß. Die dabei entstehenden Konflikte werden meistens mit Macht entschieden und tragen somit zur Aufrechterhaltung der Machtzentren bei (VOBRUBA 1983, 17). Sie bedient sich folgender Mittel: Gewaltandrohungen, Belohnungen, Versprechen von Status und Beziehungen, Bestechungen, Erwecken von Mitleid und Zuneigung (VOBRUBA 1983, 18).

Nur scheinbar sind wir vom Thema Kontrolle durch Frauen in der Familie abgewichen. Es spiegelt jedoch genau die stattgefundene Aufgabenteilung wieder, wenn bei der Beschreibung der Kontrollfunktionen von Frauen auf institutionelle Zielsetzungen zurückgegriffen wird: die Zielsetzungen (weniger schon die Methoden) werden von Institutionen formuliert - und von den Hausfrauen durchgeführt. Wir erkennen einmal mehr, daß die von Frauen ausgeübte Kontrolle in der Familie eben diesen, äußere Zwänge vermittelnden Charakter hat. Ihre Helfershelfer-Funktion beruht auf einer Transformation fremder, ihrem Wesen nach repressiver Erziehungsideale in "weiche" Erziehungsmethoden gegenüber ihren eigenen Schutzbefohlenen. Angesichts der Verkehrsform, die die "Zurichtung des zuverlässigen Menschen" gegenwärtig angenommen hat, neigt man vielleicht dazu, die Erziehung in der Familie als eine Art emotionaler Nische in einer insgesamt entfremdeten Welt anzusehen. Bei genauerem Hinsehen entpuppt sich jedoch die Erziehung als ein **flexib-**

ler Einsatz der oben geschilderten "präventiven Maßnahmen" - und dieser Einsatz kann in der Tat von keinem anderen besser erbracht werden als von Menschen mit **weiblichem Arbeitsvermögen**, das auf Empathie und Intuition beruht, und damit eine Meisterung der Unwägbarkeiten der Erziehung erlaubt (18).

2. Disziplinierung durch die Sozialarbeit

Der Untersuchung von GERSTENMEIER und NESTMANN über die Alltagstheorien von Beratungsstellen entnehmen wir folgende Definition: Beratung ist charakterisiert (im Gegensatz zur Therapie) durch weniger inhaltlich festgelegte Kompetenzbereiche; Feldorientierung und eklektisch-pragmatischen Methodengebrauch; eine unbegrenzte Vielfalt von Beratungsformen und Beratungsklienten. Die Dimensionen dieses Beratungshandelns sind (gekürzt): "1. Hereinnahme der Alltagswelt der Betroffenen in die Beratungssituation, 2. Sachorientierung und 3. Partizipation, d.h. solidarisches Handeln" (1984, 31). Diese abstrakte, professionelle Definition der Beratung stellt gleichsam einen Reflex derjenigen "alltäglichen" Beschreibung der Beratung dar, die die Mitarbeiter selbst geben: die Beratungsarbeit erfordere bei den Mitarbeitern Offenheit, Problemkenntnis, Härte und Konsequenz, Empathie, Einfühlungsvermögen, Sensitivität, Verstehen und Nachvollziehenkönnen, auf unterschiedliche Leute eingehen können, verschiedene Gruppen kennen und mit ihnen arbeiten zu können, schnell registrieren, wo etwas problematisch ist und direkt eingreifen, sich selbst in den Klienten wiederfinden können usw. (GERSTENMEIER/NESTMANN 1984, 88).
Die Übereinstimmung dieser beiden Beschreibungen von beruflichen Eigenschaften ist verblüffend, und wir kommen zu der Einsicht, daß es offensichtlich das weibliche Arbeitsvermögen ist, auf das auch die Kontrollarbeit außerhalb der Familie, und dies ausgerechnet in jenen Institutionen, die ihrerseits selbst die Familie kontrollieren, aufbaut.

In der Tat sind 80% der Fachkräfte im Sozialdienst Frauen. Zu den "traditionellen Berufsfeldern" der Sozialarbeiter zählen: Familienfürsorge, Jugendhilfe, Jugendschutz, Jugendfürsorge, Bewährungshilfe und Jugendgerichtshilfe. Zu den Beratungsstellen zählen: Familien-, Ehe-, Sexual-, Schwangerschafts- und Erziehungsberatungen. Wir können auf sie nicht im einzelnen eingehen, sondern sie nur einer summarischen Betrachtung unterziehen.

Unter dem Aspekt "Kontrolle" wurden die Institutionen sozialer Hilfe erst wieder mit dem Aufkommen des "labelling approach" untersucht (MATTHES 1973, 167ff.). Man fragt sich, inwieweit bestimmte dort ablaufende Etikettierungsprozesse die Kriminalisierungschance der Jugendlichen aus der Unterschicht bedingen (BRUSTEN 1973, 85ff.; PETERS/CREMER-SCHÄFER 1975). Dieser Kontrollbegriff setzte erst an einer Reaktion auf abweichendes Verhalten an, nicht schon, wie es hier vertreten wird, an einer Verhaltenslenkung, Disziplinierung, bzw. Überwachung, bei denen - MATHIESEN (1965, 39) machte früh darauf aufmerksam - bereits der aus der Medizin übernommene Begriff des **Verdachts** genügt (vgl. PETERS 1973, 156). Unter dem Aspekt der **Disziplinierung** wird die Sozialarbeit neuerdings wieder diskutiert, und die Autoren knüpfen damit an die schon oben erwähnten historischen Untersuchungen an, die beweisen, daß die Institutionalisierung der Sozialarbeit von vornherein diese Zielsetzung hatte.
Für die Gegenwart wird die Disziplinierung durch die Sozialarbeit anschaulich z.B. von WAMBACH belegt: das Kontrollnetz um eine "hilfe- bzw. kontrollbedürftige" Familie, und das heißt in der Regel, wegen der Arbeitslosigkeit des Mannes in Not geratene Familie, umfaßt nicht weniger als 28 mehr oder weniger formalisierte Institutionen, Organisationen und Personen mit verschiedenen Funktionen. In deren Dossiers wird immer wieder der Umgang mit dem gewährten Geld und der Zustand der Ordnung und Sauberkeit der Familie erwähnt. Eigene Versuche um Verbesserung seitens der Sozialarbeiter sowie Selbsthilfepotentiale werden systematisch ausgeschaltet. Als Sanktion wird schließlich die Wegnahme zweier Kinder angeordnet (WAMBACH 1978, 58ff.).

Im Anschluß daran vermerkt RIEDMÜLLER (1978, 81ff.), daß die wesentliche Funktion des Systems sozialer Hilfe "Überwachung und Bestrafung" der Klienten ist. Dieser repressive Charakter resultiere aus der Ausrichtung auf die Erhaltung der Arbeitskraft - oder auch, wie die neueste Entwicklung zeigt - auf einen friedfertigen Übergang vom Status eines Erwerbstätigen in den Status eines dauerhaft Erwerbslosen (vgl. VOBRUBA 1983, 38) über die **Individualisierung des Verschuldens** der Arbeitslosigkeit. Diese Hilfe ist so beschaffen, daß sie eine Aufrechterhaltung des Leistungsprinzips auch bei Gewährung von Unterstützung ermöglicht (vgl. RÖDEL/GULDIMANN 1978, 51). Dabei ist die Leistungsart "Hilfe zum Lebensunterhalt" an das Subsidiaritätsprinzip gebunden und dieses verpflichtet die Sozialarbeiter geradezu, die Leistungsvoraussetzungen und - schlimmer noch - die inneren Leistungsmotivationen zu überprüfen. Über die Furcht vor Entdeckung von Unstimmigkeiten kann das Verhalten der Betroffenen allein durch die Aussicht auf Leistungsentzug nach einer Kontrolle manipuliert werden (RIEDMÜLLER 1978, 82f.).

Sobald überhaupt die Familie zur Zielscheibe der Kontrolle wird, richtet sich diese Kontrolle auf die Frau. Gleichzeitig jedoch hat sich mit der Sozialarbeit für Frauen ein neues Betätigungsfeld aufgetan. Wie SACHSSE und TENNSTEDT darlegen, haben sich schon früh in der Geschichte der Disziplinierung Frauenvereine gegründet, deren Wohltätigkeit den hilfebedürftigen Menschen galt. Mädchen aus ärmeren Volksschichten sollten befähigt werden, einen Haushalt zu führen und die Fürsorge für Kinder, Kranke, Gebrechliche wurde vom Preußischen Vaterländischen Frauenverband geradezu zum Korrelat der männlichen Militärpflicht konzipiert. Diese Aufgabe wurde, wie schon die Übernahme der Erziehung der eigenen Kinder, als ein Ausgleich für die Einschränkung der traditionellen Haus- und Naturalwirtschaft von Frauen der gehobenen Schichten gerne übernommen. Sie wollten in der Wohltätigkeit für andere der "inneren Frauennot, Armut und Leere" entkommen (SACHSSE/TENNSTEDT 1980, 234f.; vgl. RIEMANN 1984, 210ff.). Was Frauen aus reichen Familien ehrenamtlich ausgeführt haben, galt für Frauen aus gehobenen, aber armen Familien als eine standesgemäße Beschäftigung: "Überall walten in ihr, der Frau, die höheren Motive; die der christlichen Nächstenliebe, der patriotischen oder humanitären Aufopferung, des Dranges zu befriedigender Selbstbetätigung usw., die auch mitzuwirken pflegen, wo sie berufsmäßig ausgeübt wird; indem sie vorhandene Not lindert, schafft sie zugleich disponibler Arbeitskraft nutzbringende Verwertung und trägt im Dienste der höheren Klassen für die niederen zur Versöhnung der sozialen Gegensätze bei" (PIERSTROFF 1911, 712, zit. bei SACHSSE/TENNSTEDT 1980, 235).

Diese frühe Indienstnahme des weiblichen Engagements durch das Patriarchat schloß eigenständige Initiativen von Frauen nicht aus, so daß die soziale Arbeit auch als eine angemessene emanzipatorische Leistung für die frühe Frauenbewegung galt (vgl. TWELLMANN 1972, 178ff.; TORNIERPORTH 1975, 264ff.).

Alle diese Tatsachen, sowohl daß die Sozialarbeit vornehmlich von Frauen (teils ehrenamtlich von Hausfrauen, teils beruflich von engagierten Feministinnen) ausgeübt wird, als auch, daß mit der Sozialarbeit ein direktes Herrschaftsverhältnis von Frauen über Frauen etabliert wurde, haben sich bis heute erhalten.
Über die **ehrenamtliche Sozialarbeit** von Frauen wird kurz und bündig ausgesagt: "sie nützt viel und kostet nichts" (BACKES/NOTZ/STIEGLER 1983, 94). Im sozialen und gesundheitlichen Bereich leisten Frauen "psychische und materielle Versorgung für Nichtverwandte" bzw. "soziale Dienstleistungen an Menschen, die an den Rand des kapitalistischen Systems gedrängt worden sind, d.h. die Arbeit mit sozialen Randgruppen" (BACKES/NOTZ/STIEGLER 1983, 94). Ihr Gewinn ist dabei eine Selbstwertsteigerung und das Heraustreten aus der gesellschaftlichen Isolation (BACKES/NOTZ/STIEGLER 1983, 95). Ohne Zweifel: Mit der kostenlosen Hilfe für andere helfen sich Frauen selbst. Ihre Arbeit ist am wenigsten inhaltlich vorbestimmt, so daß die Kontrolleistung darin besteht, daß über eine Anbindung von vom System ausgestoßenen marginalen Gruppen an eine andere "schlecht alimentierte" Bevölkerungsgruppe, nämlich die Hausfrauen, ein Stück gesellschaft-

licher Befriedung gewährleistet wird (BACKES/NOTZ/STIEGLER 1983, 100).

Das **"Herrschaftsgefälle"**, daß nämlich in der Sozialarbeit ausnahmsweise zu dem geschlechtsspezifischen Aspekt, der die Frauen als die unterdrückte Gruppe vereint, der schichtspezifische Aspekt, der Frauen trennt, hinzutritt, wird in der Literatur über Sozialarbeit nur selten (wie bei RIEDMÜLLER 1984, 67) unter dem richtigen Etikett thematisiert. JAECKEL (1981, 14ff.), eine der wenigen, die sensibel auf die Tatsache der Herrschaft von Frauen über Frauen reagiert, erklärt diese aus dem Unterschied zwischen dem Bildungsstand bzw. der Professionalisierung einer Gruppe von Frauen und der "Rückständigkeit" der anderen. Diese an sich schichtspezifische Tatsache wird durch die Interpretation, es handle sich bei den einen um Nicht-Mütter, eher verklärt, denn erklärt. Es gelte nun, diese Spaltung zu überwinden. Falls die Kinderlosigkeit je mehr als eine kurzfristige Ideologie eines Teils der Frauenbewegung war, könnte in der Tat dieser Graben überwunden werden, sofern er sich nur auf eine Schicht von Frauen mit sonst gleichem Sozialisierungshintergrund bezieht. Das wirklich schichtspezifische Gefälle wird jedoch durch eine Annäherung der "professionellen" Mütter nicht aufgehoben.
Dagegen sieht SELLACH richtig, daß auch in der neuen Frauenarbeit in der neuen Frauenbewegung, die allerdings weiterhin staatlich organisiert ist, die Klassenschranken weiter bestehen: "In der Privatheit des häuslichen Intimbereichs der Familie werden Frauen von Frauen in ihrer Haus- und Familienarbeit beraten und kontrolliert" (SELLACH 1983, 105ff.). Die Sozialarbeiterin erscheint uneingeladen, nimmt hoheitliche Aufgaben war, deren Notwendigkeit und Sinn von der "Hausfrau" nicht erkennbar ist und als Kontrolle und Bevormundung verstanden wird. Frauen sind von dieser Aufsicht um so mehr betroffen, als sie es sind, die ausschließlich oder ergänzend Sozialhilfe erhalten (und/oder in ihrer Erziehungsarbeit nicht "funktionieren"). Mit den vielfältigen Methoden der Gesprächsführung, die Eingriffe ohne einen nennenswerten Widerspruch gestatten, schreibt SELLACH, gewinne die Sozialarbeit neben der Polizei als exekutive Gewalt relativ weitergehende Eingriffsmöglichkeiten in die Privatheit der Familie.

Wenn nun diese Kontrolltätigkeit nur ein unvermeidliches Moment des Hilfeleistens wäre, würde man sie vielleicht mit Bedauern hinnehmen. Man muß sich allerdings fragen, aus welchen Gründen Hilfe gewährt wird und inwieweit die Hilfe überhaupt im Vordergrund steht. In der feministischen Literatur wird häufig die offizielle These übernommen, daß wegen einer Überbelastung der Familie dieser die Sozialarbeit zur Seite gestellt worden ist. Daran sind ernsthafte Zweifel anzumelden: die "Hilfebedürftigkeit" von Familien und damit auch das Ausmaß ihrer Unterstellung unter verschiedene Kontrollinstitutionen ist doch sehr unterschiedlich verteilt. Dort, wo die Familie gut in die Gesellschaft und das heißt, der Mann in die Arbeitswelt, integriert ist, sind die Sozialarbeit und die Fürsorge entbehrlich (vgl. RIEDMÜLLER 1978, 154). Darüber hinaus zeigt auch die Entstehung vieler Selbsthilfegruppen das Versagen von offiziellen Hilfsorganisationen an, sei es, daß sie versäumt haben, bestimmte Hilfebedürftigkeit zu definieren (LUHMANN 1973, 33), sei es, daß die vorgesehenen Mittel in der Regel ungeeignet sind (KOSCHWALD 1981, 172). Nicht einmal die finanzielle Hilfe, deren Nutzen nicht bezweifelt wird, könnte Menschen in der Not wirklich vor einem Dahinsiechen retten, wenn sie nicht selbst, auf wenig erschlossenen Wegen, ihren Unterhalt sicherten (PREUSSER 1982; HARRENDORF 1982).

Wenn man versteht, daß Sozialarbeit immer schon entweder als Maßnahme zum "Schutze der Stabilität" der bürgerlichen Gesellschaft (SIMMEL 1908) oder zur Verhinderung von kollektiven Lösungen und Selbsthilfeorganisationen (19) konzipiert war, wird man auch verstehen, daß sich innerhalb dieses Systems niemand individuell der Ausübung von Kontrolle entziehen kann. Es ist tatsächlich zu befürchten, daß Frauen nur solche Aufgabengebiete überlassen werden, die sie zu "Putzfrauen der Nation" - "Schmutz" als moralische Kategorie verstanden - bzw. zu Hygienikerinnen des Staates/Volkes machen (vgl. KICKBUSCH 1984, 172; BOCK/DUDEN 1977, 162).
Für die Macht ist diese Strategie nichts Neues - **Aufsichtsfunktionen** wurden schon immer als **Aufstiegsstellen** vergeben, so daß sich immer

einige Stammesmitglieder dazu bereit erklärt haben, ihre Mitmenschen zu kontrollieren (20). Ein anderes bekanntes Beispiel dieser Art ist die Besetzung der Polizei, deren Beamte häufig erst kürzlich aus der Arbeiterklasse aufgestiegen, die Arbeiterklasse kontrollieren (vgl. FISCHER-KOWALSKY/LEITNER/STEINERT 1975, 106). Wie aber aus der Polizeiforschung bekannt, sehen die Beamten ihre wichtigste Funktion im "Helfen" (S. 101f.) und aus der Spannung zwischen subjektivem Anspruch und objektiver Funktion erklärt sich vielleicht die hohe Arbeitsunzufriedenheit, die für diesen Beruf charakteristisch ist (FISCHER-KOWALSKY/LEITNER/STEINERT 1975, 106). Betrachten wir daher zum Schluß die Kontrollfunktionen von Frauen vom Standpunkt der Berufssoziologie.

3. Kolonialisierung der Hilfsbereitschaft für die Zwecke der Macht

Die Kontrollfunktion steht im Widerspruch zu den Motivationen, aus welchen Frauen überhaupt in der Sozialarbeit tätig werden wollen. Bei ihnen steht zweifelsohne die Hilfeleistung im Vordergrund (vgl. BECK-GERNSHEIM 1976, 35). Dies bestätigen nicht nur Selbstberichte und Untersuchungen von Frauen in der Sozialarbeit, die ja durch "falsches Bewußtsein" verzerrt sein könnten, sondern auch Untersuchungen, die sich mit der Entwicklung des moralischen Urteilens nach KOHLBERG befassen (21). Ergebnis einer Nachfolgestudie von HOLSTEIN war, daß Frauen in der Regel auf Stufe drei urteilen, die durch folgende Eigenschaften beschrieben wird: Gegenseitige Orientierung an interpersonalen Erwartungen, Beziehungen und Konformität. Die Urteilenden sind sich der gemeinsamen Gefühle, Vereinbarungen und Erwartungen, die eine Priorität vor individuellen Interessen haben, bewußt. Bei der Beurteilung wird der Standpunkt des anderen eingenommen und das eigene Handeln durch dessen Augen beurteilt. HOLSTEIN zufolge weist diese Stufe zwei Aspekte auf: die Betonung der affektiven Beziehung zwischen konkreten Menschen und die "good boy"/"good girl"-Orientierung, und wichtiger noch, die Orientierung "Mitgefühl mit dem Leiden anderer, Sympathie, Liebe, Fürsorge für andere", besonders in primären Gruppe (HOLSTEIN 1976, 59f.). Auch GILLIGAN (1982, 100ff.) hat gezeigt, daß

Frauen Probleme weniger unter dem Gesichtspunkt von Verteilung von Rechten und Pflichten, sondern stärker unter dem Gesichtspunkt ihrer eigenen Verantwortung für mögliche Leiden und einer verallgemeinerten Fürsorglichkeit diskutieren.

Es ist diese allgemeinere Orientierung, die glaubhaft macht, daß Frauen helfen wollen (22). Dabei ist die Tatsache, daß sie selbst, wie die Untersuchungen über "hilflose Helfer" zeigen (vgl. SCHMIDBAUER 1977), hilfebedürftig sind, in dem Maße unerheblich, wie jeder Beruf irgendwelche egoistischen Triebe von Individuen in Dienst nimmt. Problematisch ist nun, daß diese Ausrichtung von Frauen auf zwischenmenschliche Bedürfnisse (23) nur in einem institutionellen Rahmen, der diese Eigenschaft mit herrschaftlichen Zielen koppelt, möglich ist. In der Orientierung von Frauen auf "Hilfe" und der institutionellen Besetzung dieser Motivation erkennen wir den historischen Gegensatz zwischen der an keine Bedingungen geknüpften Barmherzigkeit und der durchrationalisierten philanthropischen "wenn-dann" Hilfe/Kontrolle wieder. Deshalb muß eine Kritik, wenn sie erhalten will, was Frauen an Potential einbringen, zwischen den beiden Elementen, nämlich der Zielsetzung der Institution und der Motivation ihrer ausführenden Mitglieder unterscheiden. Viele der heute in der Sozialarbeit tätigen Frauen sind sich dieses Problems bewußt und sehen sich, wenn tatsächlich Hilfe vonnöten ist, häufig gezwungen, diese nicht nach Programm, sondern nach eigenem Ermessen, am Rande der Illegalität zu gewähren. Sie müssen dabei ihrerseits bei Entdeckung Sanktionen von der Organisation in Kauf nehmen. Oder sie versuchen, Selbsthilfegruppen ohne staatliche Aufsicht zu organisieren - und laufen damit häufig in die offenen Arme von professionellen Institutionen, die sich von diesen Initiativen eine Innovation und Effektivierung versprechen (vgl. BADELT 1981, 235ff; RIEDMÜLLER 1984, 64).

Ein Rest an Herrschaft von Frauen über Frauen bliebe freilich auch dann erhalten, wenn es einmal gelingen sollte, das "Experten"- bzw. das "Staats"patriarchat zu überwinden. Denn es liegt im "Wesen" der

Sozialarbeit, daß außer alten und gebrechlichen Menschen niemand selbst um Hilfe nachsucht, sondern ihm diese aufgezwungen wird. Die Hilflosigkeit wird, abgesehen von soziostrukturellen Bedingungen, auch um der Erhaltung des Berufes willen produziert. In der autonomen Frauenbewegung, die von einer Selbstbestimmung von allen Frauen ausgeht, ist ein professioneller "Reflexionsüberschuß" von einigen Frauen gegenüber anderen fehl am Platze.
Für die Sozialarbeit ist wegen der vorhandenen Spannung zwischen Hilfe und Kontrolle ein "deformiertes Bewußtsein" der Mitarbeiter typisch (NEGT 1978, 59).
Die Statusbestätigung (bzw. der Statusgewinn für Aufsteigende) aus dem Gefälle zwischen ihnen und ihrer Klientel wird selten bewußt reflektiert, da ein Umgang mit Statusniedrigen durchaus auch einen negativen Einfluß auf die Bewertung des eigenen Status hat. Z.B. berichtet SELLACH (1983, 106), daß Sozialarbeiterinnen, die es mit sogenannten "besseren Kreisen" z.B. bei der Adoptionsvermittlung zu tun haben, sich für qualifizierter halten, als ihre Kolleginnen in den Obdachlosensiedlungen. Das Gefälle wird allenfalls als ein Privileg in Begriffen der Professionalisierung und Emanzipation gesehen. Frauen in der Sozialarbeit nehmen für sich in Anspruch, den "Sprung" in die Profession geschafft zu haben (JAECKEL 1981, 16).

Es mutet befremdlich an, wenn auch die "neue" deutsche Frauenbewegung demselben Fehler aufsitzt, den KICKBUSCH (1984, 170) der früheren Bewegung ankreidet: "Der ersten deutschen Frauenbewegung wird nicht bewußt, daß dieselben Strukturen geschlechtsspezifischer Arbeit für ihren Beruf bestimmend sind, die ihre Klientinnen zur Fürsorge treibt; die gesellschaftliche Zuständigkeit der Frau für die Beziehungsarbeit".

Die Einschätzung der Professionalisierung ist ambivalent. Einerseits kann die Sozialarbeit tatsächlich als die Möglichkeit von Frauen, eine Karriere zu machen, angesehen werden (vgl. WALTON 1975, 81ff.). An-

dererseits übernehmen Frauen auch innerhalb der Daseinsnachsorge von marginalen Gruppen die "niedrigeren" Ränge: Frauen, Kranke, Alte, Mädchen, während sich die wenigen männlichen Sozialarbeiter "im Revier" mit Männern und männlichen Jugendlichen befassen.
Weiterhin zeugt ihre Stellung in beruflichen Hierarchien davon, daß das weibliche Arbeitsvermögen nur dazu geeignet scheint, die Arbeit auszuführen. Während Männer in der Sozialarbeit Leitungsfunktionen, Management und Verwaltungsaufgaben übernehmen, werden Frauen in den unteren Rängen und im Außendienst, in der Arbeit "vor Ort" eingesetzt (WALTON 1985, 81ff.; SELLACH 1983, 110ff.). In Krankenhäusern, die hier nicht besprochen wurden, steht dem niedrigen Status der Schwestern die "kindliche Abhängigkeit" der Patienten gegenüber. Insofern beinhaltet ihr berufliches Training immer auch Elemente von Unterordnung und Unselbständigkeit (BECK-GERNSHEIM 1976, 83).

Die ältere amerikanische Berufssoziologie spricht offen von einem Semi-Professionalismus in "nursing services, schools, libraries, social work agencies", die aus einer geringeren Arbeitsmotivation von Frauen wegen ihrer familiären Orientierung resultiere (SIMPSON 1969, 196f.). Aus diesem Grunde, und auch deshalb, weil diese Organisationen finanzielle Hilfe verteilen, unterliegen sie einer stärkeren bürokratischen Kontrolle (TOREN 1969, 170; SCOTT 1969, 82ff.). Auf eine starke Motivation komme es aber gar nicht an, denn man sei ohnedies nicht geneigt, Frauen autonom walten zu lassen (SIMPSON 1969). Der höhere Rang einiger Frauen beruhe nicht auf ihren Leistungen, sondern leite sich von dem hohen Rang des Ehemanns ab (S. 232ff.). Auch in der sonst wenig sexistischen, ausführlichen Arbeit von WALTON (1975, 246f.) wird argumentiert, daß die Errungenschaften der Frauen in bezug auf Professionalisierung der Sozialarbeit nach dem Zweiten Weltkrieg dadurch wettgemacht wurden, daß sich nun viel mehr Frauen verheiraten konnten und deshalb nur noch an Halbtagsstellen interessiert waren.

Es mag schon zutreffen, daß Frauen an einer Professionalisierung, sofern sie eine Tauschwertorientierung, Entfremdung vom Produkt und Spezialisierung darstellt, nicht besonders interessiert sind. Dessen ungeachtet zeugen diese berufssoziologischen Darstellungen vor allem von viel Unverständnis für die Art der Arbeit, die von Frauen in der Sozialarbeit verlangt wird. Denn wie BECK-GERNSHEIM (1978) sagt, handelt es sich ja gerade um einen gesellschaftlichen "Trick", wenn Frauen, weil sie unspezifische Fähigkeiten haben, auch unter den Bedingungen beruflicher Arbeit im Reproduktionsbereich, hier im Bereich der aktiven sozialen Kontrolle, eine noch angemessene Bearbeitung der Probleme gewährleisten, denen mit standardisierten konditionalen Programmen überhaupt nicht beizukommen ist (24).

Wenn überhaupt Emanzipation mit einer Professionalisierung gleichgesetzt werden kann, kann eine Emanzipation in den Bereichen, die vom Patriarchat für die Emanzipation freigegeben wurden, auch von Frauen nur als eine Semi-Emanzipation angesehen werden. Der Reproduktionsbereich, die eingangs erwähnte Domäne von Frauen, erweist sich beim näheren Hinsehen vielmehr als eine ihnen zugewiesene Kolonie, worin sie Unrecht und Unterwerfung mit anderen Frauen teilen.

Anmerkungen

(1) Zu diesem Aspekt der gesellschaftlichen Funktions- bzw. Arbeitsteilung vgl. BECK-GERNSHEIM, 1976; 1980; OSTNER, 1978; JURCZYK, 1977; BECK/BRATER 1978; KICKBUSCH 1981; KONTOS/WALSER, 1979; OSTNER/BECK-GERNSHEIM 1979; ECKHARDT/JERISCH/KRAMER 1979.

(2) Wie KICKBUSCH (1984, 163) sagt, haben Frauen keine Wahl; entweder ist die Familie ihr "Beruf", oder ihr Beruf ist wie eine "Familie" organisiert; ausführlicher in KICKBUSCH 1981.

(3) Dies ist eine Anspielung auf die von OSTNER/KICKBUSCH am 20. Soziologentag in Bremen vorgebrachten feministischen Thesen zur Familien- und Sozialpolitik (1981, 412ff.).

(4) Ähnlich verhält es sich auf der strukturellen Ebene mit den Begriffen "soziale Kontrolle" und "soziale Ordnung" z.B. bei ROSS (1900). Die Festlegung des Begriffes "soziale Kontrolle" auf die engere Bedeutung von "Kontrolle des abweichenden Verhaltens" ist PARSONS (1951) und LA PIERRE (1954) zu verdanken (vgl. PITTS 1968, 383ff.).

(5) HESS (1983, 8ff.) zählt zur aktiven sozialen Kontrolle Mechanismen, die unerwünschtes Verhalten präventiv auszuschließen versuchen. Als Mittel könne dabei auch eingesetzt werden, daß Konformität als "gewolltes Sollen" erscheint. Man muß HESS zustimmen, daß sich die Kriterien "informell" und "formell" in der Kriminologie nur auf die reaktive soziale Kontrolle beziehen. Es ist jedoch zweckmäßig, auch die aktive, "präventive" soziale Kontrolle in der gleichen Weise zu unterteilen.

(6) Die auf dem Strafrecht beruhende reaktive soziale Kontrolle müsse auf die Dauer als ein untauglicher Mechanismus schon deshalb angesehen werden, weil am Ende große Teile der Lohnarbeiter aus der Gesellschaft ausgeschlossen und dadurch die Vorausssetzungen des Lohnarbeit-Kapitalverhältnisses gestört werden würden (RÖDEL/GULDIMANN 1978, 40).

(7) Diese Differenzierung teilen auch RÖDEL/GULDIMANN (1978). Die **präventive** soziale Kontrolle unterscheiden sie weiter zum einen in Maßnahmen, die in die Sozialisationsprozesse der heranwachsenden Lohnarbeiter mit dem Ziel eingreifen, eine kriminelle Karriere, d.h. ein Abweichen von der Bereitschaft, seine Arbeitskraft auf dem Arbeitsmarkt zu verkaufen, zu verhindern. Zum zweiten in "Maßnahmen, die sicherstellen sollen, daß auch der erwachsene Lohnarbeiter in der Regel als vereinzelter Besitzer der Ware Arbeitskraft agiert und nicht antizipierbare und daher unkontrollierbare Formen der kollektiven Interessenvertretung gar nicht erst entstehen" (1978, 40ff). - Diese Definition entspricht der Gliederung dieses Aufsatzes in "Kontrolle innerhalb der Familie" und "Kontrolle durch die Sozialarbeit".

(8) Die "Hygiene" des öffentlichen Lebens" war in der Tat zunächst die Sache der Polizei. MEYER (1981, 14) berichtet, daß der erste Rat für die Gesundheitspflege von Paris im Jahre 1802, der später in einen obersten Rat für Gesundheitspflege verwandelt wurde, vom Innenministerium eingerichtet wurde.

(9) Es handelt sich dabei, wie HONECKER (1981, 74) treffend bemerkt, um eine Identifizierung von Hygiene und Moral. Die Konstitution der Lebensstile zielt darauf ab, daß sich Menschen nicht primär als Privatpersonen betrachten sollen, sondern als Arbeitskräfte oder sonstwie nützliche Mitglieder der Gesellschaft. Sie sollen gesundheitliche Risiken vermeiden, damit ihre Leistungsfähigkeit erhalten bleibt und keine vergesellschafteten Kosten verursachen (vgl. HORN/BEIER/WOLF 1983, 2ff).

(10) Die untrennbare Verknüpfung von "Hilfe und Kontrolle" wird auch von in der Sozialarbeit involvierten Theoretikern gesehen, jedoch wird von ihnen typischerweise die Kontrollfunktion anders gewichtet. So meint u.a. BÖHNISCH (1982) bezüglich der Jugendarbeit, daß die (offene) Repression abnimmt, weil die Jugend kein direktes gesellschaftliches Risiko mehr darstelle. Aber: die Sozialarbeit sei zum "strategischen Instrument sozialer Integration" und "sozialpädagogischer Verwaltung sozialer Probleme" bzw. zum Frühwarnsystem für soziale Konflikte geworden. "Sozialarbeit und Sozialpädagogik sind in diesem Sinne Träger öffentlicher Erziehung, welche dem gesellschaftlichen Wert der "Normalität", der Anpassung von Kindern und Jugendlichen an die geltenden Normen verpflichtet werden und mit erzieherischer und kontrollierender Gewalt gegenüber Abweichungen von dieser Normalität ausgestattet sind" (BÖHNISCH 1982, 420ff.).

(11) DONZELOT (1980, 35) schreibt, daß sich die ersten Elternverbände zum Schutze der Kinder im Anschluß an die ärztlichen Appelle erst gegen Ende des 19. Jahrhunderts gebildet haben.

(12) Nach HEINSOHN/KNIEPER/STEIGER (1979) wurde die "Menschenproduktion" zur ersten Aufgabe der zentralen Staatsmacht und Kirche bzw. des "Polizei-Wesens" schon viel früher, nämlich ab dem Jahr 1480. Theoretisch wurde sie von BAUDIN, dem Wegbereiter des Merkantilismus begründet (1979, 55 ff.). Der Kapitalismus macht sich diese Menschenüberwachung lediglich zunutze (63ff.).

(13) Für die Gegenwart bestätigt RIEDMÜLLER (1980, 168) in ihrer Analyse der Reform des elterlichen Sorgerechts, daß dieses nicht so sehr die subjektiven Rechte des Kindes, wie die Inpflichtnahme der Eltern behandelt. Die Normierung des Schutzes von Kindern setzt Normen familiärer Erziehung fest, die, sobald sie nicht erfüllt werden, den staatlichen Eingriff rechtfertigen.

(14) Unter einem ähnlichen Titel behandelte HERRIGER (1980, 283) "Familienbezogene Interventionsprogramme", die nach unserem Verständnis der reaktiven institutionellen sozialen Kontrolle zugerechnet werden müssen, da deren Adressaten "delinquent ge-

fährdete" und "straffällige" Minderjährige sind (285). Unser Begriff der "Kolonialisierung der Familie" setzt früher, bei der Erziehung, an.

(15) Ob diese These (die auch von HONECKER 1981, 74, vertreten wird) zutrifft, will RODENSTEIN (1984, 110) nicht entscheiden. Auf jeden Fall brachte die Medikalisierung, d.h. die Unterstellung des weiblichen Körpers unter die Kontrolle von Medizinern, Frauen insofern Identitäts- und Status-Gewinn, als eine besondere "weibliche" Rolle für die vom Beruf aufgeschlossene bürgerliche Frau geprägt wurde.

(16) "Die medizinische Kontrolle von Schwangerschaft und Geburt hat und soll zur Folge haben, daß die Frauen auf ihre Gesundheit achten, Risiken vermeiden und so bereits während der Schwangerschaft zu den Verzichtsleistungen angehalten werden, die dann mit der Pflege des Säuglings, der Erziehung der Kleinkinder usw. in noch verstärktem Maße von der Mutter erwartet werden. Die Gesundheit der Frau ist das Mittel, das Ziel ist die Gesundheit des Säuglings" - schreibt RODENSTEIN (1984, 123).

(17) Die pränatale Kontrolle mit dieser Intention gehört längst nicht mehr in den Bereich der Utopie. Sowohl HELLERICH (1983, 217ff) für die Vereinigten Staaten wie MEYER (1981, 143ff) für Frankreich berichten von ausgeklügelten Programmen der "Fahndung schon im Mutterleib".

(18) Diese "herrschaftliche Intention" gilt auch, wie RODENSTEIN (1978, 113ff.) nachweist, für die Einführung von staatlicher (statt gewerkschaftlicher) Krankenversicherung.

(19) In der Tat zeichne sich der Beruf nach SKIBA (1973, 240) dadurch aus, daß er es übernommen hat, "das schlechte Gewissen der bürgerlichen Gesellschaft gegenüber dem Industrieproletariat zu entlasten und mit Herrschaftsmitteln die unterprivilegierte Gruppe des Industrieproletariats zu befrieden".

(20) KOHLBERGs (1976) theoretisches Modell enthält 6 Stufen, die von 1. unbegrenzter Egozentrik, über 2. begrenzte Egozentrik, d.h. konkrete individualistische Sicht, 3. der Orientierung des Urteils an Erwartungen der anderen, wie der Familie und der Gruppe, 4. die Definition der Moralität durch Gesetz und Über-/ Unterordnungsverhältnisse, 5. Orientierung auf eine überindividuelle konsentierte Sozialordnung und schließlich 6. eine universale Moral reichen. Die Stufen 1 und 2 werden als präkonventionelle Ebenen, die Stufen 3 und 4 als konventionelle Ebenen und die Stufen 5 und 6 als postkonventionelle bzw. prinzipielle Ebenen bezeichnet.

(21) Diese Orientierung auf "Hilfe" geht auf Vorstellungen über "gute zwischenmenschliche Beziehungen zurück", die nicht unproblematisch sind. Zum einen läßt die hohe Konformitätserwartung bzw. der hohe Druck wenig Raum für Toleranz gegenüber Abweichungen und verschiedenen Andersartigkeiten. Das zweite Problem besteht da-

rin, daß um der Harmonie der Beziehungen willen Konfliktverhalten, z.B. ein Aufbegehren gegen ein Unrecht, vermieden wird. Die Leidtragenden werden beschwichtigt - und die aus der unterschiedlichen Ressourcenverteilung (Schichten) und die aus dem Patriarchat resultierenden Benachteiligungen werden nicht einmal tangiert.

(22) Es wäre falsch anzunehmen, daß nur Frauen "helfen" wollen. Wie SCHMIDBAUER (1977) zeigt, beruhen gerade zwei der ältesten Professionen - Priester und Arzt - auf dieser Motivation. Die geschlechtsspezifischen Unterschiede liegen einmal darin, daß diese männlichen Helfer-Berufe ein sehr hohes, die weiblichen dagegen ein niedriges Ansehen genießen. Bezüglich der psychologischen Disposition zum Helfen, die auf die Attitüde des seitens der Eltern abgelehnten Kindes zurückgeht (S. 481), kann man vielleicht die Hypothese aufstellen, daß es nur wenige abgelehnte kleine Jungen, die sich später über das Helfen Anerkennung ("hohe Ich-Ideale") verschaffen wollen, dagegen aber viele kleine Mädchen mit dem Schicksal gibt.

(23) Auch PETERS (1973, 152 ff.) spricht von einer nichtgelungenen Professionalisierung der Sozialarbeit. Er führt das meines Erachtens (vgl. SMAUS 1978, 135) richtig darauf zurück, daß eine wissenschaftliche Systematisierung des Erfahrungsbereiches bald enthüllen würde, daß Maßnahmen zur Behebung der Hilfebedürftigkeit "strukturellen" Charakter haben müßten. Der Sozialarbeit ist die Einzelfallbetrachtung immanent, und diese läßt keine echte Verwissenschaftlichung, d.h. Professionalisierung, zu.

Literatur

ARIÉS, Ph., 1975: Geschichte der Kindheit, München.

BACKES, G./NOTZ, G./STIEGLER, B., 1983: Sie nützen viel und kosten nichts, in: Beiträge zur feministischen Theorie und Praxis, 9/10, 92ff.

BADELT, Chr., 1981: Selbsthilfe - eine verborgene ökonomische Macht, in: KICKBUSCH, I./TROJAN, A.: Gemeinsam sind wir stärker, Frankfurt, 235ff.

BECK, U./BRATER, M., 1978: Berufliche Arbeitsteilung und soziale Ungleichheit. Eine gesellschaftlich-historische Theorie der Berufe, Frankfurt/Main.

BECK-GERNSHEIM, E., 1978: Der geschlechtsspezifische Arbeitsmarkt, Frankfurt/Main.

BECK-GERNSHEIM, E., 1980: Das halbierte Leben. Männerwelt, Beruf, Frauenwelt, Familie, Frankfurt/Main.

BELOTTI, E.G., 1975: Was geschieht mit kleinen Mädchen, München.

BOCK, G./DUDEN, B., 1977: Arbeit aus Liebe - Liebe als Arbeit, in: Frauen und Wissenschaft. Beiträge zur Berliner Sommeruniversität für Frauen, Juli 1976, 2.ed., Berlin.

BÖHNISCH, L., 1982: Der Sozialstaat und seine Pädagogik, Neuwied/ Darmstadt.

BRUSTEN, M., 1973: Prozesse der Kriminalisierung - Ergebnisse einer Analyse von Jugendamtsakten, in: OTTO, H.-W./SCHNEIDER, S. (Hrsg.): Gesellschaftliche Perspektiven der Sozialarbeit, 2, Neuwied/Berlin, 85ff.

CHOROVER, St.L., 1982: Die Zurichtung des Menschen. Von der Verhaltenssteuerung durch die Wissenschaften, Frankfurt/New York.

DONZELOT, J., 1980: Die Ordnung der Familie, Frankfurt/Main.

FISCHER-KOWALSKY, M./LEITNER, F./STEINERT, H., 1975: Statusprobleme zwischen Polizei und Bevölkerung und ihre Bewältigung in der Produktion einer unteren Unterschicht, in: Arbeitskreis Junger Kriminologen (Hrsg.): Die Polizei. Eine Institution öffentlicher Gewalt. Analysen, Kritik, Empirische Daten, Neuwied/Darmstadt, 99ff.

FOUCAULT, M., 1976: Überwachen und Strafen. Die Geburt des Gefängnisses, Frankfurt/Main.

GAERTNER, A./SACHSSE, Ch., 1978: Diskussion: "Warum haben Sozialarbeiter ein deformiertes Selbstbewußtsein", in: GAERTNER, A./SACHSSE, Ch. (Hrsg.): Politische Produktivität der Sozialarbeit, Frankfurt/ New York, 183ff.

GERSTENMAIER, J./NESTMANN, F., 1984: Alltagstheorien von Beratung, Opladen.

GILLIGAN, C., 1982: In a different voice: Women`s conception of the self and of morality, Cambridge, Massachussetts/London.

GIPSER, D./STEIN-HILBERS, M. (Hrsg.), 1980: Wenn Frauen aus der Rolle fallen, Weinheim/Basel.

HARRENDORF, J., 1982: Vom Umgang mit dem Sozialstaat, Reinbek.

HEINSOHN, G./KNIEPER, R., 1974: Theorie des Familienrechts. Geschlechtsrollenaufhebung, Kindesvernachlässigung, Geburtenrückgang, Frankfurt/Main.

HEINSOHN, G./KNIEPER, R./STEIGER, O., 1979: Menschenproduktion. Allgemeine Bevölkerungslehre der Neuzeit, Frankfurt/Main.

HERRIGER, N., 1980: Familienintervention und soziale Kontrolle - Strategien der Kolonisierung von Lebenswelten, in: Kriminologisches Journal, 4, 283ff.

HELLERICH, G., 1983: Screening in den USA: Der Kleinstkinder TÜV, in: WAMBACH, M.M. (Hrsg.): Der Mensch als Risiko, Frankfurt/Main., 137ff.

HESS, H., 1983: Probleme der sozialen Kontrolle, in: KERNER, H.-J./GÖPPINGER, H./STRENG, F. (Hrsg.): Kriminologie, Psychiatrie, Strafrecht. Festschrift für Heinz Leferenz zum 70. Geburtstag, Heidelberg, 3ff.

HOLSTEIN, C.B., 1976: Irreversible, stepwise sequence in the development of moral judgements: A longitudinal study of males and females, in: Child development, 47, 51ff.

HORN, K./BEIER, CH./WOLF, M., 1983: Krankheit, Konflikte und soziale Kontrolle, Opladen.

JAECKEL, M., 1980: Wer - wenn nicht wir. Zur Spaltung von Frauen in der Sozialarbeit - Eine Streitschrift für Mütter, München.

JURCZYK, K., 1977: Frauenarbeit und Frauenrolle, Frankfurt/New York.

KICKBUSCH, I., 1981: Thesen zur feministischen Sozialpolitik. Verhandlungen des 20. Deutschen Soziologentages in Bremen 1980, Frankfurt/New York, 414ff.

KICKBUSCH, I., 1981: Die Familialisierung der weiblichen Arbeit. Zur strukturellen Ähnlichkeit zwischen bezahlter und unbezahlter Frauenarbeit, Diss., Universität Konstanz.

KICKBUSCH, I., 1984: Familie als Beruf - Beruf als Familie: Der segregierte Arbeitsmarkt und die Familialisierung der weiblichen Arbeit, in: KICKBUSCH, I./RIEDMÜLLER, B. (Hrsg.): Die armen Frauen. Frauen und Sozialpolitik, Frankfurt/Main, 163ff.

KOHLBERG, L., 1976: Moral Stage Scoring Manual: Part I, Introduction to Interviewing and Scoring. Center for Moral Education, Harvard, Massachussetts.

KOSCHWALD, U., 1981: Bewertung (Evaluation) von Selbsthilfegruppen, in: KICKBUSCH, I./TROJAN, A.: Gemeinsam sind wir stärker, Frankfurt/Main, 179ff.

KONTOS, S./WALSER, K., 1979: ... weil nur zählt, was Geld einbringt, Gelnhausen/Berlin/Stein/Mfr.

LUHMANN, N., 1973: Formen des Helfens im Wandel gesellschaftlicher Bedingungen, in: OTTO, H.-W./SCHNEIDER, S. (Hrsg.): Gesellschaftliche Pespektiven der Sozialarbeit, 1, Neuwied/Berlin, 21ff.

MALINOWSKI, P./MÜNCH, U., 1975: Soziale Kontrolle. Soziologische Theoriebildung und ihr Bezug zur Praxis der sozialen Arbeit, Neuwied/Darmstadt.

MATTHES, J., 1973: Sozialarbeit als soziale Kontrolle?, in: OTTO, H.-W./SCHNEIDER, S. (Hrsg.): Gesellschaftliche Perspektiven der Sozialarbeit, 1, Neuwied/Berlin, 107ff.

DE MAUSE, L. (Hrsg.), 1980: Hört ihr die Kinder weinen. Eine psychogenetische Geschichte der Kindheit, Frankfurt/Main.

MEYER, Ph., 1981: Das Kind und die Staatsräson oder die Verstaatlichung der Familie, Reinbek.

NEGT, O., 1978: Notizen zum Verhältnis von Produktion und Reproduktion. Am Beispiel des politischen Selbstverständnisses von Sozialarbeitern, in: GAERTNER, A./SACHSSE, Ch. (Hrsg.): Politische Produktivität der Sozialarbeit, Frankfurt/New York.

OSTNER, I., 1978: Beruf und Hausarbeit. Die Arbeit der Frau in unserer Gesellschaft, Frankfurt/Main.

OSTNER, I., 1981: Die Interessen des Staates an der Familie sind nicht die Interessen der Frauen, in: Lebenswelt und soziale Probleme. Verhandlungen des 20. Deutschen Soziologentages zu Bremen 1980, Frankfurt/New York, 412ff.

OSTNER, I./BECK-GERNSHEIM, E., 1979: Mitmenschlichkeit als Beruf. Eine Analyse des Alltags in der Krankenpflege, Frankfurt/Main.

OTTOMEYER, K., 1977: Ökonomische Zwänge und menschliche Beziehungen, Soziales Verhalten im Kapitalismus, Reinbek.

PARSONS, T., 1951: The Social System, Glencoe, III.

PEARCE, F./ROBERT, A., 1970: The Social Regulation of Sexual Behaviour and the Development of Industrial Capitalism in Britain, in: BAILY, R./YOUNG, J. (Hrsg.): Contemporary Social Problems in Britain, Westmead Farmborough, 51.

PETERS, H., 1968: Moderne Fürsorge und ihre Legitimation. Eine soziologische Analyse der Sozialarbeit, Köln/Opladen.

PETERS, H., 1970: Die mißlungene Professionalisierung der Sozialarbeit. Das Verhältnis von Rolle, Handlungsfeld und Methode, in: Kölner Zeitschrift für Soziologie und Sozialpsychologie, 22, Nr. 2, 335ff.

PETERS, H., 1973: Die politische Funktionslosigkeit der Sozialabeit und die "pathologische" Definition ihrer Adressaten, in: OTTO, H.-W./SCHNEIDER, S.: Gesellschaftliche Perspektiven der Sozialarbeit, 1. Halbband, 151ff.

PETERS, H./CREMER-SCHÄFER, H., 1975: Die sanften Kontrolleure. Wie Sozialarbeiter mit Devianten umgehen, Stuttgart.

LA PIERRE, R.T., 1954: A Theory of Social Control, New York.

PITTS, J.R., 1968: Social Control. The Concept, in: SILLS, D.L., (Hrsg.): International Encyclopedia of the Social Sciences, Bd. 14, 381ff.

PREUSSER, N., 1982: Zwangsalternativen - Zur Dialektik von Subkultur und Hinterwelt, in: PREUSSER, N. (Hrsg.): Armut und Sozialstaat, Bd. 4, Nachrichten aus der gefahrvollen Welt der unteren Klassen, München, 332ff.

RIEDMÜLLER, B., 1978: Zur Rolle der Sozialhilfe in der psycho-sozialen Versorgung, in: Psychologie und Gesellschaftskritik, 4, Nr. 8, 81ff.

RIEDMÜLLER, B., 1981: Selbsthilfe ist unerwünscht. Zur Stellung der Selbsthilfe im Sozialversicherungsrecht, in: KICKBUSCH, I./TROJAN, A. (Hrsg.): Gemeinsam sind wir stärker, Frankfurt/Main, 225ff.

RIEDMÜLLER, B., 1984: Frauen haben keine Rechte. Zur Stellung der Frau im System sozialer Sicherheit, in: KICKBUSCH, I./RIEDMÜLLER, B. (Hrsg.): Die armen Frauen. Frauen und Sozialpolitik, Frankfurt/Main, 46ff.

RIEMANN, I., 1984: Die Rolle der Frauenvereine in der Sozialpolitik. Vaterländischer Frauenverein ud gemäßigter Flügel der Frauenbewegung zwischen 1865 und 1918, in: KICKBUSCH, I./RIEDMÜLLER, B. (Hrsg.): Die armen Frauen. Frauen und Sozialpolitik, Frankfurt/Main, 201ff.

RODENSTEIN, M., 1978: Arbeiterselbsthilfe, Arbeiterselbstverwaltung und staatliche Krankenversicherungspolitik in Deutschland, in: GULDIMANN, T./RODENSTEIN, M./RÖDEL, U./STILLE, F.: Sozialpolitik als soziale Kontrolle. Starnberger Studien 2, Frankfurt/Main, 113ff.

RODENSTEIN, M., 1984: Somatische Kultur und Gebärpolitik. Tendenzen in der Gesundheitspolitik für Frauen, in: KICKBUSCH, I./RIEDMÜLLER, B., (Hrsg.): Die armen Frauen. Frauen und Sozialpolitik, Frankfurt/Main, 103ff.

RÖDEL, U./GULDIMANN, T., 1978: Sozialpolitik als soziale Kontrolle, in: GULDIMANN, T./RODENSTEIN, M./RÖDEL, U./STILLE, F.: Sozialpolitik als soziale Kontrolle, Starnberger Studien 2, Frankfurt/Main, 11ff.

ROSS, E.A., 1901: Social Control: A Survey of the Foundations of Order, New York/London.

SACHSSE, Ch./TENNSTEDT, F., 1980: Geschichte der Armenfürsorge in Deutschland. Vom Spätmittelalter bis zum 1. Weltkrieg, Stuttgart/Berlin/Köln/Mainz.

SACK, F., 1973: Abweichendes Verhalten aus soziologischer Sicht - Folgen für die Sozialarbeit, in: OTTO, H.-W./SCHNEIDER, S. (Hrsg.): Gesellschaftliche Perspektiven der Sozialarbeit, 1, Neuwied/Berlin, 129ff.

SACK, F., 1974: Definition von Kriminalität als politisches Handeln: der labelling approach, in: Arbeitskreis Junger Kriminologen. Kritische Kriminologie, München, 18ff.

SCHMIDBAUER, W., 1977: Die hilflosen Helfer. Über die seelische Problematik der helfenden Berufe, Reinbek.

SCHÜLEIN, J.A., 1983: Gesellschaftliche Entwicklung und Prävention, in: WAMBACH, M.M. (Hrsg.): Der Mensch als Risiko, Frankfurt/Main, 13ff.

SCHULZ, CH./WAMBACH, M.M., 1983: Vorbemerkungen. Oberfläche und Dunkelfeld, in: WAMBACH, M.M. (Hrsg.): Der Mensch als Risiko, Frankfurt/Main, 7ff.

SCOTT, B., 1969: Professional Employees in a Bureaucratic Structure: Social Work, in: ETZIONI, A. (Hrsg.): The Semi-Professions and their Organizations. Teachers, Nurses, Social Workers, New York, 82ff.

SELLACH, B., 1983: Zukunft der Sozialarbeit als Zukunft der Spaltung zwischen Frauen?, in: Beiträge zur feministischen Theorie und Praxis. Neue Verhältnisse in Technopatria. Zukunft der Frauenarbeit, 9/10, 105ff.

SIMMEL, G., 1908: Der Arme, in: Soziologie. Untersuchung über die Formen der Vergesellschaftung, Leipzig, 489ff.

SIMPSON, I.H., 1969: Women and Bureaucracy in the Semi-Professions, in: ETZIONI, A. (Hrsg.): The Semi-Professions and their Organizations. Teachers, Nurses, Social Workers, New York, 196ff.

SKIBA, E.G., 1973: Zum Fremdbild des Sozialarbeiters, in: OTTO, H.-W./SCHNEIDER, S. (Hrsg.): Gesellschaftliche Perspektiven der Sozialarbeit, 2, Neuwied/Berlin, 223ff.

SMAUS, G., 1985: Das Strafrecht und die Kriminalität in der Alltagssprache der deutschen Bevölkerung, Wiesbaden.

SMAUS, G., 1979: Relevanz der öffentlichen Meinung für die Wiedereingliederung der Strafentlassenen, in: Zeitschrift für Strafvollzug und Straffälligenhilfe, 28, 3, 131ff.

TOREN, N., 1969: Semi-Professionalism and Social Work. A Theoretical Perspective, in: ETZIONI, A. (Hrsg.): The Semi-Professions and their Organizations. Teachers, Nurses, Social Workers, New York, 141ff.

TREIBER, H./STEINERT, H., 1980: Die Fabrikation des zuverlässigen Menschen. Über die Wahlverwandtschaft von Kloster- und Fabrikdisziplin, München.

TORNIERPORTH, G., 1977: Studien zur Frauenbildung, Weinheim/Basel.

TWELLMANN, M., 1976: Die deutsche Frauenbewegung. Ihre Anfänge und erste Entwicklung 1843-1939, Kronberg.

VOBRUBA, G., 1983: Prävention durch Selbstkontrolle, in: WAMBACH, M.M. (Hrsg.): Der Mensch als Risiko, Frankfurt/Main, 29ff.

WAMBACH, M.M., 1978. Mikropolitik der Hilfe, in: Psychologie und Gesellschaftskritik, 2, 4 Nr. 8, 58ff.

WAMBACH, M.M., 1981: Kinder als Gefahr und Risiko. Zur Psychiatrisierung und Therapeutisierung von Kindheit, in: HENGST, H./KÖHLER, M./RIEDMÜLLER, B./WAMBACH, M.M.: Kindheit als Fiktion, Frankfurt/Main, 191.

WALTON, R.G., 1975: Women in Social Work, London/Boston.

WEIS, K., 1975: Der Übergang informeller zur formellen sozialen Kontrolle, in: Kriminologisches Journal, 2, 125ff.

FAMILIENKONFLIKTE VON HEIMMÄDCHEN

Marie-Luise Conen

Wenn Mädchen von zu Hause weglaufen, sind wir oft geneigt, dieses Verhalten als "negativ", "pathologisch", "störend" und "abweichend" zu bezeichnen. Einblicke in die Akten der Jugendämter zeigen ebenfalls deutlich eine negative Einschätzung dieser Mädchen. Sie werden als "erziehungsschwierige" Mädchen stigmatisiert. Ich habe für meine Studie vierzehn Mädchen interviewt und aufgrund dessen ein anderes Bild von ihnen erhalten (CONEN 1983).

Gabi, ein 14jähriges Mädchen, das seit einigen Monaten in einer Heimgruppe lebt, ist mit ihrer Biographie ein typisches Beispiel für die Mädchen, mit denen ich sprach.

Gabi wuchs mit ihren zwei jüngeren Geschwistern und ihrer Mutter auf. Ihre Mutter ist seit langem alkoholabhängig. Gabi versorgt den Haushalt seit einigen Jahren weitgehend selbst, da die Mutter die meiste Zeit nicht dazu in der Lage ist. Sie weckt morgens ihre Geschwister, macht sie fertig für Schule und Kindergarten, kommt nach ihrem Schulbesuch nach Hause, bereitet das Mittagessen zu, wäscht das Geschirr ab, säubert die Wohnung, kümmert sich um ihre Geschwister, fliegt über ihre eigenen Hausaufgaben hinweg ... lange Zeit geht dies gut. Niemand bemerkt irgendwelche besonderen Probleme.

Eines Tages lernt Gabis Mutter einen Mann kennen, der schließlich auch in die Wohnung einzieht. Ihr "Stiefvater" nimmt Anstoß an den "Privilegien", die Gabi hat, indem sie abends in ein benachbartes Jugendfreizeitheim geht, andere Gleichaltrige zu sich nach Hause einlädt oder diese zu Hause besucht. Der "neue Mann" in der Familie redet ein Machtwort und schreibt der Mutter vor, nicht so ihre Tochter aufzuziehen. Er kritisiert Gabis Arbeiten zu Hause ebenso wie ihr Aussehen und ihre Kleidung; aber er zeigt auch ein gewisses "männliches Interesse" an ihr.

Und Gabi? Sie erfährt keine Unterstützung von ihrer Mutter. Ihre Möglichkeiten, die übermäßige und überfordernde Verantwortung für die Familie zu kompensieren, scheinen sich aufzulösen. Sie realisiert, daß egal wie hart sie es versucht, nichts was sie tut, richtig ist. Es gibt von den erwachsenen Familienmitgliedern keine Wertschätzung für ihre aufopfernde Arbeit. Ihre Mutter - so beobachtet Gabi - nimmt Partei für ihren neuen Partner und nicht für ihre Tochter.

Gabi sucht nach Auswegen und schaut sich um nach Gleichaltrigen, bei denen sie Verständnis für ihre ausweglose Situation erhofft. Sie schwänzt die Schule, um ihre verlorene Freizeit vormittags während der Schulzeit nachzuholen. Sie stiehlt kleine Dinge wie Süßigkeiten oder einen Lippenstift, während sie sich in den Warenhäusern die Zeit vertreibt. Sie wird noch nicht bei ihren Diebstählen geschnappt.

Aber schließlich fällt sie durch ihr Schulschwänzen den Schulbehörden auf. Ein "blauer Brief" der Schule verursacht Auseinandersetzungen und Kämpfe zwischen Mutter und "Stiefvater" einerseits und Gabi andererseits. Die Kämpfe enden damit, daß Gabi aus der Familie flüchtet. Sie bleibt ein paar Tage bei einer Freundin. Schließlich ruft sie ihre Lehrerin an, der sie sich anvertraut. Gemeinsam geht sie mit ihr zum Jugendamt und bittet die Sozialarbeiterin um Unterbringung in einem Heim oder einer Jugendwohngemeinschaft. Sie erklärt, daß sie nicht mehr nach Hause zurückgehen will.

Wenn Gabi ein Junge gewesen wäre, hätte ich sie vermutlich nie in einem Erziehungsheim angetroffen.

Das weitverbreitete Ignorieren der unterschiedlichen Gründe, warum Mädchen und Jungen in Erziehungsheime kommen, hat entsprechende Auswirkungen auf die Planung und Entwicklung von Angeboten der Jugendhilfe.

Im allgemeinen hat die Jugendhilfeliteratur bis vor kurzem keine Unterschiede zwischen Mädchen und Jungen dargelegt und die unterschiedlichen Ursachen devianten Verhaltens in ihre Überlegungen nicht einbezogen. Einige wenige Studien haben die Unterschiede in den abweichenden Verhaltensweisen von Mädchen und Jungen untersucht. Aber auch diese Studien ignorieren weitestgehend die Geschlechtsspezifität von

"Vergehen" wie: Unkorrigierbarkeit, unerwünschte sexuelle Beziehungen, unmoralisches Benehmen, Abwesenheit von zu Hause ohne Einwilligung der Erziehungsberechtigten, nicht mehr unter Kontrolle der Eltern zu halten u.ä.m. (1). Mädchen werden in geschlossene Einrichtungen (LAMBERT/BIRKENMAYER 1972) gebracht aus Gründen, für die Jungen niemals eingesperrt werden würden. Jungen begehen Straftaten, für die Erwachsene zu Arrest oder Gefängnis verurteilt werden (LANDAU 1975). Mädchen greifen äußerst selten jemand anderen körperlich an, meistens dann sich selbst. Sie bilden im allgemeinen keine Bedrohung für das Eigentum anderer (so gut wie keine Einbrüche und Autodiebstähle) (2). Wären die Mädchen männlich oder Erwachsene, würden sie nicht in einer geschlossenen Einrichtung untergebracht.

Auch wenn die geschlechtsbezogenen Vorurteile weiterhin bestehen, so ist doch ein Wandel zu beobachten, warum Mädchen in Erziehungsheimen untergebracht werden. Auch heute noch werden Mädchen in Heimen untergebracht, weil sie unerwünschte sexuelle Beziehungen haben oder sie sich unmoralisch verhalten. Jedoch wirken sich Einflüsse der Frauenbewegung sowie Veränderungen der allgemeinen Moralvorstellungen auch auf die Wahrnehmung abweichenden Verhaltens der Mädchen aus. Heute wird zunehmend deutlicher, daß die Probleme der Mädchen eher im Zusammenhang mit ihrer familialen Situation stehen.
Oft - wie im Falle von Gabi - führen die Auseinandersetzungen und Kämpfe zu Hause zu einer bewußten oder unbewußten Flucht aus der Familie, was auch immer der Anlaß für den Konflikt in der Familie gewesen ist.

Ich bin immer wieder darüber überrascht, daß die Mädchen es schaffen, relativ normal unter diesen schwierigen und widersprüchlichen Bedingungen aufzuwachsen. Die meisten Mädchen versuchen verzweifelt und unter allergrößten Anstrengungen, mit einer unerträglichen Situation klar zu kommen.

Auf einer unbewußten Ebene versucht das Mädchen, Aufmerksamkeit für seine Probleme zu erregen, indem es sich auffällig verhält und indirekt damit um Hilfe ruft (STIERLIN 1980; 1982). Die verschiedenen Belastungen, Enttäuschungen und Konflikte, die meist über sehr lange Zeit bestehen, tragen dazu bei, daß das Mädchen schließlich ausbricht.

Zu den allgemeinen Entwicklungen der Adoleszenz kommt bei diesen Mädchen das Bedürfnis und die Notwendigkeit hinzu, die unterdrückten und bisher unerfüllten Wünsche nach Akzeptanz, Angenommensein und die in diesem Zusammenhang aufgetretenen Gefühle zu kompensieren. Um die Anforderungen ihrer Familie und Umgebung bewältigen zu können, hat das Mädchen eine negative Einstellung entwickelt; diese findet u.a. ihren Ausdruck in Haß und Feindseligkeit gegen fast alles, einschließlich ihrer eigenen Person. Ihre Erfahrungen und Begegnungen sind von einem tiefen Mißtrauen, das wesentlicher Bestandteil ihres Lebens ist, bestimmt.
Den Mädchen war es nicht möglich, in ihrer Kindheit ein Ur- bzw. Grundvertrauen zu entwickeln. Dies führt zu einem tiefliegenden Gefühl von Machtlosigkeit und Ausgeliefertsein, was wiederum Grundlage für ihr (selbst-)destruktives Verhalten ist. Diese Haltung erscheint den Mädchen als die einzige Möglichkeit zu überleben (BLOS 1969; SCHWARZMANN 1973). Andere Möglichkeiten mit ihren Aggressionen umzugehen, wären die Flucht in schwere Depressionen oder in Suizid (MILLER 1981).

Die allgemeine gesellschaftliche Diskriminierung von Frauen hat auch Auswirkungen auf die Beziehung zwischen Mutter und Tochter. Meinen Beobachtungen nach liegt der kritische Punkt für die Entwicklung einer Devianzkarriere des Mädchens in der Beziehung zu ihrer Mutter. Das Mädchen befindet sich in einem defensiven Kampf, in ihren Bemühungen und Wünschen um eine Beziehung zu den Eltern bzw. zur Mutter, in der sie gebraucht und gewünscht ist. Sie hat meist Beziehungen zu jungen Männern, die aufgrund ihrer eigenen Problematik selbst sehr bedürftig und nicht in der Lage sind, bei den Mädchen deren Bedürfnislücken zu füllen. Das Mädchen hat während seiner Kindheit meist einen distanzierten und/oder abwesenden Vater erlebt; ihre Unzufriedenheit darüber teilt sie mit ihrer Mutter. Die Mutter hat im allgemeinen die Kinder als alleinerziehender Elternteil ohne väterliche Unterstützung aufgezogen; sie ist vorwiegend mit unzuverlässigen und sie verlassenden Männern konfrontiert. Diese Mütter erfahren nur wenig oder keine Hilfe von ihren Partnern. Ebenso erhalten sie nur unzureichende Unterstützung durch die Behörden, einschließlich des Sozial- und auch des Jugendamtes (z.B. Bereitstellung von Kindergarten- und Hortplätzen für die kleineren Kinder). Sie geben an ihre Töchter ambivalente Signale über ihr Frau- und Muttersein. Dies führt bei den Mädchen wiederum zu einer unbefriedigenden Identifikation mit der Mutter (BLOS 1969; KAUFMAN et al. 1959; KONOPKA 1966).

Der Streß und Druck der Adoleszenz sind bedrohlich für das deviante Mädchen. Neben ihrer Angst vor einer Trennung von der Familie und dem Verlust von Beziehungen, befindet sie sich nun auch in einem angespannten Verhältnis zu ihrer Umgebung (KAUFMAN et al. 1969). Ihre Auffälligkeiten scheinen ein Weg zu sein, mit ihrer grundlegenden depressiven Gefühlslage umzugehen. Das Mädchen hat nur relativ wenig emotionale Unterstützung seit ihrer frühen Kindheit erfahren. Ihre Kindheit gab ihr keine ausreichende Grundlage für die psychischen Spannungen und Auseinandersetzungen sowie für den Umgang mit den Anforderungen ihrer Umgebung an sie.
Bezieht man die Umstände ein, unter denen das Mädchen aufgewachsen ist und die es durch sein auffälliges Verhalten zu kompensieren sucht, ist das Mädchen in einem Erziehungsheim eigentlich eine relativ stabile Jugendliche. Ein anderes Mädchen zieht möglicherweise eher passive Strategien vor, um ihre Probleme bewältigen zu können und um damit zu erreichen, daß die enormen Anforderungen an sie reduziert werden. Die meisten Problemlösungsstrategien von Frauen, wie Krankheiten, Alkoholismus und Prostitutuion, sind keine strafrechtlich verfolgten sondern sogar gesellschaftlich sanktionierte Verhaltensweisen. Wenn das Mädchen volljährig ist, verschwindet die mädchenspezifische Devianz. Einen Freund zu haben oder länger auszubleiben, führt zu keinerlei fürsorgerischen Interventionen, sobald das Mädchen das Volljährigkeitsalter erreicht hat.

Zusammengefaßt sehe ich bei den Mädchen, die von zu Hause geflüchtet sind und in einem Heim leben, das Hauptproblem in der sozialen und ökonomischen Situation ihrer Herkunftsfamilie und der Unterdrückung der Frau in Familie und Gesellschaft. Es sind die Anforderungen und geschlechtsspezifischen Erwartungen, die zur Flucht der Mädchen aus dem Elternhaus führen. Die Ablösung von ihren Familien und ihre Identitätssuche sind die immer wiederkehrenden Themen in den Gesprächen mit Mädchen.

Der Fall von Gabi ist exemplarisch für ein weitverbreitetes Problemmuster, das ich bei den Mädchen eines Heimes fand.
Die Mädchen sind zwischen 14 und 18 Jahre alt, mit Schwerpunkt auf dem Alter 15-16 Jahre. Die meisten von ihnen sind Schülerinnen (vorwiegend Besuch der Hauptschule oder Lehrgänge zum Nachholen des Hauptschulabschlusses), einige befinden sich in einer Ausbildung, andere haben als Hilfsarbeiterinnen eine Arbeit gefunden (Wäscherei, Hotels, Gaststätten, Putzfirmen). Die Mädchen kommen meist aus sozio-ökonomisch benachteiligten Familien, in denen bereits Vater und/oder Mutter entweder keine Berufsausbildung hatten oder längere Zeit erwerbslos waren. In ihren Familien sind die Eltern in der Regel getrennt oder geschieden; häufig lebt ein neuer Partner/Freund der Mutter in der Familie oder die Kinder werden - wenn der Vater erziehungsberechtigt ist - von einem Großelternteil betreut, manche Kinder wuchsen auch in Pflegefamilien auf.

Nach Unterlagen der Jugendbehörden sind Hauptheimeinweisungsgründe:

- Weglaufen von zu Hause / Trebe gehen
- Schulschwänzen
- Aggressivität
- (selbst-)destruktives Verhalten
- unerwünschte sexuelle Beziehungen / sexuelles Agieren
- außerhalb der elterlichen Kontrolle
- Aufsuchen von verbotenen Orten und Plätzen (3).

Diese Heimeinweisungsgründe sagen jedoch nichts über die eigentlichen Probleme der Mädchen aus, die deutlich werden, wenn man ihre Symptome betrachtet: emotionale Unruhe, Kontaktprobleme, geringes Selbstwertgefühl, Tendenz zur Realitätsflucht, allgemeines Mißtrauen gegenüber ihrer Umgebung, deutliche soziale Ängste, Probleme, das eigene Verhalten zu antizipieren, Schwierigkeiten, sich in einer zufriedenstellenden Beziehung zu engagieren, Arbeitsprobleme, Konzentrationsschwierigkeiten, geringe Frustrationstoleranz u.ä.m.

Die Gründe, die zur Unterbringung in einem Heim führen, haben sich gewandelt. Während vor ca. 8-10 Jahren die Mädchen meist wegen sogenannter sexueller Verwahrlosung ins Heim kamen, sind es heute familiale Konflikte, die die Trennung von Tochter und Eltern herbeiführen. Heute haben im allgemeinen die Mädchen, die im Heim leben, keine Heimkarriere hinter sich, wie dies früher oft der Fall war. Die meisten von ihnen kommen im Alter zwischen 13 und 15 Jahren direkt von zu Hause in ein Heim (4).
Während der letzten Jahre hat die Zahl der Mädchen zugenommen, die von sich aus eine Unterbringung in einem Heim beantragt haben. Leider werden keine Statistiken über die Zahl der Selbstmelder geführt, um darüber fundierte Aussagen zu treffen. Jedoch lassen Aussagen von Jugendamts- und Heimmitarbeitern vermuten, daß ca. die Hälfte der Mädchen von sich aus eine Fremdunterbringung anstrebt. Heute stellen Mädchen offensichtlich mehr und mehr die rigiden Anforderungen und Restriktionen ihrer Familien in Frage: sie wehren sich und nehmen die familialen Ansprüche nicht mehr länger hin.

Der sozio-ökonomische Hintergrund der Familien, aus denen die Heimmädchen kommen, hat sich ebenfalls etwas verändert. Während früher die Mädchen fast ausschließlich aus sogenannten Unterschichtfamilien stammten, kommen zunehmend mehr Mädchen aus Mittelschichtfamilien in Heime und Jugendwohngemeinschaften. Das negative Image der Heime hat sich je nach Region verändert, so daß in Krisensituationen für Mädchen aufgrund der Mund-zu-Mund-Informationen der Gang in ein Heim nicht mehr diesen stigmatisierenden Charakter hat wie noch vor einigen Jahren. Häufig sind die Mädchen in Ein-Eltern-Familien, in denen die Mütter überfordert und überlastet sind, aufgewachsen.

Die Erziehung einer pubertierenden Tochter bringt für die meisten Eltern Probleme und Schwierigkeiten mit sich. Unzufriedenheit und Mißbilligung sowie Verleugnung von berechtigten Forderungen auf beiden Seiten - Eltern und Tochter - tragen zu stark emotionsgeladenen Auseinandersetzungen und Kämpfen bei. Gleich welchen konkreten Inhalt diese Konflikte haben, die Auseinandersetzungen führen bei den Heimmädchen letztlich zu einer bewußten oder unbewußten Flucht aus der Familie.

Für das Mädchen, das mit Mutter und Stiefvater bzw. Freund der Mutter aufwächst, bestehen die größten Schwierigkeiten in den Auseinandersetzungen mit ihrer Mutter. Ein Mädchen, das beim Vater lebt und ggf. von der Großmutter väterlicherseits aufgezogen wurde, hat i.d.R. Probleme mit dem Ausmaß der väterlichen Kontrolle über ihre Interessen, Aktivitäten und Bedürfnisse. Ein Vater z.B. befahl seiner 15jährigen Tochter, sich nicht mehr nach 18.00 Uhr außerhalb der Wohnung aufzuhalten - Sommer wie Winter - da er befürchtete, daß sie sonst in falsche Hände bzw. in falschen Umgang geraten würde.

Auch wenn Vater, Stiefvater oder Mutters Freund scheinbar eher eine marginale Rolle innerhalb des Familienlebens einnehmen, haben sie doch einen enorm großen Einfluß auf das Leben der Frauen in diesen Familien. Wenn "Stiefvater" und Tochter nicht miteinander auskommen, ist es das Mädchen, das die Familie verlassen hat - entweder von Mutter und "Stiefvater" ausgestoßen oder aufgrund ihres eigenen Entschlusses. Dies trifft ganz besonders für Mädchen zu, die von diesen Männern sexuell mißbraucht wurden.

Jedoch liegt der kritische Punkt bei der Familienflucht der Mädchen in dem mangelnden Angenommensein der Mädchen durch ihre Eltern. Das Mädchen leidet unter dem Fehlen emotionaler Unterstützung. Ablehnungen und Vernachlässigungen haben Einfluß auf ihre Lebensvorstellungen genommen. Das Mädchen versucht so viel wie möglich, Wertschätzung und Anerkennung von ihrer Mutter zu erhalten. Sie ist von frühester Kindheit von ihren Eltern abgelehnt worden und wurde meist unerwünscht geboren. Einige Mütter hatten überlegt, das Kind abzutreiben, entschieden sich aber aufgrund des Drucks durch Partner oder der Herkunftsfamilie dagegen; andere gingen sogenannte "Muß-Ehen", teilweise erzwungen, ein.

Die Mädchen zeigen unterschiedliche Formen, diese Ablehnung, ja gar Abwehr ihrer Person zu bewältigen. Sie transformieren die Ablehnung in eine Haltung von Haß oder Gleichgültigkeit wie z.B: "Es macht mir nichts aus, daß meine Mutter/meine Eltern mich nicht wollen". Dennoch versucht das Mädchen immer wieder zu erreichen, daß ihre Existenz von den Eltern akzeptiert und anerkannt wird. Sie setzt viel Arbeit und Energie in dieses Ziel, indem sie u.a. den häuslichen Anforderungen nachkommt. Sie betreut ihre jüngeren Geschwister und kümmert sich um den Haushalt. Ihre Mutter ist dazu aus verschiedenen Gründen nicht in der Lage: Alkoholprobleme, Tablettenabhängigkeit, Krankheiten oder ihre eigene meist schwere körperliche Erwerbstätigkeit.

Das Ausmaß der häuslichen Pflichten dieser Mädchen übertrifft im allgemeinen das von anderen Jugendlichen gleichen Alters. Dennoch geht das Mädchen lange Zeit ohne Widerspruch diesen Aufgaben und Pflichten nach. Zu Hause zu helfen und Elternersatz zu sein, ist ein Weg für sie, um Anerkennung und Akzeptanz zu erhalten. Durch das Betreuen der Geschwister und das Versorgen des Haushaltes erfährt das Mädchen sich als kompetent. Es entwickelt Qualifikationen, die für ihr späteres Leben - wenn auch jetzt altersmäßig eher überfordernd - notwendig sind. Sie kann dadurch feststellen, daß sie gebraucht wird. Das Erfüllen der häuslichen Aufgaben ist jedoch auch von essentieller Bedeutung und Notwendigkeit für die Aufrechterhaltung des Familienlebens.

Durch ihre Vermittlerrolle bei Auseinandersetzungen zwischen Mutter und ihrem Partner hoffen die Mädchen zum Erhalt ihres Zuhauses für sich und die Geschwister beizutragen. Sie beraten ihre Mütter in Partnerfragen; ferner beschützen sie auch ihre Mütter, indem sie ggf. die Polizei rufen, wenn diese von ihren Partnern körperlich mißhandelt werden.

Die Mädchen realisieren das Ausmaß der häuslichen Anforderungen und Ausbeutung, wenn sie sich mehr und mehr mit anderen Jugendlichen vergleichen. Meist sind sie die ältesten Töchter. Sie sehen sehr deutlich, welche Privilegien ihre Brüder haben, die sich nicht um die Familie kümmern, wie sie es tun. Die Forderungen an sie stehen eindeutig im Zusammenhang mit ihrem Geschlecht und nicht mit ihrem Alter. In ihren Freizeitaktivitäten werden sie allerdings an ihrem realen Alter gemessen, was die Mädchen erbost und wogegen sie sich u.a. auflehnen. Ein 15jähriges Mädchen formulierte es so: "Ich habe mich um die ganze Familie wie eine Mutter gekümmert, aber in meiner Freizeit durfte ich noch nicht mal in eine Disco gehen".

Ihren Aktivitäten und Interessen außerhalb des Elternhauses sind Grenzen gesetzt. Besonders ihre Väter bzw. "Stiefväter" setzen den Mädchen rigide Grenzen. Die elterliche Kontrolle über viele Dinge wie Rauchen, Kleidung, Freundeskreis - gleichwie ob Mädchen und/oder Jungen - oder über Ausgehzeiten, sind die Hauptanlässe für Kämpfe mit den Eltern. Es sind nicht die überfordernden und belastenden häuslichen Arbeiten, sondern die elterlichen Kontrollen, die zu Auseinandersetzungen führen. Erreicht das Mädchen die Pubertät, setzt eine noch strengere elterliche Kontrolle ein als bereits schon 9-10 jährige Mädchen berichten. Nun haben die Eltern Angst, daß ihre Tochter schwanger werden könnte. Einige Eltern verhalten sich fast so, als ob jeder Außenkontakt automatisch eine Schwangerschaft oder zumindest Schwierigkeiten mit sich bringen würde. In diesen Befürchtungen sind jedoch im allgemeinen eher projektive Erwartungen an ihre Töchter enthalten, auf die ich hier nicht näher eingehen werde.

Desweiteren befürchten die Eltern, daß ihre Familie in einen schlechten Ruf gerät oder gar eine Außenseiterposition in der Nachbarschaft erhält, wenn ihre Töchter mit bestimmten Freunden oder Gleichaltrigen verkehren.

Das Mädchen reagiert auf diese intensivierten Restriktionen mit größer werdender Kritik an den Eltern und ihrem Zuhause; sie schwänzt die Schule, hängt an Jugendtreffpunkten herum und läuft schließlich von zu Hause weg. Das Ausmaß der Einschränkungen, die die Mädchen erfahren, wird darin deutlich, wenn einige Mädchen sagen, daß sie noch nie so viele Freiheiten erfahren hätten wie in einem Heim.

Es ist möglich, in den Strategien zur Bewältigung ihrer Konflikte Ähnlichkeiten mit ihrer Mutter und/oder ihrem Vater zu sehen. Einige Mädchen suchen Hilfe im Alkohol wie auch ihre Eltern. Andere nehmen Aufputsch- oder Beruhigungstabletten wie ihre Mütter. Die Flucht in Krankheiten ist eine andere Bewältigungsform, die den Mädchen "hilft", ihre Belastungen und den Druck zu ertragen - ebenso wie ihre Mütter. Einige Mädchen gehen auf Trebe, wenn ihr Vater bzw. Stiefvater sie mißhandelt. Sie hoffen, daß die Mutter auch diesen Mißhandler verläßt bzw. ihn hinauswirft, so daß sie von der Mutter wieder nach Hause geholt werden könnten.

Das Mädchen sieht die Mutter in einer unbefriedigenden Beziehung steckenbleibend und versteht nicht, daß ihre Mutter diesen Mann vorzieht und sie und ihre Geschwister hintanstellt. Sie nimmt ihre Mutter als eine Frau wahr, die nicht für ihre eigenen Bedürfnisse und sich selbst sorgt. Das Mädchen will diese unterdrückenden Bedingungen einer Beziehung nicht akzeptieren und lehnt sich gegen die Mutter als Rollenmodell auf. Sie hat keine Möglichkeit, sich positiv mit ihrer Mutter zu identifizieren. Die Mutter ist allerdings im allgemeinen das wichtigste weibliche Identifikationsmodell.

Eine positive Identifikation mit ihrer Mutter scheint für das Mädchen nicht möglich zu sein. Sie hat entweder eine ambivalente Beziehung zu ihrer Mutter oder sie lehnt Mutters Verhalten und Einstellungen ab. Außerdem hat ihr Vater ihr i.d.R. auch negative Einschätzungen über die Mutter oder Frauen allgemein vermittelt. Sie will nicht so werden wie ihre Mutter. Mutter trinkt, nimmt Tabletten, ist oft krank, wird von ihrem Mann geschlagen, läßt sich demütigen usw.

Wächst das Mädchen mit ihrem Vater auf, zeichnet dieser meist ein negatives Bild von ihrer Mutter; auch in dieser Situation findet sie in ihrer Mutter kein Modell in ihrer Suche nach einer befriedigenden weiblichen Identität. Wenn die Probleme mit Vater und Großmutter zunehmen, versucht es Unterstützung bei ihrer Mutter zu erhalten. In dieser Situation versuchen die Mädchen oft eine Lösung darin zu finden, indem sie zu dem Elternteil ziehen, bei dem sie bisher nicht gelebt haben. Wohnen sie einige Zeit bei ihrer Mutter, endet auch dieser Versuch meist mit einer Auseinandersetzung und Ablehnung durch die Mutter. Die gegenseitigen hohen Erwartungen an das gemeinsame Zusammenleben wirken sich belastend auf die Mutter-Tochter-Beziehung aus. Schließlich entscheidet sich das Mädchen **gegen** Mutter **und** Vater, indem sie oder die Eltern um Unterbringung in einem Heim oder einer Jugendwohngemeinschaft bitten.

Diese Entscheidung **gegen** die Familie - die Flucht aus der Familie - ist eine Form ihrer Strategien, die familialen Konflikte zu bewältigen. Das Mädchen möchte eigentlich in einer anderen Art und Weise mit ihrer Familie umgehen. Sie wünscht sich, daß Mutter bzw. Eltern ihr helfen, weiterhin Teil der Familie zu sein. Aber sie ist mit einer Mutter konfrontiert, die selbst nach Unterstützung und Hilfe von ihrer Tochter sucht. Sie lehnt Mutters Verhalten und Denkweisen ab, aber gleichzeitig befürchtet sie Ähnlichkeiten mit ihr. Sie will nicht so sein oder so werden wie ihre Mutter. Indem sie die Unterschiede zwischen sich und ihrer Mutter aber auch zu anderen Mädchen betont, entdeckt sie schmerzhaft ihre eigene Individualität sowie ihre Außenseiterrolle - und dadurch auch, wie einsam sie ist.

Wenn sie auch die Ausbeutung ihrer "weiblichen" Fähigkeiten (wie z.B. sich um andere sorgen, Haushalt führen) erfahren hat und sich letztlich gegen die Forderungen der Familie wehrt, findet man trotzdem (oder gerade?) bei diesen Mädchen ein mehr traditionelles Rollenverständnis. Die geschlechtsspezifischen Normen, Werte und Vorstellungen - vornehmlich von der Familie vermittelt - sind von ihnen stark internalisiert, so daß sie selten andere Lebensperspektiven als Heirat und Familienleben entwickeln. Diese sind meist verbunden mit ihrer Hoffnung, daß sie es besser machen als ihre Eltern - was meist nicht geschieht, wenn jemand ihre Lebensläufe verfolgt.

Diese Mädchen lehnen bewußt ihr Mädchensein ab. Einige Mädchen meinen sogar, daß alle Mädchen nicht gerne Mädchen seien. Sie vergleichen sich mit den Jungen und deren Möglichkeiten und Perspektiven. Sie beneiden die Jungen, da diese weniger eingeschränkt werden. Ein Mädchen sagte fast resigniert: "Ich kann nichts daran ändern, daß ich ein Mädchen bin; ich muß damit leben".

Aber es gibt auch Momente und Situationen, in denen die Mädchen es vorziehen, Mädchen zu sein. Ihre Freundschaften mit anderen Mädchen sind für sie sehr wichtig, auch wenn es ihnen schwer fällt, diese aufrechtzuerhalten, wenn Jungen in ihr Leben treten. Sie erfahren viel Druck, einen Freund haben zu müssen, obgleich sie Freundschaften nur mit Mädchen den Vorzug geben würden. In einem Heim besteht ein noch stärkerer Druck auf die Mädchen, mit einem Jungen befreundet zu sein. Das Ansehen und der Status eines Mädchens in einer Heimgruppe ist abhängig davon, wie interessant, attraktiv und dauerhaft die Freundschaft mit einem Jungen ist. Durch ihr Attraktivsein für Männer und in gewisser Weise auch Beneidetwerden durch die anderen Mädchen in der Gruppe, gelingt es ihr, eine weitere Möglichkeit herzustellen, durch die sie sich Selbstbestätigung und Anerkennung erhofft. Ein Mädchen, das nicht Teil dieser Konkurrenz sein möchte, hat es recht schwer innerhalb der Heimgruppe. Mitarbeiterinnen können durch ihre

Lebensformen und -erfahrungen den Mädchen unterschiedliche Rollenmodelle nahebringen, die Diskussionen und ggf. Einstellungsveränderungen über ihr Frausein auslösen.

Die Erfahrungen und Einstellungen der Mädchen gegenüber ihrer Menstruation zeigen, daß sie ein zwiespältiges Verhältnis sowohl gegenüber ihrem Körper als auch zur Sexualität allgemein haben. In den meisten Fällen erhielten die Mädchen weder zu Hause die notwendige Aufklärung noch Hilfestellung, um eine positive Einstellung in ihrer Sexualität zu entwickeln. Das Unbehagen der Eltern, sich mit Fragen der Sexualerziehung auseinanderzusetzen, kommt auch in ihren Ängsten vor einer frühen Schwangerschaft ihrer Tochter zum Ausdruck. Anstatt den Mädchen zu helfen, mit ihren "Freiheiten" und dem Erwachsenwerden umzugehen, setzen sie oftmals den Mädchen rigide oder - was auch oft der Fall ist - absolut keine Grenzen.

Ich beobachtete, daß Mädchen, die bei ihren Vätern aufwuchsen, größere Schwierigkeiten zeigten, eine weibliche Identität aufzubauen. Diese Väter waren nicht in der Lage, ihre Töchter bei der Suche nach einer weiblichen Identität zu unterstützen. In ihrer Angst vor einer Schwangerschaft der Tochter und in ihrem Bedürfnis, Kontrolle und damit Macht über Frauen auszuüben, setzen sie rigide Grenzen, anstatt daß sie die Bemühungen und Versuche ihrer Töchter, eine Frau zu werden, unterstützen und begleiten würden.

Die beruflichen Interessen der Mädchen sind auch von ihrer geschlechtsspezifischen Sozialisation geprägt. Die Mädchen streben meist Berufe im Dienstleistungsbereich an, wie z.B. Friseuse, Verkäuferin, Krankenschwester u.ä.m. Sicherlich sind jedoch Ehe und Familie zentralster Wunsch in ihren Lebensvorstellungen. Da ihre Wahrnehmung von Zeit sich von denen Erwachsener unterscheidet, ist es schwierig, sie nach Lebensplänen für die Zeit in 10-20 Jahren zu befragen. Sechs Monate scheinen eine sehr lange Zeit für sie zu sein und "vor acht Wochen" hört sich an, als ob es Jahre her seien. Sie betrachten auf diesem Hintergrund Erwerbstätigkeit im allgemeinen als etwas Vorübergehendes, auch wenn ihre zukünftige ökonomische Situation in der Regel von ihnen erfordern wird, daß sie ihren eigenen Lebensunterhalt verdienen - es sei denn, sie werden Sozialhilfeempfängerinnen.

Die meisten beruflichen Vorstellungen erscheinen unrealistisch angesichts ihrer Schulleistungen und ihrer allgemeinen sozialen Situation. In den Meinungen der Mädchen ist deutlich der Wunsch herauszuhören, daß sie "es schaffen wollen." Dies läßt darauf schließen, daß sie über Selbstbewußtsein und selbststärkende Kräfte verfügen. Allerdings sind ihre Fähigkeiten nicht derart stark ausgeprägt, daß sie die gesellschaftlich geforderten schulischen Leistungen und Verhaltensweisen darlegen, die es ihnen ermöglichen, besser Chancen in der Umsetzung ihrer beruflichen Wünsche zu entwickeln. Ihre Verhaltensweisen behindern ihre Bemühungen, ihre Situation zu verbessern; sie streiten sich, sie kämpfen, sie halten nicht ihren Mund, sie stehen für sich - und auch andere - ein ... und sie sind oft voll Opposition. Jedoch - sie müssen ihre Chancenlosigkeit und Perspektivlosigkeit bezogen auf ihre Zukunftspläne ignorieren, um Bemühungen und Aktivitäten überhaupt entwickeln zu können. Es nützt daher nichts, den Mädchen etwaige unrealistische Berufs- und Lebenspläne auszureden; sie ernst nehmen in ihren Wünschen und sie konkret zu begleiten auf ihrer Suche, ist Teil der sozialpädagogischen Betreuung dieser Mädchen.

Solch ein Mädchen hat eine ganze Reihe von sozialen Fähigkeiten und Fertigkeiten, die sie in die Lage versetzen werden, trotz aller Hindernisse, Probleme und Schwierigkeiten zu überleben. Die Ursache für das "individuelle Versagen" und die Konflikte des Mädchens sind in ihrer Familie und den sozio-ökonomischen Bedingungen zu finden. Innerhalb der Familie kommen die Probleme des Mädchens, die gesellschaftlich bedingte Konflikte sind, zum Tragen und zur Explosion. Nur innerhalb ihrer Familie ist es den Mädchen aufgrund der relativ großen Nähe und hohen Emotionalität nicht möglich auszuweichen! Wenn die familialen Anforderungen und Erwartungen zu umfangreich werden und unbewältigbar erscheinen, sieht das Mädchen nur in der Flucht aus der Familie einen Ausweg.

Sie widersetzt sich von dem Moment an, wenn die Ablehnung ihr gegenüber zu offensichtlich wird oder gar zunimmt, wenn sie realisiert, daß den Forderungen nachzukommen, sich nicht auszahlt, wenn sie schließlich Mutters Botschaft aufgreift: Gleich was Du tust, Du wirst mich nie zufriedenstellen. Sie verläßt entweder die Familie aufgrund ihrer eigenen Entscheidung oder sie versucht indirekt Aufmerksamkeit auf ihre Probleme zu lenken, indem sie Schwierigkeiten verursacht.

Die zentrale Bedeutung der familialen Beziehungen, die sich aus der stärkeren Familienorientierung der Mädchen ergibt, erfordert eine intensive Beschäftigung mit den Familienproblemen der Mädchen. Sozialpädagogische Arbeit mit weiblichen Jugendlichen sollte, ob in kleinen Heimgruppen, Jugendwohngemeinschaften oder besonderen Projekten wie betreutem Einzelwohnen, darauf ausgerichtet sein, daß die Mädchen auf ein eigenständiges Leben vorbereitet werden (CONEN/MAGER/SCHMITZ 1985). Die meisten weiblichen Jugendlichen wollen entweder selbst nicht mehr in ihre Familie zurückkehren oder die Eltern weigern sich, sie wieder aufzunehmen, so daß eine Orientierung in Richtung Eigenständigkeit erfolgen sollte.

Trotz der starken emotionalen Ablehnung und des Hasses gegenüber ihren Eltern leiden die Mädchen jedoch unter der Trennung. Die meist sehr problematischen und spannungsgeladenen Beziehungen erlauben für die nächsten Jahre zumeist keine Aussöhnung. Trotzdem ist es von größter Wichtigkeit, daß für die Mädchen eine Möglichkeit geschaffen wird, an ihrer Beziehung zu den Eltern sowie an den Enttäuschungen und verletzten Gefühlen zu arbeiten, um somit eine innere Ablösung von den Eltern und den enttäuschten Hoffnungen zu ermöglichen. Die unbewußten Loyalitätsbindungen tragen sonst zu einer Wiederholung der Erfahrungen aus ihren Herkunftsfamilien bei, d.h. das Schicksal ihrer Eltern und insbesondere Mütter ist Jahre später bei ihnen ähnlich wiederzufinden.

Je öfter die Konfrontation zwischen Mädchen und Eltern und auch zwischen Mädchen und Heimmitarbeiterin stattfindet, umso lebendiger und selbsterhaltender wird die Suche nach einer Beziehung, in der sie sich angenommen fühlt.
Die Gespräche mit den Mädchen zeigten deutlich, daß sie nicht vor etwas einfach geflüchtet oder weggelaufen sind, sondern daß sie sich für ihre eigenen Bedürfnisse und Hoffnungen einsetzen.

Zum Schluß möchte ich noch zwei Erfahrungen mitteilen. Ich arbeitete vor einigen Jahren in den USA in einem Erziehungsheim; alle Mädchen - ca. dreißig - die ich dort kennenlernte, waren entweder von ihrem Vater, ihrem Stiefvater, einem Onkel, einem Bruder, einem Nachbarn u.ä.m. sexuell mißbraucht worden. Zurückgekehrt in die Bundesrepublik arbeitete ich in einem Mädchenheim und befragte dort die Mädchen nach den Gründen, warum sie in ein Heim gekommen sind. Als ich bemerkte, daß die Mitarbeiter bei den Mädchen sexuellen Mißbrauch ausschlossen, zog ich mich zurück und ließ meine Annahmen fallen. Ich suchte Erklärungen in den kulturellen Unterschieden und befragte die Mädchen nicht zu diesem Punkt. Betrachte ich heute mein Interviewmaterial, bin ich mir sicher, daß mindestens einige Mädchen sexuell mißbraucht worden waren. Bis vor kurzem zeigten sich professionelle Helfer noch sehr ratlos im Umgang mit sexuell mißbrauchten Mädchen und Frauen. Heute besteht inzwischen eine größere Bereitschaft, sich mit dieser Problematik auseinanderzusetzen und nach Unterstützung in der Arbeit mit diesen Mädchen zu suchen.

Ich bin seit mehreren Jahren als Familienberaterin und Supervisorin tätig und berate in diesen Eigenschaften u.a. Mitarbeiterteams, die mit Mädchen arbeiten, sowie Mädchen und alleinerziehende junge Mütter selbst. Aus diesen Begegnungen und Erfahrungen heraus möchte ich darauf hinweisen, daß es erstaunlich ist, zu sehen, wie die Mädchen die gleichen Problemmuster, die in ihrer Herkunftsfamilie bestanden, wiederholen. Es ist, als ob sich das Gleiche wiederholen müßte - auch wenn sie hart daran arbeiten, es auf jeden Fall anders als ihre Eltern zu machen. Allerdings - wenn sie es anders machen könnten und würden, müßten sie der Tatsache ins Auge sehen, daß ihre Eltern es mit ihnen nicht besser gemacht haben. Und dies zu realisieren, ist meist schwerer und verletzender als die Wiederholung der alten traumatischen Erfahrungen (5).

Ich habe mich oftmals angesichts der Entwicklungsbehinderungen, die diese Mädchen erfahren haben, gefragt, warum sie nicht auffälliger, kränker oder (selbst-)destruktiver geworden sind, als sie es sind. Ihre Überlebensstrategien und Stärken sollten Ansatzpunkte für eine die familialen Konflikte einbeziehende, mädchenspezifische sozialpädagogische Arbeit mit diesen Mädchen sein.

Anmerkungen

(1) VEDDER/SOMMERVILLE 1970: WATTENBERG/SAUNDERS 1954; ELLIOT/VOSS 1974; HIRSCHI 1969; SPECHT 1967.

(2) CAVAN 1969; COWIE et al. 1968; GIBBONS 1959; MORRIS 1965; DÜRKOP 1974; GIPSER 1975; KIEPER 1980; STEIN-HILBERS 1979.

(3) Mädchen, die sich im klassischen Sinne prostituieren, sind eher seltener in Erziehungsheimen zu finden; die Mädchen, die von zu Hause weglaufen, "bezahlen" für ihre Bleibe, verstehen dies selbst aber nicht als Prostitution. Andere Stellen wie z.B. Drogenberatungsstellen, haben mehr mit jungen drogenabhängigen Prostituierten zu tun.

(4) Dies steht teilweise im Zusammenhang mit den jeweiligen Unterbringungsschwerpunkten; zunehmend werden jüngere Kinder in Pflegefamilien untergebracht; Kindertagesstätten und Familienhelfer bilden andere Möglichkeiten, einer Familie Hilfestellung zu geben.

(5) BOSZORMENYI-NAGY 1973; MINUCHIN 1967; MINUCHIN 1974; MINUCHIN 1981.

Literatur

BLOS, P., 1969: Three Typical Constellations in Female Delinquency, in: FRIEDMANN, A.S./POLLAK, O: Family Dynamics and Female Sexual Delinquency, Palo Alto.

BLOS, P., 1957: Pre-oedipal Factors in the Etiology of Female Delinquency, in: Psychoanalytic Study of the Child, 12, 229ff.

BOSZORMENYI-NAGY, I., 1973: Invisible Loyalties, New York.

CAVAN, R. (Eds.), 1969: Readings in Juvenile Delinquency, Philadelphia.

CONEN, M.-L., 1983: Mädchen flüchten aus der Familie, München.

CONEN, M.-L., 1985: Professionalisierung zur Sozialhilfeempfängerin, in: Zeitschrift für Pädagogik, 19. Beiheft.

CONEN, M.-L./MAGER, G./SCHMITZ, I. (Hrsg.), 1985: Erziehungshilfen noch bedarfsgerecht?, Frankfurt.

COWIE, J./COWIE, V./SLATER, E., 1968: Delinquency in Girls.

DÜRKOP, M./HARDTMANN, G., 1974: Frauenkriminalität, in: Kritische Justiz, 7, 219ff.

ELLIOT, D.S./VOSS, H., L. 1977: Delinquency and Dropout, Lexington/Mass.

FRIDAY, N., 1977: My mother myself, New York.

GIBBONS, D.C./GRISWOLD, J.M., 1959: Sex Differences among Juvenile Court Referrals, in: Sociology and Social Research.

GIPSER, D.,1975: Mädchenkriminalität. Soziale Bedingungen abweichenden Verhaltens, München.

HIRSCHI, T., 1969: Causes of Delinquency, California, University of California.

KAUFMAN, I./MAKKAY, E./ZILBACK, J., 1959: The Impact of Adolescence on Girls with Delinquent Character Formation, in: American Journal of Orthopsychiatry, 29, 130ff.

KIEPER, M., 1980: Lebenswelten "verwahrloster" Mädchen, München.

LAMBERT, L./BIRKENMEYER, A., 1972: An Assessment of the Classification System for Placement of Wards in Training Schools. Ministery of Corrections, Planningand Research Branch, Toronto, II und III

LANDAU, B., 1975: The Adolescent Female Offender: Our Dilemma, in: Canadian Journal of Criminology and Corrections, 2, 146ff.

MILLER, A., 1981: Du sollst nicht merken, Frankfurt.

MINUCHIN, S., 1974: Family and Family Therapy, Cambridge/Mass.

MINUCHIN, S., 1967: Families of the Slums, New York.

MINUCHIN, S., 1981: Family Therapy Techniques, Cambridge/Mass.

MORRIS, R.R., 1965: Attitudes toward Delinquency by Delinquents and Non-Delinquents and Their Friends, in: British Journal of Crimonology, 5, 249ff.

SCHWARZMANN, J., 1973: Die weibliche Verwahrlosung, eine Spätfolge frühkindlicher Frustration, in: BIERMANN, G.: Handbuch der Kinderpsychotherapie, Vol. II, 817, München.

SPECHT, F., 1967: Sozialpsychiatrische Gegenwartsprobleme der Jugendverwahrlosung, Stuttgart.

STEIN-HILBERS, M., 1979: Zur Kontrolle abweichenden Verhaltens von Mädchen durch die Heimerziehung, in: Neue Praxis, 3, 283ff.

STIERLIN, H., 1980: Eltern und Kinder. Das Drama von Trennung und Versöhnung im Jugendalter, Frankfurt.

STIERLIN, H., 1982: Delegation und Familie, Frankfurt.

VEDDER, C.B./SOMERVILLE, D., 1970: Delinquent Girl, Springfield, III.

WATTENBERG, W./SAUNDERS, F., 1954: Sex Differences among Juvenile Offenders, in: Sociology and Social Research, 39, 24ff.

BILDUNGSARBEIT MIT FRAUEN AUS SOZIALEN BRENNPUNKTEN UND ENTWICKLUNG VON BESCHÄFTIGUNGSMODELLEN

Anne Rösgen

Die Überschrift des Beitrages gibt den Titel eines Forschungs- und Modellvorhabens wieder, das die Landesarbeitsgemeinschaft Soziale Brennpunkte Saar e.V. (LAG Saar) durchführt, unterstützt und gefördert vom saarländischen Ministerium für Arbeit, Gesundheit und Sozialordnung, das Alternativen zur Abhängigkeit von Sozialhilfe, zu unbezahlter Hausfrauenarbeit und ungeschützten Beschäftigungsverhältnissen aufzeigen soll.

1979 berief die Arbeitskammer des Saarlandes einen Arbeitskreis Soziale Brennpunkte ein, der diese bei der Abfassung des Berichtes an die Landesregierung im Unterabschnitt Soziale Brennpunkte beraten sollte. Aus diesem Arbeitskreis ging nach drei Jahren die LAG hervor.

Die LAG ist ein Zusammenschluß von Sozialarbeiter/innen und Bewohner/innen, (Gemeinwesen-)Projekten und Bewohnerinitiativen, deren gemeinsame Aktivität darauf gerichtet ist, die Lebensbedingungen in den sozialen Brennpunkten des Saarlandes zu verbessern. Dem entspricht einerseits die Aktivierung der Eigenkräfte der Bewohner, andererseits das Ergreifen (sozial)politischer Initiativen auf kommunaler und Landesebene zur Verbesserung der Rahmenbedingungen. Um diesen Aufgaben gerecht zu werden, arbeitet die LAG z.Zt. in verschiedenen Schwerpunkten: Wohnungspolitik, Arbeit mit Frauen, Sozialhilfe (Zusammenarbeit mit dem Aktionskreis Kindergeld und Sozialhilfe Saar), Förderung der Gemeinwesen- und Stadtteilarbeit.

1. Die Arbeit mit Frauen

Die LAG leistet seit zwei Jahren überregionale Bildungsarbeit mit Frauen aus sozialen Brennpunkten des Saarlandes. Basis dieser Arbeit sind die in den sozialen Brennpunkten existierenden Frauengruppen.

1.1. Die Frauengruppen

In der LAG sind z.Z. zehn Frauengruppen organisiert, schwerpunktmäßig aus dem Bereich des Stadtverbandes Saarbrücken. Andere Gruppen befinden sich im Aufbau, z.B. in Merzig. Die Gruppen werden von den in den Brennpunkten angesiedelten Gemeinwesenprojekten unterstützt; in der Regel arbeiten eine oder mehrere Sozialarbeiterinnen kontinuierlich mit. Die Arbeitsformen sind unterschiedlich, es gibt Gesprächskreise und Müttergruppen, Gruppen für Alleinerziehende und eine Theatergruppe (1).
In den zwei Jahren haben sich vielfältige Arbeitsformen der LAG zur Frauenarbeit herausgebildet: die Frauentagungen, die Delegiertentreffen, die AG Frauen.

1.2. Die Frauentagungen

An der ersten saarländischen Frauentagung nahmen im November 1984 vierzig Frauen teil. Die Frauen aus sozialen Brennpunkten hatten das Thema "Sucht" gewählt, hauptsächlich um sich mit ihren Problemen als Angehörige alkoholkranker Männer auseinanderzusetzen.

1985 fand die zweite Frauentagung mit ca. fünfundvierzig Frauen zum Thema "Benachteiligung von Frauen in der Arbeit (Haus- und Erwerbsarbeit), in Familie und Partnerschaft und als Alleinerziehende" statt. An dieser Tagung nahmen die saarländische Sozialministerin, Dr. Brunhilde Peter, und die Leiterin der Leitstelle zur Durchsetzung der Gleichberechtigung der Frauen beim saarländischen Ministerpräsidenten,

Dr. Otti Stein, teil. Die Auseinandersetzung mit beiden war für die Frauen ein wichtiger Schritt zur Artikulation ihrer Probleme, Wünsche und Forderungen.

Die konkrete, sinnliche Erfahrung des Herausgehens aus dem unmittelbaren Umfeld, des Sich-Austauschens mit anderen in einem größeren Rahmen, außerhalb der alltäglichen Befangenheit, vermittelt den Frauen das Erlebnis, mehr wert zu sein, setzt Phantasie frei, schafft Menschenwürde. Gleichzeitig ist es die unerläßliche Voraussetzung dafür, auch auf der Ebene der kognitiven Wahrnehmung von der eigenen Situation abstrahieren zu können, die allgemeineren gesellschaftlichen Zusammenhänge zu erkennen, Informationen aufzunehmen und mit den eigenen Erfahrungen zu verknüpfen.

1.3. Die Delegiertentreffen

Zum Informations- und Erfahrungsaustausch und zur Vorbereitung der Tagungen treffen sich regelmäßig, d.h. ca. alle zwei Monate, Delegierte der Frauengruppen und Sozialarbeiterinnen. So wird die Öffentlichkeitsarbeit beraten und umgesetzt, z.B. bei der Erstellung einer Broschüre über die LAG-Frauenarbeit - hier wird Zusammenarbeit mit anderen, z.B. dem Aktionskreis Kindergeld und Sozialhilfe Saar, anderen Frauengruppen außerhalb der LAG, den Gleichstellungsstellen koordiniert, Grundsatzfragen werden beraten.

1.4. Die AG Frauen

Einmal monatlich treffen sich die in der Frauenarbeit tätigen Kolleginnen. Neben einem ständigen Informations- und Erfahrungsaustausch werden langfristige Planungen vorbereitet, pädagogisch-psychologische Fragen diskutiert, Probleme der Gruppenarbeit und der landesweiten Bildungsarbeit aufgearbeitet, Außenkontakte und Öffentlichkeitsarbeit besprochen.

2. Ziel und Inhalt des Modellprojektes

Die oben beschriebenen Strukturen, insbesondere die Arbeit der Frauengruppen vor Ort, bleiben die Voraussetzung und die Basis der Arbeit unseres Projektes. Von großer Bedeutung sind auch die Erfahrungen, die die Frauen zum großen Teil in jahrelanger Tätigkeit im Rahmen der Stadtteilinitiativen, als Bewohnerratsmitglieder, in Elterngruppen usw. gesammelt haben.

Die allgemeine Notwendigkeit von Frauenprojekten, die die Förderung der Erwerbsarbeit und/oder beruflicher Bildung von Frauen zum Ziel haben, ist inzwischen wenig umstritten. Dies bedeutet aber keineswegs, daß unser Modellvorhaben sofort und überall freudig aufgenommen würde, weil jeder Mann einsieht, daß die schwierigen Lebensverhältnisse armer Frauen ganz besondere Anstrengungen erfordern.

"Unterwegs", d.h. im Zuge der Projektverhandlungen mit Ministerialvertretern, Arbeitsamtsmenschen und städtischen Angestellten fielen Bemerkungen wie diese:

- "Glauben Sie denn, daß Frauen aus sozialen Brennpunkten **objektiv** so große Probleme haben oder sind sie nicht bloß subjektiv unzufrieden?"
- "Wie können Sie sich nur vorstellen, mit diesem Personenkreis, etwa mit älteren Frauen (über 40!) oder mit Analphabetinnen oder solchen ohne jeden Schulabschluß, **berufliche** Bildung betreiben zu wollen. Die richtigere Bezeichnung für das, was Sie wollen, ist doch wohl Sozialarbeit!"
- Auch die Begründung für die Ablehnung von 1 1/2 ABM-Stellen läßt tief blicken! "Die Notwendigkeit der Beschäftigung mehrerer Arbeitnehmer ist nicht ersichtlich", was im Klartext wohl heißt: Frauenarbeit ist gut und schön und wichtig - aber doch nicht gleich mehrere Personen damit beschäftigen!
- Ein anderer fragte sich: "Ist es denn gut, mit diesen armen Frauen Bildungsarbeit zu machen, wenn sie dann erkennen, was sie in ihrem Leben bisher versäumt haben?"

- Wiederum ein anderer bezweifelte, ob die Qualifikationen, die erworben werden sollen, denn nun gleich für den Arbeitsmarkt verwertbar sein müssen oder ob nicht solche "für den Hausgebrauch" auch schon was wert seien, eine Fragestellung, die bei einem Arbeitsprojekt mit Männern niemandem in den Sinn käme.

Diese Aussagen - ausnahmslos von Männern, die überall die Verhandlungspartner/Gegner sind - zeigen zum einen, was uns erwartet an Ignoranz, Unwissenheit und Zynismus, aber sie reflektieren auch objektive Probleme unserer Projektvorhaben. Daher ist es notwendig, eine klare Abgrenzung von Zielen vorzunehmen:

- Wir gehen **nicht** davon aus, daß unser Modell Arbeitsplätze in dem Umfang schafft, daß von einer Maßnahme gegen Frauenarbeitslosigkeit gesprochen werden kann.
- Wir sind uns bewußt, daß es viele interessierte Menschen im öffentlichen Leben gibt, die sich am Problem Arbeitslosigkeit die Hände wärmen, daß es manchen von ihnen nicht um die betroffenen Frauen geht. Stichwort: Bundestagswahl. Wir versuchen, uns nicht instrumentalisieren zu lassen.
- Wir sind auch keine Maßnahme beruflicher Bildung im strengen Sinne, vor allem wegen der Probleme, die die Zielgruppe (arme Frauen) hat und einbringt, die eben nicht nahtlos und mit etwas sozialpädagogischer Begleitung in übliche Berufsbildungs- oder Umschulungsmaßnahmen integrierbar sind. Außerdem sprechen einige unserer Zielsetzungen dagegen, denn wir wollen eine Integration von politischer und beruflicher Bildung.

Monika LEHMANN hat ein solches integratives Konzept für Seminare zur Berufsorientierung von Frauen (an der VHS) entwickelt, dessen Kernaussagen wir teilen:
"Eine Integration von beruflicher und politischer Bildung, die sich auf die gesellschaftlich verfaßte Arbeit unter kapitalistischen Bedingungen bezieht, schließt eine Kritik an Arbeitslosigkeit in der Weise ein, daß sie die individuelle Situation als Ausdruck der kapitalistischen Wirtschaftsform kennzeichnet und keinesfalls eine "Aufbe-

reitung" von Menschenmaterial nach arbeitsmarktpolitischen Strategien beinhalten darf. (...) Dabei werden Kontexte der Frauenerwerbstätigkeit aufgezeigt, die ein Verständnis von Arbeit und historisch entwickelten Arbeitsformen in einer nach kapitalistischen Wirtschaftsprinzipien strukturierten Gesellschaft implizieren. Dies wird als Voraussetzung zur Entwicklung kollektiven Bewußtseins und individueller Handlungsfähigkeit der Gesellschaftsverfassung begriffen." (LEHMANN 1982, 325) Und an anderer Stelle heißt es:

"Die Integration der beruflichen und politischen Bildung erfolgt im konkreten Fall in der Weise, daß die Arbeit der Frauen - ob im Haushalt oder Beruf als gesellschaftlich notwendige Arbeit in entsprechenden Formen der Arbeitsteilung unter kapitalistischen Bedingungen in ihrem Entstehungszusammenhang den Betroffenen rekonstruierbar gemacht wird. Der damit entwickelte Ansatz eines integrativen Konzepts stützt sich nicht auf die Annahme einer "Überschneidung" der beruflichen und politischen Bildung, sondern auf die These, daß berufliche und politische Bildung in ihrem wesentlichen Zusammenhang, der sich über die gesellschaftlich verfaßte Arbeit konstituiert, in Beziehung gesetzt wird. Es handelt sich also um einen Bildungsprozeß, der berufliche und politische Bildung gleichermaßen umfaßt, indem Lernen zur politischen Sozialisation wird" (LEHMANN 1982, 323).

Das heißt, wir wollen **anders** als bisher nach neuen Formen suchen, systematisch Erfahrungen und Erkenntnisse zu Tage fördern und ausprobieren, die es auch armen Frauen ermöglichen, zu einem Leben zu kommen, das sich nicht ausschließlich auf Versorgung durch öffentliche Gelder stützt. Denn: Gerade Bildungsarbeit mit den Ärmsten der Armen darf nicht bloß politische Einsichten und Bewußtseinsveränderung fördern, sondern muß in praktische Umsetzung münden, muß konkrete Handlungsansätze zeigen, gegen die wirtschaftliche und soziale Abhängigkeit und Einschränkung: Sie muß die Lebensmöglichkeiten erweitern.

Damit ist das Spannungsfeld, in dem wir arbeiten, umrissen: Wir wollen "Raum schaffen, wo Menschen Bedürfnisse gegen das System leben können" (OELSCHLÄGEL 1985,10).

Wir verfolgen natürlich aufmerksam bereits existierende Versuche, so insbesondere die Entwicklung des "Zentrum(s) für Frauenkooperativen" (Gießen). Die Gemeinsamkeit mit diesem Ansatz besteht darin, daß zunächst personelle und materielle Ressourcen staatlicherseits zur Verfügung gestellt werden sollen, um zur Konkretisierung von Ausbildungs- und Beschäftigungsmodellen für die Frauen zu gelangen. Während jedoch in Gießen an der Gründung von Frauenbetrieben gearbeitet wird, was bedeutet, die Frauen als Unternehmerinnen auf den "freien" Markt zu orientieren, möchten wir Ausbildung und Beschäftigung in lohnabhängigen Arbeitsbereichen anstreben. Unterschiede ergeben sich auch bei den Arbeitsinhalten, bei denen wir nicht auf typische Frauentätigkeiten (in Hessen z.B. Wasch- und Bügelsalon, Nähstube, A-Z Dienste), sondern auf zukunftsträchtigere Bereiche, z.B. im Umweltschutz, orientieren möchten.
Konkret heißt das (nach dem bisherigen Planungsstand): Wir wollen mit einer Gruppe von ca. 10-15 Frauen modellhaft erproben, welche Ausbildung und Arbeitsmöglichkeiten für sie adäquat sind bzw. zur Schaffung solcher alternativer Beschäftigungsmodelle selbst beitragen. Dies soll auch anderen Frauen Mut machen, ihr Recht und ihre Bedürfnisse im Bereich der außerhäuslichen Erwerbsarbeit stärker zu vertreten.

Wir haben es geschafft, für dieses Projekt eine Anlauffinanzierung für 1986 zu erzielen und sind sehr zuversichtlich, mit weiterer Hilfe der Gleichstellungsstelle des Landes das gesamte Projekt unter Hinzuziehung weiterer Finanzquellen (z.B. EG-Sozialfonds etc.) durchzusetzen.

Wenn ich heute zurückblicke, dann scheint mir völlig einleuchtend und offensichtlich alles für Arbeitsprojekte von Frauen zu sprechen:

- die Loslösung aus der Abhängigkeit von Sozialamt oder Männern;
- der Schritt aus der Arbeitslosigkeit;
- weil herkömmliche Förderungsprogramme Frauen nicht miteinbeziehen;
- und weil ein selbstbestimmtes Leben eine eigene ökonomische Basis verlangt.

Aber so einfach war es nicht - obwohl es im Saarland seit 8 Jahren, in Hessen sogar seit mehr als 12 Jahre die Frauengruppenarbeit gibt, hat es bisher keine Initiativen für Erwerbsarbeitsprojekte von Frauen gegeben. Obwohl in den 70er Jahren eher Aufbruch und Reformen angesagt waren und demgegenüber in den 80er Jahren die bekannte Rückwärtswende stattfand, also erst als die Bedingungen alles andere als günstig schienen, kam es in den letzten zwei Jahren zu Initiativen im Bereich Bildung, Ausbildung oder Erwerbsarbeit von (armen) Frauen (2).

Wir sehen eine Wechselwirkung zwischen Bewußtsein und Erkenntnisstand von Sozialarbeiterinnen und dem der armen Frauen, was uns veranlaßt hat, im Rahmen unseres Projektes gezielte Fortbildung anzubieten.
Manche Kolleginnen waren oder sind zwar in der autonomen Frauenbewegung aktiv, sehen aber weder theoretisch noch praktisch Verbindungen zwischen ihrer eigenen Lage und den Problemen der armen Frauen. Eine nach unseren Erfahrungen sogar eher größere Gruppe von Sozialarbeiterinnen empfindet selbst keine Zugehörigkeit zur Frauenbewegung.
Sie halten sich selbst für emanzipiert, nicht mit typischen Frauenproblemen behaftet. Ich behaupte, sie weichen der eigenen, geschlechtsspezifischen Betroffenheit aus. Die Probleme der armen Frauen sehen sie als Armutserscheinungen, oft als rein sozioökonomische Verursachungszusammenhänge.
Dabei spielt sicher die Widersprüchlichkeit der armen Frauen auch eine Rolle. Ihre (ökonomische) Abhängigkeit, die Ausweglosigkeit ihrer Lage, die häufige Betroffenheit von Gewalt sind eine Seite. Gleichzeitig erscheinen sie den Sozialarbeiterinnen stark und selbstbewußt:
"Von Frauen in Sozialen Brennpunkten geht oft eine schwer greifbare Faszination aus: Sie demonstrieren Stärke in der Auseinandersetzung mit den Behörden, ergreifen in jeder Bürgerversammlung das Wort, entwickeln Initiativen bei der Planung und Durchführung von verschiedenen Aktionen, die die Belange der Bürger an die Öffentlichkeit bringen sollen und scheinen unter einer "universellen psychischen Schwäche", die Angehörigen von Randgruppen attribuiert wird, nicht zu leiden. (BARTH/WENZEL 1984, IIff.).

2.1 Fortbildung von Frauen in der Sozialarbeit

In Kooperation mit dem Burckhardthaus Gelnhausen (Evangelisches Institut für Jugend- und Sozialarbeit) führen wir bundeszentral ab Februar 1987 eine zweieinhalbjährige, berufsbegleitende Fortbildung für Frauen in der Sozial-, Gemeinwesen- und Gemeindearbeit durch (3).

3. Zum Forschungsansatz

Wir vertreten ein Konzept, das unter den Stichworten "Lebensweltanalyse" und "Lebensweltorientierung" zu fassen ist (vgl. IBEN 1984). Hierbei sehen wir mehrere Zugänge und beachten insbesondere vorliegende Ergebnisse in folgenden Bereichen:

- Randgruppenforschung
  Aufgrund der Schichtzugehörigkeit der armen Frauen sind für uns Ergebnisse der Randgruppen(sozialisations)forschung, der Aktions- und Handlungsforschung von zentraler Bedeutung (4).
- Erwachsenenbildungsforschung
  Interessant sind für uns einerseits Konzepte aus der Arbeiterbildung, aber ebenso Ansätze, die unter den Stichworten Alltagstheorie, Teilnehmer-, Zielgruppen- bzw. Stadtteilorientierung bekannt sind (5).
- Frauenforschung
  Wesentlich ist hier das Konzept des "weiblichen Lebenszusammenhangs" als relativ neue Zugangsweise zur Lebensrealität von Frauen, welches davon ausgeht, daß das Leben von Frauen vor allem durch die "komplexen Zusammenhänge von geschlechtsspezifischer und sozialer Unterdrückung (...) in allen Lebensbereichen und durch die Aufspaltung in zwei Sphären (der privaten und der öffentlichen Sphäre)" (6) bestimmt ist.

Die Gemeinsamkeiten dieser Forschungsansätze liegen darin, daß sie abgehen von rein empirischen Verfahren, daß sie ausgerichtet sind auf ein ganzheitliches Verstehen von Lebenssituationen von Menschen

- in ihrer geschichtlichen Gewordenheit
- mit ihren gesellschaftlichen Rahmenbedingungen
- in ihren Auswirkungen auf das Bewußtsein der Betroffenen.

Das heißt auch: Sie sind interdisziplinär.

Die hinter diesen Ansätzen stehenden wissenschaftstheoretischen Positionen sind uneinheitlich. Deutlich zu sehen sind beinahe immer Einflüsse der Kritischen Theorie und des Marxismus, von Seiten der Frauenforschung verbunden mit dem Bemühen, in allen Richtungen zugleich einen geschlechtsspezifischen Ansatz zu entwickeln. Die Offenlegung der wissenschaftstheoretischen Ansätze halten wir für ein wesentliches Gütekriterium qualitativer Forschungsarbeit. Insbesondere in der Frauenforschung geschieht dies leider manchmal nicht.

Ein weiterer Anspruch unseres Konzepts ist die Verbindung von Lernen und Aktion, von Forschung und Handeln. Durch die eingangs geschilderte Kooperation mit den Frauengruppen und Gemeinwesenprojekten vor Ort bieten sich vielfältige Handlungsmöglichkeiten: die Frauen setzen sich ein in Bürgerinitiativen, Elterngruppen, sie engagieren sich bei Aktionen der LAG gegen Armut; es gab und gibt gemeinsame Aktivitäten mit dem Aktionskreis Kindergeld und Sozialhilfe Saar und mit dem DGB im Bezirk Saarbrücken. Hier machen die Frauen die Erfahrung der Veränderbarkeit ihrer Lebenssituation, schöpfen Kraft aus dem Erlebnis der Kollektivität. Durch die Beteiligung an Aktionen der Frauenbewegung, z.B. am 8. März (Internationaler Frauentag), an der Aktion Muttertag ("Nicht nur Blumen, sondern Rechte fordern wir!") und an (Frauen)Friedensaktionen bekommen sie einen Einblick in Breite und Vielfalt der Forderungen von Frauen, sie fühlen sich diesen Bewegungen zunehmend zugehörig.

Im Zentrum unserer Arbeit steht die Schaffung von Strukturen, in deren Rahmen die Frauen selbst handeln können.

Wir sehen Lebensweltanalyse und -orientierung als ein Instrument, das Bildungsprozesse in der Weise vorbereitet, daß ausgehend von typischen Lebenssituationen in Beruf und Alltag Qualifikationen **dafür** vermittelt und gelehrt werden - aber nicht "nur" zur Bewältigung, sondern zur Veränderung von beschränkenden Lebenslagen.

Beim Lebensweltkonzept habe ich immer wieder interessante Parallelen zu verschiedenen fortschrittlichen Forschungskonzepten gefunden. So könnte der Anspruch sicher aus einem Frauenprojekt stammen, wenn es heißt, die Betroffenen sollen "ihre gewohnte Sprachlosigkeit und Unterlegenheitsgefühle überwinden und über selbstgewählte Themen reden bzw. schreiben, ohne Angst vor einem Zensor. Damit erarbeiten sie sich gemeinsam ein Bewußtsein von ihrer Lebenswelt" (WÜNSCHE 1972, zit. n. IBEN 1984, 14). Es geht aber um das Einbringen der Lebenswelt von Hauptschülern in der Schule.

Weitere Kennzeichen unseres Ansatzes, bei dem wir uns wiederum einerseits auf IBEN und FREIRE - aber auch auf die Frauenforschung - beziehen, sind:

- Forscher/innen bringen sich selbst mit ein im Sinne von Parteilichkeit und als Partnerinnen (Dialog als Prinzip);
- die zu bearbeitenden Probleme werden von Forscherinnen und Handelnden bzw. von Lehrenden und Lernenden - auf der Basis einer vorhergehenden allgemeinen Zielbestimmung - gemeinsam festgelegt; die Zielgruppe wird zu Mitwirkenden.

4. Resümee

Damit sind genug Ansprüche formuliert. Sie lassen sich zusammenfassen als Orientierung auf die effektive Veränderung von Lebenssituationen **und** die Weiterentwicklung von Fördermaßnahmen, was auch Strukturveränderungen beinhaltet. Die zentrale Forschungsfrage lautet: Unter welchen Bedingungen kann für diesen Personenkreis (arme Frauen) Zugang zur Erwerbsarbeit geschaffen werden?

Wir befinden uns am Anfang der zweijährigen Vorlaufphase und sind beschäftigt mit:

1. Unterstützung und Kooperation der Arbeit der Frauengruppen
   - Bestandsaufnahme der Frauenbildungsarbeit im Rahmen der LAG Frauengruppen
   - Entwicklung eines mittelfristigen Bildungsprogramms
   - Erstellung von Arbeitshilfen
   - Hilfen beim Aufbau neuer Gruppen
   - Aufbau und Koordination des Erfahrungsaustauschs
   - Konkrete Hilfen bei der Gruppenarbeit
2. Überregionale Bildungsarbeit mit Frauen
   - Organisation und Vorbereitung von Frauen-Delegiertentreffen und Frauentagungen
   - Themenbezogene Seminare für einzelne Gruppen
3. Vorbereitung der berufsbegleitenden Fortbildung für Frauen in der Sozialarbeit (s. Abschnitt **2.1.** und Anmerkung <2>).
4. Aufarbeitung der Erfahrungen anderer Projekte, Sicherung der Finanzierung, Konkretisierung des Modellkonzeptes
5. Erkundung der Voraussetzungen: Lebensgeschichte und Lebenssituation, Bewußtsein, Qualifikationswünsche. Bedürfnisse der Frauen, Probleme, Perspektiven und Arbeitsmotivation. Aufarbeitung der Rahmenbedingungen: gesellschaftliche Lage der Frauen, vorhandene Förderprogramme, institutionelle und strukturelle Gegebenheiten, Strukturierung des Forschungsvorhabens.

Anmerkungen

(1) Ausführlich dazu: Leitstelle zur Durchsetzung der Gleichberechtigung der Frauen und LAG Saar (Hrsg.), 1985: Wer sind wir? Wir sind wer! Frauen aus sozialen Brennpunkten stellen sich vor, Saarbrücken.

(2) Siehe hierzu: HILLENBRAND, W./LUNER, B./OELSCHLAEGEL, D., 1985: Jahrbuch GWA 2, Müchen, 10.

(3) Siehe hierzu "Themenspezifische Sozialarbeit", Berufsbegleitendes Fortbildungsprogramm 1987-89, Herausgeber: BURCKHARDTHAUS Evangelisches Institut für Jugend- und Sozialarbeit e.V., Tel.: 06051/890, Herzbachweg 2, 6460 Gelnhausen.

(4) Vgl. insbesondere: FREIRE, P., 1970: Pädagogik der Unterdrückten, Reinbeck; IBEN/SINGEL/DRYGALA/FRITZ, 1981: Gemeinwesenarbeit in sozialen Brennpunkten, München; IBEN (Hrsg.), 1981: Beraten und Handeln, München.

(5) ARBEIT UND LEBEN (Hrsg.), 1984: Arbeiterbildung, Bd. 1-5, Bonn; WILHELMER, B., 1979: Lernen als Handlung, Köln; SCHLUTZ, E., 1983: Erwachsenenbildung zwischen Schule und sozialer Arbeit, Bad Heilbrunn; BECKER, H. u.a., 1982: Wissenschaftliche Perspektiven zur Erwachsenenbildung, Braunschweig; SIEBERT, H. (Hrsg.), 1984: Zur Identität der Wissenschaft der Erwachsenenbildung, Bremen.

(6) BAXMANN, J./LAUDOWICZ, E./MENZEL, A., 1984: Texte-Taten-Träume, 236, Köln.; PROKOP, U., 1976: Der weibliche Lebenszusammenhang, Frankfurt; APPEL, Chr. u.a., 1985: Frauenforschung sichbar machen, Frankfurt; CLEMENS, B., 1983: Frauenforschungs- und Studieninitiativen in der BRD, Kassel.

Literatur

BARTH, M./WENZEL, E., 1984: Lebenserfahrungen und Lebensschicksale von Frauen der Saarbrücker Siedlung Matzenberg, unveröffentlichte Diplomarbeit.

IBEN, G. (Hrsg.), 1981: Beraten und Handeln, München.

IBEN, G., 1984: Lebensweltanalyse - Elternberatung im Bereich der Verhaltenspädagogik, Hagen.

LEHMANN, M., 1982: Das integrative Konzept, in: NUISSL, E. (Hrsg.): Taschenbuch der Erwachsenenbildung, Baltmannsweiler.

OEHLSCHLÄGEL, D., 1985: Von mancherlei Grenzen und Grenzüberschreitungen: Sozialarbeit und Sozialpolitik 1985, in: KREBS; W./VOLZ, W.: 3. Werkstatt: GWA an den Grenzen und darüber hinaus, Gelnhausen, 5ff.

WÜNSCHE, K., 1972: Die Wirklichkeit des Hauptschülers, Köln.

FRAUEN-SELBSTHILFE-GRUPPEN:
PERSÖNLICHE ERFAHRUNGEN UND VERSUCH EINER EINORDNUNG

Annette Keinhorst

1. Selbsthilfegruppen - Frauengruppen: Zur einleitenden Begriffsbestimmung

Thema dieses Buches ist u.a. der Versuch einer Zwischenbilanz zur bisherigen Frauenpolitik. Frauenpolitik wäre nicht möglich ohne eine inzwischen fünfzehnjährige ("neue", von der alten mal ganz zu schweigen) Frauenbewegung. Die Basis der Frauenbewegung aber sind die Frauengruppen, in denen ich selbst seit zehn Jahren mehr und manchmal auch weniger aktiv engagiert bin. Als ich von der ABM-Lotterie ins Feld der professionellen Selbsthilfegruppen-Unterstützer verschlagen wurde, lag es nahe, die Übertragbarkeit der hier mittlerweile gewonnenen Erkenntnisse über Selbsthilfegruppen auf Frauengruppen zu untersuchen.

Grundlegende Merkmale der **Selbsthilfegruppe** sind, allgemein formuliert:

- das Phänomen der Selbsthilfe
- der Aspekt der Gruppe und
- das jeweils spezifische Zusammenspiel dieser beiden.

Weitere Merkmale sind:

- gemeinsame Betroffenheit der Mitglieder
- Gleichberechtigung im Sinne von fehlender Hierarchie, fehlender Leitung, wechselnder Arbeitsteilung
- Deprofessionalität
- Wunsch nach Selbst-/Sozialveränderung
- keinerlei finanziellen Interessen (1)

Frauengruppen (der autonomen Frauenbewegung - die anderen muß man vor dem Hintergrund der jeweiligen Organisation/Partei etc. sehen) lassen sich grob unterteilen in:

- Selbsterfahrungs-/Gesprächsgruppen
- Gruppen, die sich mit Gesundheit im weitesten Sinn (Körperselbstbild, Verhütung, Abtreibung, Sexualität, Aneignung von Wissen über den weiblichen Körper, Stillgruppen) befassen
- Gruppen, die mehr im allgemein-politischen Feld agieren (Frauen-Friedensgruppen, Frauenpartei, Initiativen zur Unterstützung von Gleichstellungsstellen, Wahlaufrufe, Ökogruppen)
- Gruppen/Projekte, die sich um die Schaffung einer Gegenöffentlichkeit und einer Gegenkultur bemühen (Frauenzeitung/-zeitschriften, Video-/Filmproduktionen, Verlage, Vertriebe, Buchläden, Cafes, autonome (Lesben-)Landprojekte, spirituelle Gruppen)
- Gruppen, die im sozialen Bereich tätig sind (Notrufe, Frauenhäuser, Initiativen gegen den sexuellen Mißbrauch von Mädchen/Kindern, Abtreibung, Treffpunkte für Ausländerinnen, soziale Brennpunkte)
- Gruppen, die Bildungsarbeit machen (Frauenforschung, Kampf um Frauenlehrstühle, Frauenuniversität Berlin, Frauenstudium Dortmund, Zusammenschlüsse von Wissenschaftlerinnen, Seminare, Tagungen, VHS-Schwerpunkte)
- selbstverwaltete Produktionsbetriebe (Handwerkerinnenkollektive, Druckereien)

Diese Gruppen"typen" lassen sich nicht so klar voneinander unterscheiden, wie es hier den Anschein hat.
Oft läßt sich man eine Entwicklungslinie von der Gesprächs-/Selbsterfahrungsgruppe zu einer mehr außenorientierten Initiative feststellen, die gewonnenen Erkenntnisse sollen unmittelbar umgesetzt und damit für andere Frauen nutzbar gemacht werden (Beispiel: Inzest-Gesprächsgruppen, die sich auch als Anlaufstellen für andere Betroffene verstehen, denen sie konkrete Hilfe anbieten). Gleichzeitig entdeckten außenorientierte Gruppen ihr Bedürfnis nach Reflektion, nach Übertragbarkeit dessen, was sie - scheinbar - nur für andere Frauen erkämpfen wollten (Beispiel: geschlagene Frauen) auf ihr eigenes Leben (in

diesem Fall: Abhängigkeitsstrukturen in Beziehungen mit Männern). Oft sind diese Zusammenhänge schon vorher theoretisch bekannt, die tatsächliche Übertragung ist aber erst nach der konkreten Erfahrung möglich.

Oder: Friedensgruppen kämpfen nicht nur gegen die Militarisierung des Weltraums, sondern auch gegen die Zerstückelung des weiblichen Subjekts (Pornographie, Prostitution/Mutterkult), Lesbengruppen schaffen sich selbst Freiräume in einer homophobischen Gesellschaft und weisen diese gleichzeitig auf deren immanente Zwangsheterosexualität hin, die u.a. zu unglücklichen Ehen für **beide** Geschlechter und zu fortdauernder emotionaler Abhängigkeit **aller** Frauen vom ökonomisch begehrenswerten "Liebesobjekt Mann" führt. Teilnehmerinnen von Körper-Selbstuntersuchungsgruppen werden zu Pro Familia-Mitarbeiterinnen oder VHS-Kursleiterinnen zum Thema "Verhütung", oder sie schreiben ein alternatives Gesundheitsbuch; Notrufgruppen helfen vergewaltigten Frauen, führen aufklärende Gespräche mit Ärzten, Polizei, Justiz, machen Öffentlichkeitsarbeit - die Liste läßt sich mühelos fortsetzen. Deutlich ist der ganzheitliche Anspruch: die Selbstveränderung schließt **immer** das Bemühen um eine Sozialveränderung mit ein, ist ohne sie im Grunde sinnlos, da Frauenunterdrückung kein individuelles Problem und von daher auch nicht erschöpfend individuell gelöst werden kann. Insofern stellt die Expertise von GERTNER/RIEKEN (1985, 2) zu Recht fest: "Innerhalb der autonomen Frauenbewegung sind Selbsthilfe und politische Arbeit unmittelbar miteinander verknüpft." Frauenprobleme haben gesellschaftliche Ursachen, auch wenn sie sich individuell sehr verschieden äußern. In Anlehnung an das Diktum "Behindert ist man nicht, behindert **wird** man" läßt sich auf Frauen übertragen "Frau" (= Rolle als Teil einer unterdrückten Gruppe) ist man nicht, man wird zur "Frau" gemacht. Ausgehend von der individuellen Unterdrückungserfahrung und der oft bitteren Erkenntnis, wie weit diese bereits zu verfestigten internalisierten Verhaltensweisen geführt hat, versucht die Frauenbewegung durch Bewußtmachung der kollektiven Betroffenheit und der ihr zugrundeliegenden gesellschaftlichen "Behinderungs"-Strukturen eine gleichzeitige Selbst- und Sozialveränderung einzuleiten.

Selbsthilfe im strengen Sinn geschieht dann über den Weg der Spiegelung in den Erfahrungen und Bewältigungsstrategien ähnlich Betroffener, und über Fremdhilfe, die das Kollektiv der Aktivistinnen erweitert und somit letztlich wieder positive Auswirkungen auf die eigene Person hat (nachdem gesellschaftliche Veränderungen in Gang gebracht werden konnten).
Die Kriterien "gleiche/ähnliche Betroffenheit", "Gleichberechtigung in der Gruppe", "keine finanziellen Interessen" sind zweifellos der Mehrzahl der Frauengruppen nachzuweisen, was sie aber vielen anderen Selbsthilfegruppen voraushaben, ist das Bewußtsein der gesellschaftlichen Bedingtheit ihrer individuellen Betroffenheit, das wiederum dann in der Folge auch zu dem Phänomen des Gruppen-, d.h. Schwerpunktwechsels längerfristig engagierter Feministinnen führt. Die Utopie einer gleichberechtigten, herrschafts- und geschlechtsrollenfreien Gesellschaft bietet viele konkrete Ansatzpunkte, sich ihrer Verwirklichung zu nähern: die "body politic", Bewußtseinserweiterung, Bildungsarbeit, allgemein-politischer Aktivismus, Erarbeitung eines historischen Bewußtseins ("herstory"), Ansätze zu autonomem Leben jenseits patriarchaler Begrenzungen. Und für diese Ansätze gibt es wiederum verschiedene Organisationsformen: kleine Gesprächsgruppen, eigene Medien, Kulturveranstaltungen, autonome soziale Einrichtungen, selbstverwaltete Projekte, Massenveranstaltungen, bundesweite Organisationen.

2. Persönliche Erfahrungen "im Feld"

Zur Veranschaulichung möchte ich an dieser Stelle vor dem Hintergrund meiner persönlichen Erfahrungen einen Streifzug mit Ausschnittscharakter wagen:

2.1. Selbsterfahrung

Aus einer relativ vagen Unzufriedenheit heraus, einer eher unspezifischen Empörung, was die Rolle der Frau in der Gesellschaft im allgemeinen und meine im besonderen ausmacht, schloß ich mich im Herbst 1976 einer Frauen-Selbsterfahrungsgruppe an. Vorausgegangen waren erste Kontaktversuche während einer Frauenvollversammlung an der Uni und auf einem Frauenfest im "Frauenladen" der autonomen Saarbrücker Frauengruppe. Die Wichtigkeit einer Selbsterfahrungsgruppe war mir von Anfang an einleuchtend, besaß ich doch wenig Gruppen-Erfahrung und wünschte mir gleichzeitig - zunächst zumindest - das Aufgehobensein in einer relativ überschaubaren "intimen" Gruppe vermutlich gleichgesinnter Frauen, von wo aus ich dann den Sprung in die feministische Öffentlichkeit wagen würde/könnte.

Eine Anleiterin aus der "großen" Frauengruppe hatte als Einstieg das Gruppenprogramm von SCHWÄBISCH-SIEMS (1974) vorgeschlagen, dem wir uns von da an etwa ein halbes Jahr lang intensiv widmeten. (Diese Methodik, einer Gruppe durch eine erfahrenere ehemalige Gruppenteilnehmerin auf die Sprünge zu helfen, wurde mehrmals recht erfolgreich angewandt). Es bildeten sich erste Freundschaften und sogar die Perspektive und spätere Realisierung einer Wohngemeinschaft. Wichtig war die Erfahrung, in seinen scheinbar individuellen Problemen ernstgenommen und verstanden zu werden, vielfach sogar "gespiegelt" durch gleiche oder ähnliche Betroffenheit anderer Teilnehmerinnen, wichtig war auch das Erlernen und Anwenden einiger Gruppen"regeln" und das Durchleben gewisser gruppendynamischer Gesetzmäßigkeiten. Problematisch wurde es nach Beendigung des vorgegebenen Gruppen-Programms. Auf der Suche nach weiteren Themen stellte sich zunehmend eine unterschiedliche Interessenlage heraus, die letztlich auch zur Spaltung und Auflösung der Gruppe führte. Für die einen sollte es beim Gespräch über persönliche Probleme bleiben, während die andern Bezüge herstellen wollten von ihrer persönlichen zur gesamtgesellschaftlichen Situation von Frauen: "Das Persönliche ist politisch" - ein Satz der natürlich auch umgekehrt Geltung hat.

2.2. Theorie

Da ich mich der letzteren Fraktion zurechnete, trat ich bald darauf einer neugegründeten "Theoriegruppe" bei, die eben diese Zusammenhänge aufdecken und erarbeiten wollte. Feministische Theorie, soweit bisher in gedruckter Form erschienen, sollte aufgearbeitet und nach Möglichkeit auf unsere eigene Lebenspraxis und politische Aktivität übertragen werden. Gleichzeitig bestand auch in dieser Gruppe bei fast allen Teilnehmerinnen ein starkes Bedürfnis nach persönlichem Austausch, der während der Gruppensitzungen entweder zu kurz kam oder den Abend so dominierte, da es zu keiner "theoretischen" Diskussion mehr kommen konnte, ein Phänomen das allmählich zu allseitiger Frustration führte. Ein unlösbar scheinender Widerspruch: einerseits ein umfassender "Theorie"anspruch, der u.a. auch das Aufarbeiten marxistischer und sozialistischer Grundlagenliteratur beinhaltete, um deren Anwendbarkeit auf feministische Theorie bzw. evtl. Abgrenzungen zu überprüfen, andererseits der Wunsch nach Übertragbarkeit der gewonnenen Erkenntnisse auf das eigene Leben, der immerhin wiederum zu einigen Freundschaften in der Gruppe führte, dies aber permanent unter dem Druck der nicht eingelösten Arbeits-Ansprüche. Dieser Widerspruch führte letztlich zur Auflösung der Gruppe.

2.3. Beratung

Aufzuheben versuchte ich ihn durch die Mitarbeit in der § 218-Beratungsgruppe. Diese Gruppe ist wohl am ehesten unter der Bezeichnung "Selbsthilfegruppe" einzuordnen, da die Mitglieder sich durch Eigenstudium und Fortbildungsveranstaltungen im weitesten Sinn Kenntnisse über Sexualität, Verhütung, Schwangerschaftsabbruch, Geburt, Menstruation etc. aneigneten, und zwar unter dem Blickwinkel einer Alternative zum traditionellen Gesundheitssystem. Dieses Wissen wurde dann im weiteren Verlauf an interessierte Frauen und zum Teil auch an die Öffentlichkeit, soweit sie ansprechbar war, vermittelt. Beratend und praktisch helfend wurde ein Angebot gemacht, das von anderen Beratungsstellen offizieller Träger nicht geleistet wird. Durch Besuche bei Ärzten, Ämtern, Politikern war es möglich, einen Einblick in institutionelle Unverantwortlichkeit zu bekommen und die Notwendigkeit zur Selbsthilfe eindrucksvoll bestätigt zu erhalten. Die Konfrontation mit dem Verhütungs- und Abtreibungselend zum damaligen Zeitpunkt (1977/78) im Saarland, der Lethargie vieler Frauen, der Ohnmacht gegenüber staatlich/kirchlich verordneter "Moral", und daraus folgend der Zusammenprall mit eigenen Ängsten und unbewältigten Konflikten im Bereich der Gesundheitsversorgung von Frauen, auch Widersprüchlichkeiten des persönlichen Lebens, was die Übernahme von Verantwortung für den eigenen Körper und die Sexualität betraf, all dies ließ ein außerordentlich fruchtbares Gruppenklima entstehen. Die intensive gemeinsame Arbeit und der Austausch darüber, die immer klarere Ziel- und auch Kampfrichtung führte zu engen persönlichen Kontakten, Gruppenurlauben etc., die natürlich wiederum das Arbeitsklima positiv beeinflußten. Konkrete Erfolge, wie z.B. die Teilnahme an einem gemeinsam mit einer PRO FAMILIA-Mitarbeiterin organisierten Lehrgang zum Gebrauch des Diaphragmas als alternativer Verhütungsmethode und die anschließende Weitergabe dieses Wissens standen konkreten Mißerfolgen gegenüber, wie etwa der relativen Machtlosigkeit angesichts verschärfter Abtreibungsbedingungen (2) oder der oft fehlenden Rückmeldung von Frauen, denen wir Beratung oder Unterstützung zum Abbruch gegeben hatten. Diese Gruppe hat sich mit am längsten am Leben erhalten können im Spektrum der vielen eher kurzlebigen Frauengruppen und existiert heute immer noch mit neuen Mitgliedern. Die "Alten" hatten nach zwei bis vier Jahren das Bedürfnis, mit dieser Arbeit aufzuhören und sie an neuhinzugekommene Frauen abzugeben, da sie auf Dauer doch ziemlich beanspruchend als "Freizeitaktivität" wurde. Dennoch bleibt festzuhalten, daß diese Gruppe in ihrer Verbindung von praktisch-konkreter Hilfeleistung, politischer Auseinandersetzung und Aktion und persönlichem Zusammenhalt die erfolgreichste und befriedigendste Gruppenerfahrung, wahrscheinlich nicht nur für mich, bedeutet hat, und daß sie gleichzeitig auch als politische Frauengruppe mit am erfolgreichsten war.

2.4. Kultur

Gleichzeitig ergab sich die Möglichkeit, in einem Saarbrücker Programmkino die Gestaltung eines Schwerpunktes "Frauenfilm" zu übernehmen. Hierzu gründete sich spontan eine Gruppe von Frauen, die in dieser Arbeit eine Möglichkeit sah, ihre Unlust am fast ausschließlich von männlichen Regisseuren und männlicher Ästhetik, d.h. dem männlichen Bild von der "schönen leidenden Filmheldin" bestimmten Kino kreativ und konstruktiv zu überwinden durch aktive Mitgestaltung des Programms im Sinne regelmäßiger Vorführung von Filmen mit weiblicher Perspektive, der Einladung von Regisseurinnen, Filmarbeiterinnen, dem Besuch von Frauenfilmfestivals mit entsprechenden Kontaktmöglichkeiten. Eine Zeitlang war diese Arbeit sehr sinnvoll und spannend, inzwischen hat sich aber im Hollywood-"Frauenfilm" eine Subsumierung des Bedürfnisses nach Filmen von Frauen mit "weiblicher" Thematik und Sichtweise (nicht überraschend) vollzogen, so daß dieser Bedarf oberflächlich abgedeckt ist und nurmehr wenig Interesse für ästhetisch und inhaltlich anspruchsvollere Produktionen von Frauenfilmerinnen besteht. Dazu kamen Reibereien mit der Institution, sprich Kino-Programmgestaltung, die im Rahmen ihrer rein ökonomistischen Perspektive die Notwendigkeit eines Raums auch für innovative Frauenfilme nicht einsah. Lustlosigkeit und fehlende praktische Basis führten das Ende der Gruppe herbei.

2.5. Friedenspolitik

Schließlich schloß ich mich einer gerade im Aufbau befindlichen Gruppe "Frauen für Frieden" an. Hier ging es klar definiert vordringlich um gesellschaftspolitische Aktivitäten, aber in Einbindung in den größeren Rahmen der Friedensbewegung (die allerdings wiederum ihren Ausgangspunkt in Frauenfriedenscamps und Besetzungen von Militärbasen durch Frauengruppen genommen hatte - vgl. die Aktionen von englischen Frauengruppen in Greenham Common, von bundesdeutschen Frauen am Stationierungsort von Cruise Missiles im Hunsrück). So füllte die Gruppe letztlich immer nur Komplementärfunktionen aus, sollte praktisch die "besondere Betroffenheit der Frauen" durch die Thematik, die aber eigentlich Männer und Frauen gleichermaßen betraf, verdeutlichen und in (möglichst besonders) phantasievollen, um nicht zu sagen "weiblichen", Aktionsformen demonstrieren. Für die Gruppe hatte das auch einen Vorteil: wegen der unbestrittenen "gesamtgesellschaftlichen Relevanz" der Friedensbewegung hatten wir ausnahmsweise als Frauengruppe eine gewisse auch von "fortschrittlichen" Männern anerkannte Daseinsberechtigung. Auf der anderen Seite war eine Eigendefinition praktisch nur in Abgrenzung zu männlichen gemischten Friedensaktivitäten möglich, also als Negativdefinition, die sich auf ein Gruppenklima bekanntlich nicht gerade förderlich auswirkt. Eine gewisse Spannung entstand auch wieder aus dem immer noch latent schwelenden Widerspruch von persönlichem Kontakt- und Aussprachebedürfnis und dem Wunsch nach Einwirken auf die politische Landschaft, durch Öffentlichkeitsarbeit, Aktionen, Teilnahme an Demonstrationen etc., alles Probleme, die auch in anderen Gruppen wesentlich zum Auseinanderfallen beitrugen, da sie selten auf einen Nenner gebracht werden konnten. Im allgemeinen Niedergang der Friedensbewegung als politischem Faktor wandelte die Gruppe sich in Richtung einer Diskussionsgruppe mit allgemeinen frauenpolitischen Themen.

3. Die Gruppe im Spannungsfeld der Organisationsformen

Grundsätzlich zur Struktur der Saarbrücker autonomen Frauenbewegung wäre zu erklären, daß es bisher eine Grobstruktur eines Plenums mit verschiedenen relativ selbstständigen Gruppen (3) gab, die sich einmal wöchentlich zur Koordination und zur Aufrechterhaltung des Informationsflusses über Repräsentantinnen von Einzelgruppen und anderen interessierten Frauen im Plenum trafen. Dazu waren recht große Räumlichkeiten mit Hilfe von freiwilligen Mitgliedsbeiträgen seit 1975 angemietet. Im Winter 1984 mußte diese Laden-Wohnung wegen Unbewohnbarkeit des Hauses aufgegeben werden, schon vorher hatte sich allerdings eine inhaltliche Krise angekündigt. Viele Arbeits- und Gesprächsgruppen, z.B. eine Notrufgruppe für vergewaltigte Frauen, eine Zeitungsgruppe, diverse andere Arbeitsgruppen vertraten ihre durchaus unterschiedlichen Interessen, Bedürfnisse, Einschätzungen der politischen Lage immer selbstständiger, das Plenum wurde zunehmend zu schwerfällig und zu wenig repräsentativ, um weiterhin seine Funktion als Drehscheibe von Ideen und deren praktischer Umsetzung zu aller Zufriedenheit zu erfüllen. Dazu gesellte sich das Problem der wachsenden Einbindung der engagierten Frauen in Berufstätigkeit und/oder Mutterpflichten und damit fehlende Zeit für zusätzliche Abendtermine außerhalb "ihrer" Gruppe, in der sie "ihre" Frauenarbeit leisteten.

Mittlerweile hatte sich das Fehlen eines Zusammenhangs der verschiedenen Initiativgruppen schmerzlich bemerkbar gemacht Es entstand der Plan, ein Haus zu suchen, um dort wieder alle Gruppen "unter einem Dach" zu vereinen und gleichzeitig ein Angebot an (Aus-)Bildung und kulturellen Veranstaltungen bereitzustellen für Frauen, die nur peripher an frauenpolitischen Aktivitäten interessiert sind, aber für sich persönlich ein solches "Weiterbildungsangebot" im weitesten Sinn gern nutzen würden. Ein weiterer Gedanke dabei war, Frauenarbeit nicht weiter unbezahlt leisten zu müssen, sondern auf Bezahlung von Mitarbeiterinnen eines solchen Hauses und damit auf gesamtgesellschaftliche Anerkennung der dort geleisteten Arbeit zu dringen.

Aus diesen Überlegungen heraus kam es im Frühjahr 1985 zur Vereinsgründung. Diese Rechtsform wurde gewählt, um als Verhandlungspartner von kommunalen und Landesverwaltungen überhaupt wahrgenommen zu werden, natürlich auch aufgrund finanzieller Erwägungen, die sich aus der anerkannten Gemeinnützigkeit des Vereins ableiten lassen.

Hier tun sich jedoch im Augenblick die größten Schwierigkeiten auf, die durchaus zum Scheitern des ganzen Unternehmens führen könnten: jahrelang vehement abgelehnte "Strukturen", "Hierarchien", "Arbeitsteilungen" stehen auf einmal als zumindest formale Erfordernisse im Raum, ihre einfache praktische Ignorierung fällt trotz entsprechender Übereinkunft (emotional?) schwer. Frauen, denen eine Funktion (nach außen) auferlegt wurde, werden wegen eben dieser angeblich ja nur "formalen" Struktur von innen (der Gruppe) abgelehnt. Auseinandersetzungen über Strukturen werden zu Auseinandersetzungen über Personen. Unterschiedlichen Kompetenzen und Qualifikationen wird mit Mißtrauen eher als mit deren konstruktiver Einbindung für die Ziele der Gruppe begegnet. Bisher dem Plenum lose angeschlossene Arbeitsgruppen fühlen sich von dem neuen Verein nicht mehr vertreten bzw. bevormundet und treten aus, dieser distanziert sich in der Folge von einem Teilbereich seiner eigenen Herkunft. Diese Unklarheit hat zur Folge, daß die angestrebte politische Schlagkraft nach außen gar nicht erst entwickelt werden kann, weil die Basis, die innere Kohäsion der Gruppe, noch fehlt.

Eine solche Situation führt zu einem Teufelskreis von diffusen und daher unerfüllbaren Erwartungen, schließlich Mißtrauen und Lustlosigkeit, der am Ende in einem Lähmungszustand auslaufen könnte und dann jegliche Aktionsmöglichkeit unterbindet. Ein anderes Problem könnte auch in der momentan ziemlich ausschließlichen Orientierung auf die Fremdhilfe - ein Kulturzentrum für Frauen zu schaffen - liegen, bei gleichzeitiger Vernachlässigung des Selbsthilfeaspekts, der in der Konzeption etwas stiefmütterlich behandelt wurde: außer der vagen Hoffnung auf einige selbstgeschaffene Arbeitsplätze und der eher diffusen Befriedigung durch die ehrenamtliche Mitarbeit in einem solchen Zentrum gibt es keine Ansätze. Außerdem ist die Umsetzung des anvisierten Ziels noch weit von seiner Realisierung entfernt. Zwischenzeitlich wird viel Energie in Frauen-Bildungsarbeit im Rahmen anderer Institutionen und kulturelle Veranstaltungen investiert.

Eine mögliche neue Perspektive eröffnete sich durch die Einrichtung zweier Gleichstellungsstellen, auf Landes- (10/85) und auf kommunaler (1/86) Ebene, deren Wirksamkeit als Förderinstrument einer autonomen, nicht parteipolitisch zu vereinnahmenden Frauenbewegung abzuwarten bleibt. Ansatzweise ist zumindest schon die Förderung einer Vernetzung autonomer mit anderen Fraueninitiativen zu beobachten.

4. Frauenpolitik durch die Gruppe

An dieser Stelle wäre auf die anfängliche Fragestellung zurückzukommen. Frauengruppen haben sich gebildet als Reaktion auf elementare Bedürfnisse von Frauen, und zwar überwiegend der Frauen, die sich in ihnen engagiert haben. Insofern ist der Aspekt der Selbsthilfe im ursprünglichen Sinn Grundlage der Arbeit von Frauengruppen. Darüberhinaus bedienen sich die unterschiedlichsten Initiativen und Projekte des Mediums Gruppe. Dieses ist geradezu ein konstituierendes Merkmal der Frauenbewegung als Ganzem. Als Fazit ergibt sich: Selbsthilfe gelingt in der Frauenpolitik wesentlich auch durch Bewußtmachung des Mediums Gruppe, das zu seinem erfolgreichen Einsatz auch entsprechend reflektiert werden muß. Anderseits heißt das, wenn andere Medien eingesetzt werden, z.B. Verein, Institution, um bestimmte Ziele zu erreichen, dürfen sie nicht unreflektiert einer Gruppe übergestülpt werden, soll diese nicht überfordert und damit letztlich oft auch zerstört werden.

Der Erfolg der Frauenbewegung hängt ganz wesentlich davon ab, daß der ursprüngliche Selbsthilfeansatz, trotz Staatsknete für Frauenprojekte (auf die wir natürlich einen Anspruch erheben sollten), trotz institutionalisierter Frauenpolitik in der parteipolitischen Arena, als Teil unserer politischen Strategie auch zukünftig wirksam bleibt. Pragmatisch heißt das, daß wir uns auf die Gratwanderung zwischen Autonomie und subsidiärer Unterstützung im Bewußtsein ihrer Störanfälligkeit einlassen, nicht ohne jedoch die Möglichkeit des "geordneten Rückzugs" miteinzukalkulieren, sollte dieser Ansatz, wie wir es ja z.Zt. bereits beobachten können, zu Vereinnahmungen und Befriedungen radikaler Zielvorgaben der Frauenbewegung führen.

Anmerkungen

(1) Diese Merkmale entsprechen im Wesentlichen den von ITZWERTH u.a. in KICKBUSCH/TROJAN (1981, 134) formulierten Kriterien von Gesundheitsselbsthilfegruppen.

(2) Zu diesem Zeitpunkt wurden gerade Experimente mit der sehr schmerzhaften und psychisch belastenden Abtreibung durch Prostaglandine in einem der wenigen hiesigen Krankenhäuser angewandt, die überhaupt Abbrüche durchführten - und zwar an uninformierten oder unwilligen Patientinnen, die der pharmaindustriell erzeugten Willkür der Ärzte hilflos ausgeliefert waren.

(3) Außer den bereits aufgeführten Gruppen gab es/gibt es z.B. eine Initiative zur Schaffung eines autonomen Frauenhauses, der durch eine entsprechende Einrichtung der Arbeiterwohlfahrt der Boden entzogen wurde, eine Notrufgruppe für vergewaltigte Frauen (die weiterhin existiert), eine Redaktionsgruppe für eine Frauenzeitung und diverse Gesprächskreise.

Literatur

ASAM, W.H./ HECK, M. (Hrsg.), 1983: Soziale Selbsthilfegruppen in der Bundesrepublik Deutschland. Aktuelle Forschungsergebnisse und Situationsdiagnosen, München.

GERTNER, S./ RIEKEN, I., 1985: Selbsthilfeaktivitäten von Frauen. Expertise für das Institut Frau und Gesellschaft, Hannover.

ITZWERTH, R./ TROJAN, A./ WINKELVOSS, H., 1981: Zur Definition und Verbreitung von Gesundheitsselbsthilfegruppen, in: KICKBUSCH/TROJAN 1981, 133ff.

KICKBUSCH, I./ TROJAN, A., (Hrsg.) 1981: Gemeinsam sind wir stärker. Selbsthilfegruppen und Gesundheit, Frankfurt.

RERRICH, M., 1982: Selbstorganisierte Frauengruppen, in: KEUPP, H./ RERRICH, D. (Hrsg.): Handbuch der psychosozialen Praxis, München, 259-265.

SCHWÄBISCH, L./ SIEMS, M., 1974: Anleitung zum sozialen Lernen für Paare, Gruppen und Erzieher, Reinbek.

GRÜNDUNG UND WEITERENTWICKLUNG DES ERSTEN HAMBURGER FRAUENHAUSES

Barbara Brüggmann / Edith Halves

In diesem Aufsatz knüpfen wir an Ergebnisse an, die sich aus der Analyse des Wechselverhältnisses zwischen Selbsthilfeinitiativen (1) auf der einen Seite und des politisch-administrativen Systems (2) auf der anderen Seite ergeben haben.
Der Beitrag behandelt zunächst den allgemeinen Entstehungskontext von Frauenhausinitiativen in der Bundesrepublik Deutschland. Anschließend beschäftigen wir uns mit der Situation in Hamburg und im letzten Teil beleuchten wir dann das Verhältnis zwischen formellem System und Initiative.

1. Die Entstehungsbedingungen von Frauenhausinitiativen

Die Initiatorinnen der ersten autonomen Frauenhäuser fühlten sich der "Autonomen Frauenbewegung" zugehörig. Ab Mitte der 70er Jahre befaßten sie sich theoretisch und praktisch (innerhalb von Selbsterfahrungsgruppen) mit der Unterdrückung der Frau in patriarchalisch strukturierten Gesellschaften.
Ziel der Feministinnen war es, die durch das ungleiche Geschlechterverhältnis in Abhängigkeit lebenden Frauen zur kollektiven Gegenwehr zu mobilisieren. Mit dem Slogan "Das Persönliche ist politisch" sollten Gewaltverhältnisse nicht mehr länger als Privatangelegenheit abgetan werden können, sondern deren gesellschaftliche Verursachung und die potentielle Betroffenheit jeder einzelnen Frau von "struktureller Gewalt" Gegenstand öffentlicher Auseinandersetzung werden.
Als "Spitze" der Ungleichheit zwischen Mann und Frau sah der Teil der Frauenbewegung, der sich zur Aufgabe gemacht hatte, Häuser für mißhandelte Frauen einzurichten, die Gewaltanwendung durch (Ehe-)Männer an. Frauenhäuser sollten zum einen **Zufluchtsorte** sein, an denen sich Frauen "erholen können, neue Kraft schöpfen, zu sich selbst finden, um

ein eigenes selbstbestimmtes Leben aufzubauen" (BERLINER FRAUENHAUS 1978, 9). Zum anderen sollten Frauenhäuser **politische Orte** sein, von denen aus durch Öffentlichkeitsarbeit das gesellschaftliche Bewußtsein für die Probleme von Frauen soweit sensibilisiert werden sollte, bis das ursprüngliche Ziel der Initiatorinnen, die Abschaffung patriarchalischer Geschlechterverhältnisse, erreicht sein würde.
Ihrer politischen Analyse folgend, daß Gewaltanwendung und -erfahrung Resultat ungleicher Beziehungen ist, sollten in ihren Häusern Gleichberechtigung und "Selbstexpertinnentum" praktiziert werden. Jede anwesende Frau sollte sich nach ihren Fähigkeiten und in eigener Verantwortung für das "Allgemeinwohl" einsetzen. Es sollte keine Hierarchie im Hause geben. "Eine Heimleitung mit besonderen Entscheidungskompetenzen gibt es demzufolge nicht. (...) Der wichtigste Grundsatz war für uns, daß die Frauen, die im Haus leben, den Alltag bestimmen (EBBINGHAUS u.a. 1982, 240).

"Frauen helfen Frauen", dieser Leitsatz und gleichlautende Vereinsname autonomer Frauenhäuser stand für das **Prinzip der Selbsthilfe**. Nach dieser Maxime sollten sich die Frauen **gegenseitig helfen und nicht**, wie es im herkömmlichen System sozialer Dienstleistungen Praxis ist, sich ausschließlich von professionellen Helfern **versorgen lassen.**
In Folge dieser Überzeugung versuchten zumindest die frühen Initiativen, Frauenhäuser aus eigenen Mitteln zu finanzieren, um etwaige Einflußnahme auf die Bestimmung ihrer Ziele und Arbeitsweisen durch staatliche Instanzen von vornherein auszuschließen.

Inzwischen gibt es eine zehnjährige Entwicklung der Frauenhausbewegung. Frauenhausprojekte - zumindest die Hamburger - erfüllen heute wie andere freie Träger subsidiär staatliche Fürsorgeaufgaben. Allerdings: Die Projekte haben auch Veränderungskraft bewiesen. Es gelang den Hamburger Initiativen, sowohl politisch-ideologische Barrieren als auch behördliche Verfahrensschranken abzubauen.

2. Gründung und Entwicklung der Initiativen in Hamburg

Ein kleiner Kreis von Frauen, der sich aus Frauenseminaren an der Universität bzw. anderen Gruppen kannte, gab im Sommer 1976 die Existenz einer Frauenhausinitiative in Hamburg bekannt. Sie teilten die Problemwahrnehmung "alle Frauen sind von Gewalt betroffen, aber es gibt welche, denen es am schlechtesten geht, und zwar diejenigen, die auch noch von Männern geschlagen werden". Die Gruppe wollte den zufluchtsuchenden Frauen Unterstützung bei der Verarbeitung ihrer Mißhandlungserfahrungen bieten, ihnen beim Aufbau eines eigenständigen Lebens behilflich sein, selbst von deren Erfahrungen und durch die Bewältigung der anstehenden Aufgaben (Umgang mit Ämtern, Rechtsanwälten, Medien usw.) hinzulernen. Die Sicherheit der gegenseitigen Unterstützung sollte Basis zur Entwicklung politischer Handlungsfähigkeit sein.

Schon bei den ersten Schritten zur Durchsetzung ihres Vorhabens stießen die Frauen vor allem in zwei Bereichen an Grenzen des Machbaren:

- **Finanznot:** Aus privaten Mitteln (Spenden und Mitgliedsbeiträgen des Vereins) ließ sich eine durchschlagende Öffentlichkeitskampagne kaum realisieren und erst recht kein Haus in ausreichender Größe beschaffen und unterhalten.
- **Divergente Problemwahrnehmung der Öffentlichkeit:** Mit ihrer Aufklärungsarbeit begann die erste Frauenhausinitiative sozusagen am Nullpunkt des öffentlichen Bewußtseins, wie die damalige Äußerung eines Hamburger Behördenvertreters offenbart: "Gewalt gegen Frauen gibt es in dem (...) behaupteten Umfang nicht, und für die wenigen "Fälle" ständen ja die staatlichen Heime zur Verfügung" (EBBINGHAUS u.a. 1982, 324).

Die beiden vorgenannten Grenzen konnten von den Hamburger Projektgruppen in einem mühevollen Balanceakt überwunden werden. Was auf diesem Weg "verloren" bzw. "gewonnen" wurde, wird im folgenden bilanziert.

Da die Gelder des Vereins nur gering waren, nahm dieser verschiedene Finanzierungsquellen in Augenschein, z.B. Arbeitsbeschaffungsmaßnahmen (ABM), Stiftungszuwendungen und Pflegesätze nach § 27 Abs. II des Bundessozialhilfegesetzes (BSHG) bzw. " Hilfe in besonderen Lebenslagen" nach § 72 BSHG.
Die Bedingungen (Verwendungsauflagen und Abrechnungsmodalitäten), die Finanzierungen durch das BSHG mit sich gebracht hätten, widersprachen sowohl dem Autonomie- als auch dem Selbsthilfegrundsatz der Projektkonzeption. So leistet beispielsweise der §72 BSHG denjenigen Personen Hilfe, die "besondere Schwierigkeiten zur Teilnahme am Leben in der Gemeinschaft haben" (Abs. 1) und entschädigt professionelle Helfer in Form eines "Betreuungszuschlages" für ihre Arbeit. Hinzu käme noch, daß sich die Höhe der gezahlten Beträge nach der Belegzahl des Frauenhauses richten würde, d.h. die Finanzlage des Hauses wäre umso besser, je mehr geschlagene Frauen (und deren Kinder) aufgenommen würden ("Kopfgeldproblematik"). "Außerdem sind die Gelder gebunden an Auflagen wie: Jede Frau muß namentlich genannt sein, ihre Aufenthaltsdauer sowie Verlängerungsanträge mit genauer Begründung müssen den Behörden vorgelegt werden. Die Verwendung der Gelder muß außerdem im einzelnen belegt werden" (SCHACHLER/HALVES/TROJAN 1986, 327).
Aufgrund dieser Unvereinbarkeit von Projektansprüchen und Finanzierungsbedingungen nach BSHG fordern Frauenhausprojekte nach Beschluß ihres nationalen Treffens, die personenungebundene Finanzierungsform per Haushaltstitel. Hier einige Gründe aus dem Ablehnungsbeschluß zur BSHG-Finanzierung des Nationalen Frauentreffens von 1978:

- Die Auflagen der Sozialbehörde bezüglich Zuwendungsberechtigung und Abrechnungsmodi greifen in die Autonomie der Häuser ein. Eingriffe ständig abzuwehren sowie aufwendige Antrags-/Abrechnungsverfahren binden zu viel Arbeitskraft an den Verwaltungsbereich.
- Die Förderung nach BSHG bedroht die Kontinuität der Frauenhausarbeit, da sie in starkem Maße vom Wohlwollen der Sachbearbeiter sowie von der Belegzahl in den Häusern abhängig ist.

- Anspruchsberechtigt sind nach BSHG-Wortlaut entweder Einzelpersonen oder Träger von Heimen (Pflegesätze). Beide Kategorisierungen widersprechen dem politischen Anliegen der Frauenhäuser: Individuelle Unterstützung impliziert individuelle Schuldzuweisung, statt Anerkennung der Gewalt als gesellschaftlich verursacht. Die Frauenhäuser wollen als Selbsthilfeprojekte und nicht als "Pflegeheime" Anerkennung finden.

2.1. Erlangung eines Haushaltstitels

In Hamburg beantragt das Frauenhausprojekt ab Mai 1977, "das Frauenhaus insgesamt als Projekt über einen Haushaltstitel im Finanzplan der Stadt Hamburg zu finanzieren. Diese Möglichkeit wurde (von der Behörde, d. Verf.) als unrealistisch abgewiesen" (EBBINGHAUS u.a. 1982). Das Frauenhausprojekt mußte sich - entgegen seiner Überzeugung - mit einer Finanzierung nach § 72 BSHG begnügen, sah dies jedoch als "Zwischenlösung" an und begann Ende 1978 mit gezielter Öffentlichkeitsarbeit für den Haushaltstitel. Es nutzte hierfür Presse, eine öffentliche Anhörung im Rathaus, Demonstrationen und Aktionen und wurde "bündnisfähig". Für die Frauenhausprojekte, die sich als Teil der Autonomen Frauenbewegung verstanden, war die Annahme angebotener Unterstützung von Frauen aus den Parteien nicht selbstverständlich, sondern wurde zunächst sehr skeptisch betrachtet.

Auf den verschiedenen Ebenen, die durch die Frauenhausforderungen angesprochen waren, z.B.

- Neukonzeption von Sozialarbeit
- Veränderung des Geschlechterverhältnisses
- Berücksichtigung der Rechte und Probleme von Frauen
- weibliche Erwerbstätigkeit
- Änderung von Verwaltungsverfahren und
- Verteilung öffentlicher Finanzen

fühlten sich jedoch einige (Fach-)Frauen aus Politik und Verwaltung zur Durchsetzung mitverantwortlich und fähig. So boten Frauengruppen der Parteien FDP und SPD an, die Fraueninteressen in Fraktion, Parlament und Bürgerschaft zu vertreten, aber den Autonomieanspruch des Projekts anzuerkennen. Die 1979 vom Senat eingerichtete "Leitstelle zur Gleichstellung der Frau" nahm nicht nur Partei für Frauenprojekte, sondern erfüllte ebenfalls die Funktion einer Vermittlerin zwischen formellem und informellem Sektor. Eine von ihr durchgeführte Untersuchung zur "Gewalt in der Ehe" (LEITSTELLE GLEICHSTELLUNG DER FRAU 1986, A-26) legitimierte wissenschaftlich den Bedarf für Frauenhäuser und unterstützte somit die von der Bewegung selbst veröffentlichten Daten und Fakten.

In Hamburg existieren mittlerweile vier Frauenhäuser (mit 150 Plätzen). "Das Problem der Gewalt gegen Frauen ist (...) durch die engagierte Arbeit von Frauenhaus-Initiativen in das öffentliche Bewußtsein gedrungen" (LEITSTELLE GLEICHSTELLUNG DER FRAU 1986, A-26). Der Senat hat sich inzwischen die Ideen und Tatkraft der Frauenhausbewegung zu eigen gemacht. Die Frauenhäuser haben ihr Attribut "autonom" verloren (vgl. DEUTSCHE POSTREKLAME GMBH 1986, 4) und werden (im Austausch dafür?), um sie "auf eine sichere Grundlage zu stellen, im Wege der Vollfinanzierung aus Haushaltsmitteln" seit 1982 (ca. 1.450.000 DM / 1985 ca. 1.788.000 DM) vom Staat getragen (LEITSTELLE GLEICHSTELLUNG DER FRAU 1986).

In behördlichen Einrichtungen fanden Veränderungen statt, die der Einflußnahme von Frauenprojekten zugeschrieben werden können, z.B. "Fortbildungsmaßnahmen in Behörden und Bezirksämtern für Polizisten, Sozialarbeiter und Aufnahmepersonal von Krankenhäusern" sowie die Neukonzeption von "Hausordnungen in den Hamburger Kinderheimen" (LEITSTELLE GLEICHSTELLUNG DER FRAU 1986, A-27) in Anlehnung an Konzeptionen von Frauenhäusern. In der Sozialbehörde wurde eine zentrale Sachbearbeiterin für Frauenhausbewohnerinnen eingesetzt, und die Baubehörde erließ eine "Amtliche Weisung", nach der Frauen, die Wohngemeinschaften gründen möchten, ihre Berechtigungsscheine für Wohnraum zusammenlegen dürfen, um größere Wohnungen anmieten zu können.

Nach eigenen Angaben sind während des ersten 1 3/4 Jahres 450 Frauen mit 550 Kindern im Hamburger Frauenhaus wohnhaft gewesen (EBBINGHAUS u.a. 1982, 350).
Das Prinzip der Selbsthilfe konnte allerdings schon lange vor dem Erreichen dieser hohen Anzahl von Bewohnerinnen nicht mehr praktiziert werden. Die Anforderungen der geschlagenen Frauen an die Projektgruppe hatten eindeutigen Dienstleistungscharakter: Begleitung auf Ämter, zu Rechtsanwälten, Behütung der Kinder usw. Innerhalb kürzester Zeit mußten "Rund-um-die-Uhr" Dienstpläne erstellt und eingehalten werden. Einem gleichberechtigten Austausch von Unterstützung stand die Hilflosigkeit der Bewohnerinnen, deren Angewiesenheit auf Leistungen aus der Projektgruppe sowie die große Unterschiedlichkeit von Lebenserfahrungen und -perspektiven entgegen. Die Projektgruppe war damit konfrontiert, ihre gesamte Arbeitskraft in den Alltag des Frauenhauses einbringen zu müssen, wenn sie den "Betrieb" aufrechterhalten wollte.

3. Bewertung der Entwicklung des Verhältnisses zwischen politisch-administrativem System und Gruppe

Wie kam es zu dieser Institutionalisierung eines autonomen Projekts?
Die Erhöhung der Durchsetzungschancen von Frauenhausforderungen durch deren "Bündnisfähigkeit" wurde bereits genannt. Weiterhin dürften sogenannte "Drehpunktpersonen" (in Anlehnung an HUBER 1980; vgl. auch SCHWENDTER 1978) weitere Durchsetzungshilfe geleistet haben. HUBER (1980, 97) bezeichnet als Drehpunktpersonen diejenigen im politisch-administrativen System, "die sowohl mit dem Establishment als auch mit einer Subkultur in Interaktion stehen (...); sie finden Gehör und Anerkennung in beiden Milieus, und sie erscheinen beiden als die relevanten Ansprechpartner und Vermittler, wenn es darum geht, mit anderen in Kontakt zu treten".
Durch vielfältige Öffentlichkeitsarbeit und mit Hilfe dieser Drehpunktpersonen war es den Frauen möglich, dem formellen System deutlich zu machen, daß beim Thema "mißhandelte Frauen" ein Handlungsbedarf besteht.

Von Verbandsseite waren keinerlei Angebote vorhanden, so daß die Vorbereitungen, die der Verein "Frauen helfen Frauen e.V." bereits geleistet hatte, eine gute Basis für das politisch-administrative System darstellte, um Gelder von stadtstaatlicher Seite her anlegen zu können. Sonst hätte das formelle System dieses Problem aufgreifen und eigene Leistungen erbringen müssen. Auf diese Weise konnten sich die Vertreter/innen des formellen Systems sowohl sozialpolitischer Progressivität rühmen als auch dem Subsidiaritätsprinzip folgen. Durch die Übertragung der organisatorischen und inhaltlichen Aufgaben an Frauenhausprojekte war es möglich, sie in das System sozialer Sicherung einzubinden. Dieses Vorgehen erwies sich sowohl als kostengünstig als auch praktisch. Die Projekte hatten nachweislich "gute Arbeit" geleistet und gleichzeitig konnte ein potentielles Konfliktpotential unterbunden werden.

Eine Bewertung des Verhältnisses zwischen Frauenhaus und politisch-administrativem System kann allerdings nicht nur auf einer sozialpolitischen Ebene vorgenommen werden, sondern muß sich an den bereits erwähnten verwaltungstechnischen und politischen Dimensionen messen lassen. Dies soll im folgenden geleistet werden, wobei noch etwas zu unserer Ausgangsüberlegung gesagt werden muß.

In unserer Analyse gehen wir von der Hypothese aus, daß sich beim Kontakt zwischen Initiative und formellem System beide Seiten einander annähern. Diese Annäherung wird nicht gleichgewichtig sein, die Initiative paßt sich dem System in der Regel stärker an. Aber auch innerhalb des Systems müssen Prozesse eingeleitet werden, um neue Handlungsroutinen im Umgang mit den Initiativen erproben und festigen zu können. Wie sieht bzw. wie sah dies nun zwischen Frauenhaus und formellem System aus?

3.1. Veränderung von Selbsthilfe zu Fremdhilfe

Diese Kategorie ist nach unserer Meinung der zentrale Punkt, an dem sich die Frauenhausinitiatorinnen den Kriterien des formellen Systems anpassen mußten. War am Anfang der Arbeit noch Konsens, daß tendenziell alle Frauen von Gewalt betroffen sind, so verlagert sich der Schwerpunkt der Arbeit weg von der gegenseitigen Hilfe aller Frauen untereinander hin zur Hilfe einzelner Frauen für viele andere. Die Arbeit nimmt zunehmend den Charakter von Dienstleistungserbringung für andere, leidende Frauen und deren Kinder an. Das Moment der gegenseitigen Hilfe sowohl der Initiatorinen untereinander als auch der geschlagenen Frauen füreinander tritt nahezu vollständig in den Hintergrund.

Auf dieser Basis werden die Initiatorinnen des Frauenhauses aber auch erst für das formelle System relevant. Indem sie ein soziales Problem aufgreifen, aktualisieren und politikfähig machen und zudem noch eine für herkömmliche Institutionen nicht leistbare Lösung anbieten, werden sie für die Vertreter/innen des politisch-administrativen Systems zu Verhandlungspartnerinnen. Gleichzeitig bedeutet diese Konvergenz jedoch auch die Abschiednahme vom ursprünglichen Konzept der potentiell gleichen Betroffenheit aller Frauen von Gewalt, hin zu einer Hierarchie zwischen helfender und hilfesuchender Frau, wie sie in allen traditionellen Dienstleistungsberufen anzutreffen ist.

3.2. Neukonzeption von Sozialarbeit und Veränderung des Geschlechterverhältnisses

Auch traditionelle Konzepte von Sozialarbeit gehen von dem Anspruch, "Hilfe zur Selbsthilfe" zu leisten, aus.
Im Frauenhaus haben die betroffenen Frauen einen Ort, an den sie sich zurückziehen, um neue Lebensplanungen beginnen zu können. Frauen, die in den Häusern Schutz suchen, befinden sich in einer krisenhaften Lebenssituation. Sie sind auf der Flucht und sehr häufig auch mittel-

los. Verstärkt durch die permanente Überbelegung der Häuser sind sie allerdings kaum in der Lage, sich gegenseitig bei den notwendigen Schritten zu unterstützen. Hilfe wird von denen erwartet, die sich in einer "besseren", d.h. selbstbestimmteren Situation befinden. So wird auch hier die traditionelle Helferbeziehung etabliert, eine Neukonzeption von Sozialarbeit findet nur in begrenztem Umfang statt, nämlich indem der hilfesuchenden Person nicht die Schuld an ihrer Situation zugeschrieben wird, sondern sie als Ausdruck des herrschenden Machtgefälles zwischen den Geschlechtern angesehen wird.
Durch den Zufluchtsort Frauenhaus wird Frauen, die zum Teil seit Jahrzehnten in einer demütigenden Beziehung leben, die Gelegenheit zum Rückzug geboten. Hierdurch besteht zumindest für einzelne Frauen die Möglichkeit, ein neues Selbstbewußtsein aufzubauen. So verändern sie vielleicht ihre Beziehung zu sich selbst, zu anderen Frauen und zu Männern.

Der Frauenhausbewegung als Ganzes ist es gelungen, das Thema "Gewalt in der Ehe" politikfähig zu machen. Durch die tägliche Arbeit im Haus und die damit einhergehende Überlastung ist es allerdings nur schwer möglich, dieses Thema durch permanente Öffentlichkeitsarbeit im Bewußtsein der Gesellschaft zu halten. So wird durch die Arbeit im Haus für Frauen erneut die Arbeit außer Haus erschwert. Das formelle System hat von diesen Verhältnissen - wie oben dargestellt - profitiert; an ihm wird nicht mehr kritisiert.

3.3. Berücksichtigung der Rechte und Probleme von Frauen und weibliche Erwerbstätigkeit

Im politisch-administrativen System wird durch die Einrichtung eines eigenen Haushaltstitels für Frauenhäuser die Relevanz des Themas "Gewalt in der Ehe" anerkannt. Dies ist an sich ein Erfolg. Gleichzeitig wird dies Thema auf die rein fürsorgerische Ebene reduziert. Frauen werden wieder einmal "versorgt und beschützt", nur jetzt von anderen Instanzen.

Die Tatsache, daß durch die Initiativen qualifizierte Frauenarbeitsplätze geschaffen werden konnten, ist ein Erfolg und als Konvergenz des formellen Systems zu den Forderungen und Arbeitsweisen der Initiativen zu bewerten. Ansonsten lehnt sich die Handlungsorientierung der Initiativen im Frauenhausbereich eher an das politisch-administrative System an. Die Ziele, die bei der Gründung formuliert wurden, bestehen zwar weiter, sind aber in starkem Maße der Alltagsroutine zum Opfer gefallen.

3.4. Änderung von Verwaltungsverfahren und Verteilung öffentlicher Finanzen

Es lassen sich Veränderungen im formellen System erkennen, die als konvergente Entwicklung hin zu den Initiativen gewertet werden können. Mit den Hamburger Frauenhäusern ist es erstmals freien Initiativen gelungen, Finanzmittel autonom verwalten zu können. Die Vereine "Frauen helfen Frauen e.V." sind als freie Träger direkt der zuständigen Behörde rechenschaftspflichtig, es ist kein Wohlfahrtsverband in dieses Verfahren eingeschaltet. Dieses Beispiel erleichterte es anderen sozialen Projekten, ihre Verläßlichkeit zu beweisen und ihre (finanziellen) Interessen durchzusetzen (3).

Aber auch im formellen System selber war es möglich, Änderungen durchzusetzen: Nachdem den staatlichen Kinderheimen aufgrund des Verhaltens zuständiger Sachbearbeiter/innen die Klienten ausblieben, wurden die Hausordnungen - wie erwähnt - denen der Frauenhäuser angepaßt. Durch diese Umstrukturierung verfuhren die Professionellen nicht mehr länger nach dem Grundsatz: "Eine schlechte Familie ist immer noch besser als das schönste Heim", sondern wurden wieder kooperationswilliger.

Die konvergente Entwicklung vom formellen System hin zu den Forderungen der Initiativen und fortschrittlichen Professionellen dokumentiert sich neben der Einrichtung eines eigenen Haushaltstitels für die

Frauenhäuser (d.h. weg von der Einzelfallförderung hin zur Finanzierung und Anerkennung der Einrichtung) in der Möglichkeit, daß Frauen auf Wunsch §5-Scheine zusammenlegen können, um Wohngemeinschaften zu gründen. Auch wurde in der Behörde auf Druck der Initiativen eine Neuorganisation im Sozialamtsbereich vorgenommen.

In diesem Aufsatz ging es uns vor allem darum, deutlich zu machen, welche Entwicklungsschritte sich im ersten Hamburger Frauenhaus vollzogen haben und wie sie nach unserer Meinung zustande gekommen sind. Kritische Anmerkungen sollen in dem Sinne als solidarisch verstanden werden, als aus dieser Beschreibung heraus sich Ansätze entwickeln könnten, die die "neuen" und somit die "alten" Themen der Frauenhausbewegung und damit der Frauenbewegung insgesamt wieder aufgreifen. Denn auch heute noch ist "Das Persönliche politisch", es ist nur wieder notwendig, neue Handlungsorientierungen zu entwickeln.

Anmerkungen

(1) Diese erfolgte im Rahmen des Projekts "Veränderungsprozesse in Selbsthilfegruppen", das seit 1983 von der Deutschen Forschungsgemeinschaft gefördert wird.

(2) Im folgenden werden die Begriffe "politisch-administratives System" und "formelles System" synonym für behördliche, politische und professionelle Instanzen benutzt. Es ist uns bewußt, daß diese Begriffe sehr allgemein gehalten sind. Sie dokumentieren allerdings gerade durch ihre Diffusität, wie Selbsthilfegruppen und -initiativen das System erleben.

(3) Heute ist die erreichte Flexibilität allein aufgrund der finanziellen Situation der Stadt und des Landes Hamburg wieder sehr stark eingeschränkt.

Literatur

BERLINER FRAUENHAUS, 1978: Erster Erfahrungsbericht, Berlin.

EBBINGHAUS, A. u.a. (Hrsg.), 1982: Wendepunkte - Frauen erzählen aus ihrem Leben. Alltag in einem Frauenhaus. Die politische Gratwanderung von Frauenhäusern, Hamburg.

DEUTSCHE POSTREKLAME GMBH Frankfurt (Hrsg.), 1986: Branchenfernsprechbuch Ortsnetz Hamburg, Ausgabe 86/87, Hamburg.

HUBER, J., 1980: Wer soll das alles ändern? Die Alternativen der Alternativbewegung, Berlin.

LEITSTELLE GLEICHSTELLUNG DER FRAU in Zusammenarbeit mit der Staatlichen Pressestelle (Hrsg.), 1986: Frauenpolitische Maßnahmen des Senats 1982 - 1985, Hamburg.

SCHACHLER, F./HALVES, E./TROJAN, A., 1986: Institution oder Bewegung? Gesundheitspolitik von unten am Beispiel der Hamburger Frauenprojekte, in: BLANKE, B. u.a. (Hrsg.): Die zweite Stadt - Neue Formen lokaler Arbeits- und Sozialpolitik, Opladen, 321ff.

SCHWENDTER, R., 1978: Theorie der Subkultur, Frankfurt.

KOMMUNALE GLEICHSTELLUNGSSTELLEN

- Zum Beispiel Saarbrücken -

Ilona Caroli

1. Auftakt, Aufgaben und Kompetenzen der Gleichstellungsstelle

Bereits am 25. September 1984 hat der Rat der Landeshauptstadt Saarbrücken beschlossen, unmittelbar beim Oberbürgermeister eine Gleichstellungsstelle zur Durchsetzung der Gleichberechtigung der Frauen einzurichten. Am 2. Januar 1986 konnte ich die Arbeit als Leiterin der Gleichstellungsstelle aufnehmen. Unterstützung erhalte ich von einer Mitarbeiterin für die Sekretariatsarbeiten.

Die Gleichstellungsstelle hat ihre Arbeit in den ersten sechs Monaten vorrangig auf folgende Bereiche konzentriert:

- Genaue Festlegung der Kompetenzen, allgemeine Beschreibung des Aufgabenbereiches und der Schwerpunkte der Arbeit;
- Herstellung von Kontakten innerhalb und außerhalb der Verwaltung;
- Büroorganisation und Einarbeitung in den Verwaltungsablauf;
- Einarbeitung in neue Sachgebiete;
- Erarbeitung von Informationsmaterial über die Arbeit der Gleichstellungsstelle, Informationen für Frauen;
- Öffentlichkeitsarbeit;
- Aufbau der Beratungsarbeit;
- Teilnahme an Arbeitstagungen der Arbeitsgemeinschaft kommunaler Gleichstellungstellen;
- Teilnahme an Frauenveranstaltungen als Referentin, Durchführung von Weiterbildungsseminaren mit Gewerkschaftsfrauen;
- Auswertung verfügbarer Daten zur Beschäftigungssituation von Frauen in der Stadtverwaltung Saarbrücken.

Bereits heute zeichnet sich ab, daß die anfallenden Arbeiten aufgrund der knappen Personalsituation nur unzureichend bewältigt werden können. Insbesondere die Bereiche der Büroorganisation und Datenerhebung sind zeitlich so umfangreich, daß wertvolle Zeit für wesentliche Aufgaben verloren geht.

Im Mitteilungsblatt für die Verwaltung der Landeshauptstadt Saarbrücken sind die Aufgaben und Kompetenzen der Gleichstellungsstelle mit Zustimmung des Oberbürgermeisters wie folgt festgelegt worden:

"1. Der Rat der Stadt Saarbrücken hat am 25.09.1984 beschlossen, unmittelbar beim Oberbürgermeister eine Gleichstellungsstelle einzurichten. Die Stelle hat inzwischen ihre Arbeit aufgenommen.

2. Die Einrichtung der Gleichstellungsstelle bedeutet für die Verwaltung eine völlig neue Aufgabe. Die Gleichstellungsstelle soll nach dem Willen des Stadtrates auf kommunaler Ebene Gleichstellungsprobleme aufzeigen und Lösungsmöglichkeiten entwickeln, um die Erfüllung des verfassungsrechtlichen Gleichheitsgebotes zu sichern. Diesem Ziel sollen u.a. folgende Aufgaben dienen:
   - Durchführung von regelmäßigen Sprechstunden:
     Dienstags von 9.00 bis 12.00 Uhr und nach Vereinbarung;
   - Hilfestellung für ratsuchende Bürgerinnen und Bürger in enger Zusammenarbeit mit Verwaltungs-,/Beratungsstellen;
   - Durchführung von Informationsveranstaltungen, Erstellung von Informationsmaterial sowie Beteiligung an Frauenveranstaltungen, Ausstellungen etc.; Pressearbeit in Zusammenarbeit mit dem Pressereferenten;
   - Kontaktpflege zu Verbänden, Gewerkschaften, Betriebs- und Personalräten, Unternehmen, Arbeitskammer u.a. gesellschaftlich relevanten Gruppen und Einrichtungen mit dem Ziel, die Situation der Frauen durch Anregungen, Verhandlungen und Vermittlungsbemühungen gegenüber den jeweils Verantwortlichen zu verbessern;
   - Erstellung von Studien und Vergabe von Untersuchungen, um Probleme einzukreisen und Lösungsvorschläge vorzubereiten;
   - Erstellung eines Frauenberichtes für Saarbrücken, der regelmäßig fortzuschreiben und dem Stadtrat vorzulegen ist;

- Kritische Würdigung von Ausschuß- und Ratsvorlagen unter Gleichstellungsgesichtspunkten und ggf. Einbringung von Änderungs- oder Alternativvorschlägen gegenüber dem Oberbürgermeister. Die Dezernate/Stadtämter sind gehalten, die Gleichstellungsstelle von sich aus frühzeitig zu beteiligen, wenn die Vorlage (auch) Gleichstellungsprobleme berührt. In Zweifelsfällen bitte ich die Gleichstellungsstelle anzurufen;
- Vorlage von Empfehlungen, die die Gleichstellungsbemühungen der Stadt fördern und vorhandene Diskriminierungen abbauen helfen.

3. Die Grundsätze der Zusammenarbeit mit anderen städtischen Stellen usw. bedürfen keiner näheren Regelung in dieser Verfügung. Die innerdienstlichen Regelungen der Stadt Saarbrücken (vgl. z.B. Allgemeine Geschäfts-Anweisung - AGA -) sind maßgebend und zu beachten.
4. Die Gleichstellungsstelle wird dem Oberbürgermeister unmittelbar zugeordnet; sie untersteht seiner Dienst- und Fachaufsicht. Sie erhält das Gliederungszeichen - GST - und führt die Bezeichnung "Gleichstellungsstelle für Frauen".
   Die Gleichstellungsstelle arbeitet als Stabsstelle des Oberbürgermeisters. Sie ist demzufolge fachlich dem Oberbürgermeister unmittelbar verantwortlich und unterliegt ausschließlich seinem Weisungsrecht.
5. Leiterin der Gleichstellungsstelle ist Frau Ilona CAROLI, Sekretärin ist Frau Edeltraud SEYLER. Die Stelle ist im Rathaus im Zimmer 129 untergebracht. Sie ist telefonisch unter den Nummern 649 und 679 zu erreichen." (1)

Einen Monat später wurde der Aufgabenbereich ergänzt:
"Unter Bezugnahme auf die Veröffentlichung im Mitteilungsblatt vom 17.01.1986, Lfd.-Nr. 3, weise ich darauf hin, daß der Gleichstellungsstelle in jedem Falle folgende Vorgänge vorzulegen sind:

- Gutachterliche Stellungnahme des Hauptamtes betreffend die Notwendigkeit der Wiederbesetzung von Planstellen;
- Abschluß von Dienstleistungsvereinbarungen bzw. Erlaß von Dienstanweisungen betreffend Gestaltung von Arbeitsplätzen;

- Stellenausschreibungen;
- Alle Einstellungsvorschläge und internen Besetzungsvorschläge;
- Vorgesehene verwaltungsinterne Umsetzung von Frauen;
- Neubewertung von Arbeitsplätzen, die mit Frauen besetzt sind;
- Änderung der Dienstverteilungspläne;
- Berichte über Organisationsuntersuchungen;
- Zuweisung von Diensträumen an städtischen Dienststellen;

Die Leiterin der Gleichstellungsstelle ist berechtigt, jederzeit die Vorlage sonstiger Vorgänge, die Frauenfragen tangieren, zu verlangen." (2)

2. Zielvorstellungen der Gleichstellungsstelle

Die Gleichstellungsstelle für Frauen verfolgt das Ziel, daß Interessen und Rechte von Frauen und Mädchen im Stadtgebiet Saarbrücken in den unterschiedlichsten Lebensbereichen stärker als bisher berücksichtigt und durchgesetzt werden. Dazu ist es erforderlich, eine Bestandsaufnahme zur Lebens- und Arbeitssituation von Frauen in Saarbrücken zu erstellen und Verbesserungsvorschläge zu unterbreiten.

Frauen, obgleich statistisch gesehen die Mehrheit, stellen im öffentlichen Bewußtsein der Gesellschaft noch immer eine Minderheit dar. Eine Minderheit, die im öffentlichen Leben kaum oder einseitig rollengebunden repräsentiert ist.
Das traditionelle Rollenbild schlägt sich folgerichtig nicht nur im öffentlichen Bewußtsein und somit auch in der Sprache nieder, sondern auch im Bewußtsein von Frauen selbst. Daher ist es dringend notwendig, Frauen zu ermutigen, sich gezielt für die Wahrnehmung ihrer Interessen und Rechte einzusetzen. Diesen Zielen können wir nur durch eine intensive Öffentlichkeits- und Informationsarbeit näher kommen, wobei es darauf ankommt, möglichst viele Frauen und Männer anzusprechen und ihre Bereitschaft zu gewinnen, traditionelles Geschlechtsverständnis zu verlassen und den Begriff **Partnerschaft** neu zu füllen.

Das traditionelle Geschlechtsverhältnis zeigt eine Struktur der Über- und Unterordnung, die durchgängig starr ist. So zeigt sich in der herkömmlichen Zuteilung der Geschlechter in der Erwerbs- bzw. Hausarbeit deutlich, daß die Zuordnung nicht frei wählbar ist. Der **Hausmann** bleibt die seltene Ausnahme, die Hausfrau dagegen stellt die gesellschaftliche Norm dar. Wenn sie arbeitet, ist sie "doppelt belastet" oder sie arbeitet "nebenher". So wird die erwerbswillige Frau und nicht der Mann danach gefragt, wie die Pflichten der Familie mit denen des Berufs zu vereinen sind.

Das traditionelle Rollenbild, das Frauen nach wie vor hauptsächlich verantwortlich sieht für die Bereiche Hausarbeit und Kindererziehung, kommt in den vielfältigsten Situationen des täglichen Lebens zum Tragen:

- Mädchen haben schlechtere Ausbildungsmöglichkeiten als Jungen ("sie heiraten ja doch");
- Frauen werden immer noch schlechter bezahlt als Männer. Privathaushalte mit männlichen Vorständen verfügen durchschnittlich über doppelt so viele finanzielle Mittel wie die mit weiblichen Vorständen;
- berufliche Aufstiegsmöglichkeiten für Frauen sind selten;
- Frauen sind von Arbeitslosigkeit stärker betroffen als Männer;
- in der Familie herrscht häufig eine Aufgabenverteilung zu Lasten der Frauen;
- Frauen sind in allen wichtigen gesellschaftlichen Positionen unterrepräsentiert;
- die Fähigkeiten von Frauen werden gesellschaftlich nicht umfassend genutzt;
- viele Frauen sind Opfer von seelischer und körperlicher Gewalt.

Obwohl es in den vergangenen Jahren eine Reihe rechtlicher Neuregelungen im Bereich des Ehe- und Familienrechts gegeben hat, zeigt sich mir, daß gesetzliche Maßnahmen allein nicht ausreichen, um die Durchsetzung der Gleichberechtigung von Frauen und Männern zu bewirken.

Kommunalen Gleichstellungsstellen kommt deshalb eine wichtige Initiativ- und Koordinationsfunktion zu, denn nur durch die Nähe und den Kontakt zum Arbeits- und Alltagsleben von Frauen lassen sich faktische Verbesserungen durchsetzen.

3. Programmatische Arbeitsschwerpunkte der Gleichstellungsstelle

Gesellschaftliche Strukturen und Machtverhältnisse werden nach wie vor in nahezu allen Lebensbereichen durch historisch gewachsene männliche bzw. patriarchalische Interessen, Bedürfnissse und Zielvorgaben geprägt. Vor diesem Hintergrund können einem Versuch, Gleichberechtigung und Gleichbehandlung von Frauen und Männern zu fördern, nur dann Chancen eingeräumt werden, wenn die Gleichstellungsstelle von vornherein darauf verzichtet, schwerpunktmäßig alle mit dem Themenkomplex in Verbindung stehenden Probleme behandeln zu wollen.

Ich habe daher als Arbeitsschwerpunkte solche Bereiche ausgewählt, deren Bearbeitung für die Situation der Frauen in dieser Gesellschaft aktuell oder künftig von besonderer Wichtigkeit ist, wie auch die Darstellung der Lebenssituation von Frauen (Punkt 2) zeigt: Materielle Existenzgrundlage, sozialer Status und Persönlichkeit der Frauen werden entscheidend geprägt von ihren Handlungsmöglichkeiten in Arbeitswelt, Bildungsbereich und Familie. Als weiterer Arbeitsschwerpunkt wurde von mir ferner der Komplex "Gewalt gegen Frauen" aufgenommen, weil er einen besonderen Unterdrückungstatbestand darstellt.
Durch die Ausklammerung anderer Themenbereiche - etwa Frauenkultur etc. - wird nicht auf die Unwichtigkeit, sondern lediglich auf die beschränkten personellen Kapazitäten der Gleichstellungsstelle verwiesen. Mit der programmatischen Festlegung auf die vier wichtigsten Felder der Diskriminierung von Frauen verbinde ich die Hoffnung, mittelbar Aktivitäten auch in anderen Bereichen anregen zu können.

3.1. Frauen in der Arbeitswelt

Trotz der Bestimmungen in Artikel 3 Abs. 3 Grundgesetz, trotz entsprechender Regelungen im Betriebsverfassungsgesetz (§ 75 BetrVG) und in den meisten Personalvertretungsgesetzen der Länder ist der Kampf um die Gleichbehandlung von Frauen und Männern im Arbeitsleben nach wie vor hoch aktuell. Wenngleich ca. 38% der Erwerbstätigen in Saarbrücken Frauen sind und von daher von einer relativen Gleichstellung von Frauen und Männern ausgegangen werden könnte, sind erwerbstätige Frauen im allgemeinen in einer ungleich schlechteren Situation als ihre männlichen Kollegen. Dies betrifft vor allem Ausbildungsmöglichkeiten, Lohn (Frauen verdienen nach den neuesten Ergebnissen des Statistischen Amtes für gleichwertige Arbeit etwa ein Drittel weniger als Männer), Aufstiegsmöglichkeiten und Arbeitsplatzsicherheit.

Vor dem Hintergrund der anhaltenden ökonomischen Krise hat sich die Situation der erwerbstätigen Frauen auch in Saarbrücken zunehmend verschärft: Einerseits werden die Frauen von den sozialen Folgen der Einführung neuer Technologien - Dequalifizierung, zunehmende Monotonie der Arbeitsvorgänge, Arbeitsintensivierung, Entlassungen - stets zuerst und mit am härtesten getroffen. Daß dies so ist, ist zumindest zum Teil eine Folge bereits früher einsetzender Benachteiligungen, die für Frauen mit den Möglichkeiten der Berufswahl, der Ausbildungsplatzsituation und der Übernahmepraxis vieler Betriebe nach Ausbildungsende zusammenhängen. Andererseits gibt es eine Reihe von Problemen im Bereich der Arbeitswelt, die ausschließlich oder doch überwiegend Frauen betreffen, so etwa Probleme bei der Einhaltung der besonderen Arbeitsschutzvorschriften für Schwangere oder auch die häufig sehr fragwürdigen Qualifikationskriterien bei der Auswahl der - meist männlichen - Bewerber bei der Besetzung offener Stellen.

Die folgenden Tätigkeitsfelder im Schwerpunkt "Frauen in der Arbeitswelt" sind ausgewählt worden unter Berücksichtigung der Frage, welche der anstehenden Probleme auf der Grundlage der vorhandenen dünnen Personaldecke der Gleichstellungsstelle sowie im Hinblick auf die

Gewinnung möglicher Bündnispartner/innen mit einiger Aussicht auf Erfolg angepackt werden können:

- Frauen im öffentlichen Dienst;
- offene oder versteckte Diskriminierung der Frauen bei Stellenausschreibungen, Bewerbungsverfahren und Einstellungen;
- Probleme, die mit dem Stichwort "familienfreundliche Arbeitszeiten" zusammenhängen;
- Einhaltung der frauenspezifischen Arbeitsschutz- und Arbeitssicherungsvorschriften einschließlich der Mutterschutzbestimmungen.

3.2. Frauen und Bildung

Die Benachteiligung der Frauen in der Arbeitswelt hat eine ihrer Ursachen in den nach wie vor geringeren Bildungs-, Ausbildungs- und Weiterbildungsmöglichkeiten für Frauen. Dies gilt vor allem für den gesamten Bereich der beruflichen Aus- und Fortbildung: Weniger Mädchen als Jungen erwerben durch eine qualifizierte Berufsausbildung eine sichere Grundlage für ihr künftiges berufliches Fortkommen; Mädchen konzentrieren sich stärker als Jungen in wenigen Ausbildungsgängen, die zudem meist in schlecht bezahlte Berufe mit kaum vorhandenen Aufstiegsmöglichkeiten führen. Der Anteil der Frauen an inner- und außerbetrieblichen Fortbildungsmaßnahmen ist nach wie vor geringer als der von Männern; dies gilt auch für solche Berufe, in denen Frauen insgesamt ihrem Anteil an der erwerbstätigen Bevölkerung entsprechend vertreten sind. Von der beschriebenen Situation sind ausländische Frauen und Mädchen in besonderem Umfang betroffen.

Die Lage der Mädchen und Frauen im Bereich der beruflichen Aus- und Fortbildung wird mitbestimmt von geschlechtsspezifischen Rollenzuweisungen in Familie und Schule. Daher wird die Gleichstellungsstelle sich im Rahmen des Arbeitsschwerpunktes "Frauen und Bildung" auch mit dem allgemeinbildenden Schulwesen zu beschäftigen haben. Aus den hier kurz angedeuteten Umständen ergeben sich für die Gleichstellungsstelle folgende inhaltliche Schwerpunkte:

- Anregungen für die Behandlung und Problematisierung geschlechtsspezifischer gesellschaftlicher Rollenzuweisung in den allgemeinen Schulen;
- Förderung der Ausbildung von Mädchen und Frauen in nicht frauenspezifischen Berufen;
- Förderung der Ausbildung bzw. Eingliederung ausländischer Mädchen und Frauen;
- Förderung der Teilnahme von Frauen an inner- und außerbetrieblichen Fort- und Weiterbildungsmaßnahmen.

Größere eigenständige Aktivitäten wird die Gleichstellungsstelle, aufgrund ihrer begrenzten personellen Möglichkeiten, in diesem Bereich kaum entfalten können. Vielmehr wird sie sich darauf beschränken müssen, die Maßnahmen anderer Träger zu begleiten, kritisch zu unterstützen und auf eine Verstärkung des Problembewußtseins in der Öffentlichkeit hinzuwirken.

3.3. Frau und Familie

Mit dem neuen Familienrecht wurde zwar das Leitbild der Hausfrauenehe offiziell aufgegeben; an der tatsächlichen Situation der Frauen hat sich jedoch zunächst wenig geändert. Nach wie vor gilt die Erziehung der Kinder und Hausarbeit als "Frauensache". Wenngleich diese Rollenzuweisung in letzter Zeit zunehmend problematisiert wird, besteht doch für den Mann keine gesellschaftlich verbindliche Verpflichtung, an Haushalt und Kindererziehung mitzuwirken.
Schlechte bzw. geschlechtsspezifische Ausbildung, entsprechend wenig qualifizierte Arbeitsplätze und eine Reihe von Benachteiligungen im Arbeitsleben führen zudem dazu, daß Frauen oft gern bereit sind, ihre "Gastspielrolle" in der Arbeitswelt zu akzeptieren und ihre eigentliche Aufgabe in einem Dasein in der und für die Familie zu sehen.

Diese Rückkehr ins Hausfrauendasein ist jedoch ein objektiver Rückschritt; sie stabilisiert die ökonomische Abhängigkeit vom Ehemann oder Partner und reduziert Außenkontakte und Erfahrungsfelder für die Frauen.
Für die Wahlfreiheit der Frauen, d.h. für die freie Wahl ihrer Lebensform, müssen eine Reihe von Grundvoraussetzungen erfüllt sein, damit von Wahlfreiheit ernsthaft gesprochen werden kann. Solche Voraussetzungen sind vor allem, daß beide Partner für die Funktionen einer möglichen Tätigkeit in Familie **und** Beruf befähigt werden; daß jeder der beiden Partner eine angemessene Bildung und Ausbildung erhält und daß jeder der beiden Partner jederzeit bereit und fähig ist, Aufgaben und Verantwortung in der Familie zu übernehmen.
Die Gleichstellungsstelle verfolgt in diesem Arbeitsschwerpunkt daher vorrangig das Ziel, tradierte Rollenzuweisungen abzubauen und partnerschaftliches Verhalten beider Geschlechter zu fördern. Nicht der Zwang für die Frau, erwerbstätig sein zu müssen, sondern ihre Chance, jederzeit erwerbstätig sein zu können, nicht der Zwang für den Mann, erwerbstätig sein zu müssen, sondern seine Chance, sich auch seinen Kindern sowie dem Haushalt widmen zu können, verändert patriarchalische Strukturen zwischen Mann und Frau.
Mir ist bewußt, daß ich mit der Gleichstellungsstelle nur relativ geringe Möglichkeiten habe, auf die Lebensgewohnheiten in der Familie und auf deren Bild in unserer Gesellschaft Einfluß zu nehmen. Wegen der herausragenden Bedeutung, die der Rolle der Frauen in der Gesellschaft zukommt, habe ich mich dennoch entschlossen, den Bereich "Frau und Familie" als einen Arbeitsschwerpunkt anzusehen.

3.4. Gewalt gegen Frauen

Zahlreiche Untersuchungen sowie die engagierte Arbeit der Frauenbewegung, vor allem auch in den Frauenhäusern, haben in den letzten Jahren verdeutlicht, daß das Problem "Gewalt gegen Frauen" kein Randproblem in unserer Gesellschaft ist. Die früher häufig geäußerte Vermutung, vor allem Frauen der unteren sozialen Schicht seien durch Mißhandlungen und Gewalttätigkeiten gefährdet, hat sich nicht bestätigen lassen; vielmehr sind von diesem Problem Frauen aller Schichten in erschreckendem Ausmaß betroffen.

Ich lege den Begriff "Gewalt gegen Frauen" insofern eng aus, als ich die vielfach subtilen Formen der Unterdrückung und Ausbeutung von Frauen in dieser Gesellschaft nicht mit unter diesen Begriff fasse. Eine gesellschaftliche Ächtung anderer, strafrechtlich nicht relevanter Formen von Unterdrückung und Ausbeutung kann nach meiner Auffassung nur das Resultat einer ständigen öffentlichen Problematisierung der Situation der Frauen in unserer Gesellschaft sein.

Die Gleichstellungsstelle wird im Rahmen dieses Schwerpunktes darauf hinwirken müssen, die Bedingungen bewußt zu machen, die zu Mißhandlung und Vergewaltigung von Frauen führen können, sowie die Lage mißhandelter und vergewaltigter Frauen zu bessern. Das bedeutet konkret,

- das Frauenhaus in Saarbrücken im Rahmen der Möglichkeiten zu unterstützen,
- Kontakte aufzunehmen zu Institutionen und Personen, die sich beruflich oder ehrenamtlich mit den Ursachen, Erscheinungsformen oder Folgen der Gewalt gegen Frauen zu beschäftigen haben; dies sind z.B. Familienrichter-innen, Mitarbeiter-innen der Polizei und der sozialen Dienste, Anwältinnen und Anwälte usf.

Eine dauerhafte Lösung des Problems "Gewalt gegen Frauen" setzt Veränderungen im Verhalten und Bewußtsein aller Mitglieder der Gesellschaft voraus. Die Gleichstellungsstelle wird deshalb darauf zu achten haben, daß durch eine entsprechende Informations- und Pressearbeit die Öffentlichkeit in Saarbrücken stärker als bisher für alle mit dem Problem "Gewalt gegen Frauen" zusammenhängenden Fragen sensibilisiert wird. Die derzeitige Situation macht es ferner notwendig, in Zusammenarbeit mit allen interessierten Frauenorganisationen betroffenen Frauen verstärkt "Hilfe zur Selbsthilfe" anzubieten.

4. Abschließende Bemerkungen

Nach den bisherigen Erfahrungen steht die Arbeit der Gleichstellungsstelle im Feld zahlreicher Widersprüche. Ein grundlegender Widerspruch scheint mir in dem Verlangen nach praktisch nachzuweisender Lösung von Gleichstellungsproblemen einerseits und den formalen Beschränkungen andererseits zu liegen.

Ein weiterer Widerspruch besteht darin, daß das Aufgabenfeld der Stelle jeweils dem "Anderen" zugeschoben wird; die Verwaltung sieht die Aufgaben der Gleichstellungsstelle sowohl innerhalb als auch außerhalb der Verwaltung, während die jeweiligen Stellen draußen zunächst auf die Bedingungen innerhalb der Stadtverwaltung verweisen (Ausbildung, Beförderung, Stellenvergabe usf.) und **dort** zuerst Veränderungen erwarten.

Ich kann anregen, empfehlen, unterstützen, sensibilisieren und überzeugen - insofern zumeist nicht auf unmittelbare "Produkte" meiner Handlungen verweisen. Die Gleichstellungsstelle kann schwerpunktmäßig im **Vorfeld** von Handlungen und Entscheidungen tätig werden; so kann sie kritische Überprüfungen anregen, neue Sichtweisen einbringen, Vorurteile und kommunikative Barrieren abbauen, sie kann neue Kontakte herstellen und ungewohnte Gedanken nahelegen ...
All dies läßt sich kaum in Nachweisen fassen. Die Arbeit der Gleichstellungsstelle ist daher auf Langfristigkeit angelegt, sie muß mit viel Geduld und der Fähigkeit zur Innovation betrieben werden.

Anmerkungen

(1) Mitteilungsblatt für die Verwaltung der Landeshauptstadt Saarbrücken vom 17.01.1986

(2) Mitteilungsblatt für die Verwaltung der Landeshauptstadt Saarbrücken vom 05.02.1986.

Die Autorinnen

Backes, Gertrud: geb. 1955, Dipl.Soziologin, studierte in Trier und Bielefeld, 1979 - 1981 wissenschaftliche Mitarbeiterin des Instituts für Sozialforschung und Gesellschaftspolitik e.V. in Köln, 1982 - April 1986 wissenschaftliche Mitarbeiterin des Forschungsinstituts der Friedrich-Ebert-Stiftung, Bonn; Schwerpunkte: Soziologie sozialer Probleme und der Sozialarbeit, Frauenforschung, Frauenerwerbstätigkeit und berufliche Bildung; jetzt in Berlin beteiligt an INTERSOFIA GmbH.

Brüggmann, Barbara: geb. 1953, Dipl.Sozialökonomin, studierte an der Hochschule für Wirtschaft und Politik in Hamburg von 1981 - 1986, Mitarbeit im Projekt "Transformationsprozesse in Selbsthilfegruppen", gefördert durch die DFG, Diplom-Arbeit: Systemveränderungen durch neue soziale Bewegungen? - Untersucht am Beispiel der Frauenhausbewegung.

Caroli, Ilona: geb. 1944, verheiratet, 3 Söhne, Zweiter Bildungsweg, Studium der Germanistik und Geschichte, Lehre und Frauenforschung an der Universität Bremen, Landesgeschäftsführerin der Gewerkschaft Erziehung und Wissenschaft in Bremen, seit 1.1.86 Leiterin der Gleichstellungsstelle der Stadt Saarbrücken.

Conen, Marie-Luise: geb. 1950, Zweiter Bildungsweg, Dipl.Pädagogin, Master of Education der Temple University in Philadelphia, wissenschaftliche Mitarbeiterin an der Fachhochschule für Sozialarbeit und Sozialpädagogik in Berlin, Arbeit im von der DFG geförderten Projekt über Jugendliche und Alte; freiberufliche Tätigkeit als Supervisorin, Fortbildnerin und Familienberaterin.

Cremer, Dorothea: geb. 1953, Zweiter Bildungsweg, Studium der Betriebs- und Volkswirtschaftslehre, Dipl. Volkswirt, Wissenschaftliche Mitarbeiterin an der Fachhochschule für Sozialarbeit und Sozialpädagogik in Berlin, Mitarbeit im von der DFG geförderten Projekt über Jugendliche und Alte.

Halves, Edith: geb. 1957, Dipl.Soziologin, studierte in Bielefeld und Berlin von 1975 - 1980, seit 1981 wissenschaftliche Mitarbeiterin in der Medizinischen Soziologie in Hamburg, zunächst im Projekt "Gesundheitsselbsthilfegruppen", dann im Projekt "Transformationsprozesse in Selbsthilfegruppen"; Arbeitsschwerpunkte: Selbsthilfe alter Menschen und von Frauen; diverse Veröffentlichungen, u.a. Halves, E./H.W. Wetendorf: Natürlich hat sich die Gruppe im Laufe der Zeit sehr verändert ..., in: Trojan, A.(Hrsg.): Wissen ist Macht - Eigenständig durch Selbsthilfe in Gruppen, 1986.

Keinhorst, Annette: Dr., geb. 1955, M.A. Vergleichende Literaturwissenschaft, wissenschaftliche Mitarbeiterin University of Ottawa, Kanada, Veröffentlichungen über Lyrik und feministische Utopien amerikanischer Autorinnen, u.a. Utopien von Frauen in der zeitgenössischen Literatur der USA, Frankfurt 1985, seit 10 Jahren in der autonomen Frauenbewegung "vor Ort" aktiv, seit 1985 Mitarbeiterin der Kontakt- und Informationsstelle für Selbsthilfegruppen im Saarland (KISS) und des Instituts für Kommunale Sozialforschung und Sozialpolitik (IKOS).

Pfaff, Anita: Dr., Professorin an der Universität Augsburg, Juristin, lehrt aber vor allem im ökonomischen Bereich; Internationales Institut für Empirische Sozialökonomie - INIFES, Mitarbeit in der Sachverständigenkommission für Soziale Sicherung der Frau.

Riedmüller, Barbara: Dr., Professorin an der Hochschule der Bundeswehr in München, studierte Soziologie, Psychologie, Pädagogik in München, promovierte 1976, habilitierte 1983 an der Freien Universität Berlin; Mitglied der Münchener Projektgruppe für Sozialforschung, seit 1982 Mitherausgeberin des Leviathan, Mitglied der Sektion Frauenforschung und Sozialpolitik in der DGS.

Rösgen, Anne: geb. 1954, Export-Steno-Kontoristin, Sozial- und Diplompädagogin, 8,5 Jahre Gemeinwesenarbeit im Sozialen Brennpunkt Matzenberg, Saarbrücken-Burbach, Frauenbildungsreferentin der Landesarbeitsgemeinschaft Soziale Brennpunkte e.V., 1 Tochter.